手把手教您学修车丛书

李玉茂 编著

全彩印刷

手把手教您学
汽车构造与保养

第2版

汽车维修
入门必备
五星级用书

机械工业出版社
CHINA MACHINE PRESS

《手把手教您学汽车构造与保养》是一本理论和实践相结合的入门类书籍，全书以图文结合的形式编写，旨在减轻读者的阅读负担，让清晰、实用的插图帮助读者更快理解书中内容，并且采用通俗易懂的生活化语言，将汽车部件比作人体的各个器官，便于读者深入理解，实现学得快、看得懂、用得着的效果。

本书分为六章，包括您真的认识汽车吗——汽车概述、汽车的心脏——发动机、汽车的四肢——底盘、汽车的神经——电气设备、汽车的骨骼和皮肤——车身、车要七分养——保养基本知识，详细讲解了汽车的基本构造、工作原理、汽车保养的相关项目及具体操作。

本书可作为汽车维修人员的入门学习书籍，也可作为中等职业学校汽车维修专业的参考教材。

图书在版编目（CIP）数据

手把手教您学汽车构造与保养 / 李玉茂编著 . —2 版 . —北京：机械工业出版社，2021.1

（手把手教您学修车丛书）

ISBN 978-7-111-67122-0

Ⅰ．①手… Ⅱ．①李… Ⅲ．①汽车 - 构造 ②汽车 - 车辆保养 Ⅳ．① U463 ② U472

中国版本图书馆 CIP 数据核字（2020）第 253733 号

机械工业出版社（北京市百万庄大街 22 号　邮政编码 100037）
策划编辑：连景岩　责任编辑：连景岩　丁　锋
责任校对：潘　蕊　责任印制：孙　炜
北京联兴盛业印刷股份有限公司印刷
2021 年 1 月第 2 版第 1 次印刷
184mm×260mm · 13.5 印张 · 330 千字
0 001—3 000 册
标准书号：ISBN 978-7-111-67122-0
定价：99.00 元

电话服务　　　　　　　　　网络服务
客服电话：010-88361066　　机　工　官　网：www.cmpbook.com
　　　　　010-88379833　　机　工　官　博：weibo.com/cmp1952
　　　　　010-68326294　　金　书　网：www.golden-book.com
封底无防伪标均为盗版　　机工教育服务网：www.cmpedu.com

前言

汽车工业是我国的支柱产业,汽车作为道路交通工具早已进入寻常百姓家中。我国汽车保有量2000年仅有0.16亿辆,截至2019年末全国民用汽车保有量达2.615亿辆,有66个城市汽车保有量超过100万辆,北京、成都等11个城市超过300万辆。在20世纪,我国还是两个车轮的自行车时代,平原地区的农村普遍设有自行车修理店。目前,我国已经进入四个车轮的汽车年代,全国有60多万个村庄,如果在部分村庄设有汽车保养店,车不出村就能保养,就需要几十万名汽车维修人员。也就是说汽车服务产业(汽车后市场)是非常庞大的。

本书编者投身汽车修理已经五十年,一直热衷于汽车维修工作,对汽车有很多的感悟,为方便汽车维修有志之士学习汽车知识,作者借鉴了大量汽车结构、工作原理和保养资料,以图文形式编写本书,力求文字简练、简单实用。

《手把手教您学汽车构造与保养》是一本理论和实践相结合的入门类书籍,全书采用通俗易懂的语言,旨在减轻读者的阅读负担,让思路清晰的插图帮助读者更快理解书中内容,并且将汽车部件比作人体的各个器官,便于读者深入理解,实现学得快、看得懂、用得着的效果。劳动者干一行爱一行,工作就快乐;把工作当作爱好,把学习当作兴趣更是一种人生境界,希望读者在轻松的学习氛围中获得知识和技能。

本书在第1版的基础上,省略传统技术,增添新技术,全书分为六章,包括您真的认识汽车吗——汽车概述、汽车的心脏——发动机、汽车的四肢——底盘、汽车的神经——电气设备、汽车的骨骼和皮肤——车身、车要七分养——保养基本知识,详细讲解了汽车的基本构造、工作原理、汽车保养的相关项目及具体操作。

本书可作为汽车维修人员的入门学习书籍,也可作为中等职业学校汽车维修专业的参考教材。

由于编者水平有限,书中不妥之处在所难免,敬请广大读者批评指正。

编 者

目 录

前言

第一章　您真的认识汽车吗——汽车概述　　1

第一节　汽车的认识　1
　一　汽车的定义　1
　二　汽车的分类　4
　三　汽车产品型号与车辆识别码　6
第二节　汽车的组成与布置形式　7
　一　汽车的组成　7
　二　汽车的布置形式　8
第三节　汽车的技术参数与主要性能　9
　一　汽车的主要技术参数　9
　二　汽车的主要性能　10
第四节　新能源汽车　12
　一　新能源汽车定义　12
　二　电动汽车　12

第二章　汽车的心脏——发动机　　16

第一节　发动机机械构造　16
　一　发动机分类　16
　二　术语和工作原理　17
　三　曲柄连杆机构　20
　四　配气机构　26
　五　润滑系　32
　六　冷却系　35
第二节　发动机电控系统　39
　一　进气系统　39
　二　燃油系统　41
　三　点火系统　45
　四　电子控制系统　47
　五　发动机起停与防盗系统　48
　六　排气系统　52
　七　排放控制　52
　八　电控柴油喷射系统　55

第三章 汽车的四肢——底盘 57

第一节 传动系 57
一 功用与组成 57
二 离合器 57
三 手动变速器 58
四 主减速器与差速器 60
五 驱动轴 62
六 传动轴与中间支撑 62
七 半轴 64

第二节 自动变速器 65
一 功用及分类 65
二 AT 66
三 CVT 70
四 DCT 71
五 AMT 73

第三节 行驶系 73
一 功用与分类 73
二 被动悬架 74
三 主动悬架 79
四 车轮定位 80
五 车轮与轮胎 82

第四节 转向系 85
一 功用与分类 85
二 机械转向系统 86
三 动力转向系统 88
四 电动助力转向系统 90

第五节 制动系 90
一 功用与分类 90
二 行车制动器 91
三 驻车制动器 93
四 液压制动系统 96

第六节 汽车防滑控制系统 100
一 防抱死制动系统 100
二 ABS的扩展功能 102

第四章 汽车的神经——电气设备 105

第一节 基本电气设备 105
一 蓄电池 105
二 充电系统 107
三 起动系统 109
四 照明与信号系统 111
五 仪表系统 119
六 整车电路 123

第二节 辅助电气设备 127
一 风窗清洁设备 127
二 中控锁与车辆防盗系统 130
三 电动窗与电动天窗 133
四 电动后视镜 136
五 电动座椅 137
六 车载逆变器 139

手把手教您学汽车构造与保养 第2版

第三节 车身电控系统	140	
一 汽车空调系统	140	
二 安全气囊	146	
三 车载网络系统	150	
四 胎压监测系统	153	
第四节 驾驶辅助系统	155	
一 预备知识	155	
二 自适应巡航系统（ACC）	155	
三 集成式自适应巡航系统（IACC）	156	
四 预碰撞安全系统	156	
五 车道偏离系统	157	
六 并线辅助系统	158	
七 疲劳驾驶识别系统（MKE）	160	
八 倒车雷达	161	
九 前/后驻车雷达	162	
十 倒车车侧预警系统	162	
十一 倒车影像	162	
十二 360°全景影像	163	
十三 泊车辅助系统	164	
第五节 信息娱乐系统	165	
一 音响系统	165	
二 电话系统	166	
三 导航系统	166	
四 远程协助系统	167	
五 中控屏	167	
六 抬头显示器（HUD）	167	

第五章 汽车的骨骼和皮肤——车身 168

第一节 车身概述	168	
一 车身的功用	168	
二 车身的分类	168	
三 安全车身	170	
第二节 车身结构	172	
一 汽车是怎样造成的	172	
二 白车身	174	
三 车身附件	176	
四 车门	178	
五 车厢附件	181	
六 内部装饰	184	
第三节 车身涂装	186	
一 车身防腐	186	
二 车身表面喷涂	186	

第六章 车要七分养——保养基本知识 188

第一节 定期保养	188	
第二节 发动机保养要点	189	
第三节 传动系保养要点	196	
第四节 行驶系保养要点	197	
第五节 转向系保养要点	200	
第六节 制动系保养要点	201	
第七节 电气设备保养要点	204	
第八节 保养流程	205	

第一章
您真的认识汽车吗——汽车概述

亲爱的读者们或者说我的同行，你们好！汽车生病来到医院（图1-1），经过汽车医生问诊、检查和手术，汽车痊愈出院。汽车构造好学吗？汽车保养容易做吗？您读完这本书就明白了，我们先从汽车概述讲起。

图1-1　汽车医院

第一节　汽车的认识

一、汽车的定义

国标GB 7258—2017对汽车的定义是：由动力驱动、具有四个或四个以上车轮的非轨道承载的车辆，主要用于载运人员和货物、牵引载运货物的车辆或特殊用途的车辆。

汽车是一种现代交通工具，经过一百多年的发展，已经成为人们日常生活中不可缺少的一部分。汽车取名因国而异，我国称为汽车；英文为"Automobile"，由希腊语"Auto（自己）"和"Mobile（会动的）"组成，直译为"自动车"；日文也称汽车为"自动车"。

世界上第一辆汽车于1886年问世，如图1-2所示，是由两个座位和三个车轮组成的奔驰1号汽车，其搭载四冲程单气缸发动机，最高转速400r/min，最大功率0.55kW，钢管式车架，最高车速16km/h。汽车技术发展到今天，汽车已经成为由多台微处理器控制的行走机器，新能源汽车早已应用，智能网联汽车也将出现。

图1-2　奔驰1号汽车

每家汽车制造公司都有自己的车标（徽标、LOGO），它的作用是便于销售者、使用者、维修人员、交通管理部门识别车辆的"身份"。车标分为下面几类：英文首选字母、名称简写、英文全称、象征物件、抽象图形。具体车标如图1-3所示，顺序是中国自主知识产权品牌、欧洲品牌、美国品牌、日韩品牌、电动汽车，图中未列入中外合资汽车品牌。

中国品牌					
红旗	解放	奔腾	北京	福田	
吉利	帝豪	长城	哈佛	长安（轿车）	长安（商用）
东风	奇瑞	比亚迪	金杯	哈飞	中华
江淮	力帆	海马	荣威	名爵	五菱
		欧洲品牌			
猎豹	传祺		大众	奥迪	奔驰
Smart	宝马	迷你	欧宝	沃尔沃	标致

图1-3　汽车车标

第一章 您真的认识汽车吗——汽车概述

雪铁龙	雷诺	菲亚特	斯柯达	路虎	捷豹
劳斯莱斯	本特利	兰博基尼	布加迪	法拉利	玛莎拉蒂
		美国品牌			
阿尔法·罗密欧	保时捷		别克	雪佛兰	凯迪拉克
				日韩品牌	
福特	林肯	克莱斯勒	吉普		丰田
雷克萨斯	日产	英菲尼迪	本田	讴歌	三菱
马自达	铃木	斯巴鲁	大发	现代	起亚
	电动汽车				
大宇		蔚来	威马	小鹏	特斯拉

图 1-3 汽车车标（续）

二、汽车的分类

为了满足加入世界贸易组织（WTO）后与国际接轨的需要，从 2005 年开始，我国汽车行业实行新的车型统计分类方法，基本与国际通行的称谓一致，将汽车分为乘用车和商用车两大类。

1. 乘用车

乘用车在设计和技术特性上主要用于载运乘客及其随身行李或临时物品，包括驾驶人座位最多不超过 9 个座位。乘用车狭义上包括基本型乘用车、多功能车、运动型多用途车；广义上还包括交叉型乘用车，即微型客车与小型客车。

（1）基本型乘用车　基本型乘用车通常以排量、车轴前后距离等相关的重要技术参数作为基准，我国分为微型车、小型车、紧凑型车、中型车、中大型车、大型车，德国分为 A00、A0、A、B、C、D 六个级别，两种划分可以对应。我国习惯上称载送人员及其随身物品，且座位布置在两轴之间的乘用车称为轿车，因为其外形类似古代的轿子。

1）微型车，也称 A00 级车，轴距在 2.0~2.3m 之间，车身长度在 4.0m 之内，搭载的发动机排量在 1.0L 左右，例如奔驰汽车公司生产的 Smart 轿车（图 1-4）。

2）小型车，也称 A0 级车，轴距在 2.3~2.5m 之间，车身长度在 4.0~4.3m 之间，发动机排量在 1.0~1.5L 之间，例如一汽丰田汽车公司生产的威驰轿车（图 1-5）。

图 1-4　奔驰 Smart 轿车

图 1-5　丰田威驰轿车

3）紧凑型车，也称 A 级车，轴距在 2.5~2.7m 之间，车身长度在 4.2~4.6m 之间，发动机排量在 1.6~2.0L 之间，例如一汽丰田汽车公司生产的卡罗拉轿车（图 1-6）。

4）中型车，也称 B 级车，轴距在 2.7~2.9m 之间，车身长度在 4.5~4.9m 之间，发动机排量在 1.8~2.4L 之间，例如一汽大众汽车公司生产的奥迪 A4L 轿车（图 1-7）。

图 1-6　丰田卡罗拉轿车

图 1-7　奥迪 A4L 轿车

5）中大型车，也称 C 级车，轴距在 2.8~3.0m 之间，车身长度在 4.8~5.0m 之间，发动机排量超过 2.4L，例如一汽大众汽车公司生产的奥迪 A6L 轿车（图 1-8）。

6）大型车（豪华车），也称 D 级车，轴距超过 3.0mm，车身长度超过 5.0 米，发动机排量超过 3.0L，例如德国奥迪汽车公司生产的奥迪 A8L 轿车（图 1-9）。

图 1-8　奥迪 A6L 轿车　　　　　　　　图 1-9　奥迪 A8L 轿车

（2）多功能车（MPV）　MPV 是 Multi-purpose Vehicle 的缩写，意思是多用途汽车，它是集轿车、旅行车和商务车于一身的车型，拥有良好的舒适性、较强的实用性和灵活的空间，例如上海通用汽车公司生产的别克 GL8（图 1-10）。

（3）运动型多用途车（SUV）　SUV 是 Sport Utility Vehicle 的简写，意思是运动型多功能车，一般是指以轿车平台为基础生产、在一定程度上既具有轿车的舒适性，又有越野车通过性的车型，例如上汽大众汽车公司生产的途观 SUV（图 1-11）。

图 1-10　通用别克 GL8　　　　　　　　图 1-11　大众途观 SUV

（4）交叉型乘用车　交叉型乘用车是指不能列入上述三类车型的其他乘用车，这部分车型主要指 9 座及以下的客车，即旧分类中的微型客车与小型客车。微型客车由微型货车演变而来，俗称微面包车，长度在 3.5m 左右，发动机排量在 1L 左右，座椅数为 8 座及以下，例如东风汽车公司生产的东风小康微型客车（图 1-12）。小型客车比微型客车尺寸大，座椅数为 9 座及以下。

图 1-12　东风小康微型客车

2. 商用车

商用车主要指运送人员和货物的汽车，例如客车、货车等。

1）客车，主要指用于载运乘客及其随身行李，包括驾驶人座位在内超过 9 座的商用车辆。

2）货车，主要指为载运货物而设计和装备的商用车辆，可以同时牵引一辆挂车。

三、汽车产品型号与车辆识别码

1. 汽车产品型号

在采用国际标准的车辆识别码（VIN）之前，我国汽车的产品型号由企业名称代号、车辆类别代号、主要参数代号、产品序列号组成，如图 1-13 所示。

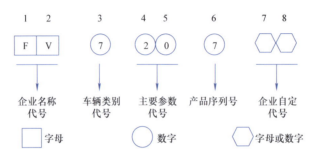

图 1-13 汽车产品型号

企业名称代号，用两位汉语拼音字母表示，例如 FV 表示一汽大众。

车辆类别代码，用一位阿拉伯数字表示，例如乘用车用 7 表示。

主要参数代号，用两位阿拉伯数字表示，乘用车用发动机排量表示，并以 0.1L 为单位表示，例如 20 表示 2.0L。

产品序列号，用一位阿拉伯数字表示，例如 7 表示第 8 代车型。

企业自定代号，企业根据自身的需要制定的代号，如果是空位表示未制定。

2. 车辆识别码

车辆识别码的英文缩写是 VIN（Vehicle Identification Number），作用是记录车辆、有助于车辆所有人变更记录、防盗。VIN 由 17 位字符组成，分四部分，第 1 部分 1~3 位是世界制造厂识别代号，第 2 部分 4~8 位是车辆说明部分，第 3 部分第 9 位是校验码，第 4 部分 10~17 位是车辆指示部分，举例如图 1-14 所示。车辆识别码的规定放置位置在前风窗左下角，以及车辆铭牌上。

图 1-14 VIN 组成

第 1 位：生产国家代码，例如 L——中国，J——日本，V——法国，W——德国，1、4、5——美国。

第 2 位：汽车制造厂商代码，例如 1——克莱斯勒、B——宝马、M——奔驰。

第 3 位：汽车类型代码，不同厂商有不同的解释。

中国产地用 2、3 位合起来表示汽车制造商名称，例如 FV——一汽大众、SV——上汽大众、SG——上海通用。

第 4~8 位：特征位，说明车辆的一般特性。

第 9 位：校验位。

第 10 位：生产年份，2001～2009 年为数字 1~9，2010~2030 年为字母 A~Y，数字 0 及字母 I、O、Q、U、Z 因容易混淆而不用。

第 11 位：车辆装配厂代码。

第 12~17 位：产品顺序号。

第二节　汽车的组成与布置形式

一、汽车的组成

汽车由发动机、底盘、电气设备和车身四部分组成。

1. 发动机

发动机的功用是使输入气缸的燃料燃烧而发出动力，现代汽车广泛应用往复活塞式内燃机，如图 1-15 所示。发动机一般由曲柄连杆机构、配气机构、润滑系统、冷却系统、燃油供给系统、点火系统、起动系统等组成。

2. 底盘

底盘的作用是接受发动机的动力，使汽车产生运动，并保证汽车按照驾驶人的操纵正常行驶，如图 1-16 所示。底盘由传动系、行驶系、转向系、制动系等组成。

图 1-15　发动机

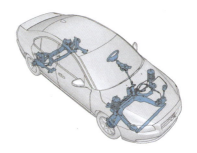

图 1-16　底盘

3. 电气设备

电气设备是保证汽车动力性、经济性、安全性、可靠性和环保性，提高汽车品质的重要组成部分，如图 1-17 所示。基本电气设备包括充电系统、起动系统、照明与信号系统、仪表系统、整车电路。辅助电气设备包括车窗、座椅电气设备等。车身电控系统包括汽车空调、安全气囊等。驾驶辅助与信息娱乐系统包括巡航系统、倒车雷达等。

4. 车身

车身是驾驶人的工作场所，也是装载乘客和货物的地方。如图 1-18 所示，车身主要包括框架结构件、饰板覆盖件、开闭件（发动机舱盖、行李舱盖、四个车门）等。

手把手 教您学汽车构造与保养 第2版

图 1-17 电气设备

图 1-18 车身

一、汽车的布置形式

汽车按照发动机和驱动车轮的位置、驱动车轮个数，布置形式如图 1-19 所示。

1. 发动机前置前轮驱动（FF）

发动机前置、前轮驱动在发动机排量 2.5L 以下的乘用车上得到广泛应用，优点是省去了传动轴装置，减轻了车重，结构比较紧凑，能有效地利用发动机舱的空间，后排地板中央没有凸起，驾驶室内更为宽敞，并有助于降低地板高度，提高乘坐舒适性。缺点是起步、加速、爬坡时，车辆重心向后轴移动，前轮负荷减小，导致牵引力下降；前桥负荷比后桥重，并且前轮又是转向轮、驱动轮，故前轮工作条件恶劣，轮胎寿命短。

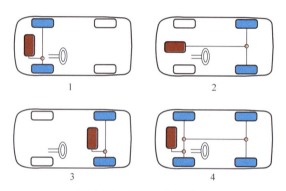

图 1-19 汽车的布置形式

1—前置前驱（FF） 2—前置后驱（FR）
3—中置后驱（MR） 4—四轮驱动（4WD）

2. 发动机前置后轮驱动（FR）

发动机前置后轮驱动是最传统的驱动形式，大多数货车、部分轿车（尤其是高级轿车）、部分客车都采用这种驱动形式。优点是在良好的路面上起步、加速、爬坡时驱动轮的负荷增大，带来驱动轮的附着力增大，其牵引性能比前置前驱形式优越，轴荷分配比较均匀，因而具有良好的操纵稳定性和行驶平顺性。缺点是由于采用传动轴装置，不仅增加了车重，同时降低了传动系的机械效率，影响燃油经济性。

3. 发动机中置后轮驱动（MR）

发动机中置、后轮驱动，是指发动机置于座椅之后、后轴之前，大多数高性能跑车都采用这种形式。优点是可获得最佳的轴荷分配，操纵稳定性和行驶平顺性良好。缺点是发动机的布置占据了车厢和行李舱的一部分空间，车厢内只能安放两个座椅，对发动机的隔声和隔热效果差，乘坐舒适性能降低。

4. 四轮驱动（4WD）

4WD 是 4 wheels drive 的英文缩写，也称全轮驱动。四轮驱动包括分时四驱、全时四驱、适时四驱。

1）分时四驱，越野车辆采用，优点是可以在很差路面上稳定行驶。分时四驱的变速器后面装有分动器，通过操作分动器可以选择高速两驱、高速四驱、低速四驱，分动器输出的转矩分别通过两根传动轴，传递至前驱动桥和后驱动桥。这种类型没有中央（轴间）差速器，常规情况下只能两轮驱动。缺点是比两轮驱动车辆质量大，影响燃油经济性。

2）全时四驱，部分豪华乘用车辆采用，优点是有利于大功率发动机的动力发挥，四个车轮常态驱动，增加车辆驱动力。变速器将动力传给中央差速器，再由差速器将动力传给前后轴，加速时车辆重心后移，后轮驱动力增大，避免了前轮驱动车辆在急加速时前轴轻飘，即使在附着系数良好的路面上也可能出现前轮打滑。缺点是结构复杂，传动部件多，如果搭载小排量发动机会感觉动力不足。

3）适时四驱，也称实时四驱，在 SUV 车辆上采用，优点是比全时四驱的结构简单，可以降低成本，也有利于降低整车质量，平常两驱模式，当电子控制系统感知前后车轮转速不等时，控制通往后轴的离合器压紧，自动切换为四驱模式。缺点是与全时四驱相比，无法将超过 50% 的动力传递给后轴，与分时四驱相比，应对恶劣路面时承受载荷极限偏低。

第三节　汽车的技术参数与主要性能

一、汽车的主要技术参数

1. 汽车的主要外部尺寸

汽车的主要外部尺寸如图 1-20 所示。

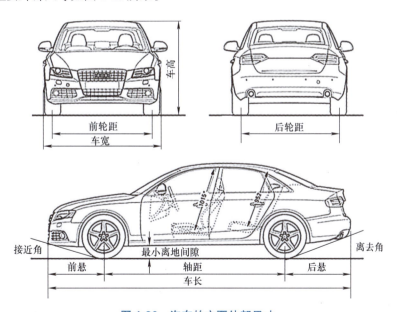

图 1-20　汽车的主要外部尺寸

1）车长是指汽车前后最外端凸出部位两垂直面之间的距离。

2）车宽是指汽车两侧固定凸出部分（不包括后视镜、转向指示灯、挠性挡泥板、折叠式踏板、防滑链）两垂直面之间的距离。

3）车高是指车辆没有装载且处于可运行状态时，车辆支撑面与车辆最高凸出部位水平面之间的距离。

4）最小离地间隙是指汽车的最低点（除车轮外）与路面之间的距离，用以表征汽车无碰撞地越过石块、树桩等障碍物的能力。

5）轴距是指车辆同一侧相邻两车轮中心平面之间的距离。

6）轮距是指同一车轴上相邻两车轮的中心点，垂直于车辆纵向对称平面的两垂线之间的距离。

7）前悬是指两前轮中心垂面与抵靠车辆最前端垂直面之间的最大距离。

8）后悬是指两后轮中心垂面与抵靠车辆最后端垂直面之间的最大距离。

9）接近角是指汽车满载、静止时，从汽车前端凸出点向前轮与地面接触点引假想线，此假想线与路面的夹角称为接近角。

10）离去角是指汽车满载、静止时，从汽车后端凸出点向后轮与地面接触点引假想线，此假想线与路面的夹角称为离去角。

2. 汽车的质量参数

1）整车整备质量是指汽车带有全部装备（包括随车工具、备胎等），加满燃料、水，但没有载人和载货的整车质量。

2）最大装载质量是指汽车在良好硬路面上行驶时最大运输质量。

3）最大总质量是指整车整备质量与最大装载质量之和。

4）最大轴载质量是指前桥和后桥分别允许最大承载质量。

一 汽车的主要性能

1. 汽车动力性

汽车的动力性是指汽车所具有的加速性能、爬坡性能和最高车速性能等，汽车的动力性越好，汽车的速度就越高，所能克服的道路阻力也越大。

1）最高车速是指汽车满载时在平直良好路面上所能达到的最高行驶速度，单位为 km/h。

2）加速性能是指汽车可能达到的最大加速度，常用汽车 0~100km/h 加速用多少秒来评价。

3）最大爬坡度是指汽车满载在良好路面行驶，汽车能克服的最大坡度角 α，如图 1-21 所示，表示越野车的爬坡性能，还常用坡度 i（%）评价。

$$i = \frac{坡度高}{坡底长} \times 100\%$$

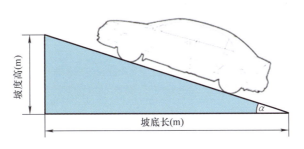

图 1-21 最大爬坡度

2. 燃料经济性

燃料经济性是指汽车以最少的燃料消耗完成单位运输工作量的能力,常用每百公里燃料消耗量（L/100km）作为评价指标。GB 22757.1—2017 规定从 2010 年 1 月 1 日起,所有最大设计总质量在 3500kg 以下的乘用车和轻型商用车,在销售时必须粘贴"汽车能源消耗量标识",标注由国家指定检测机构,按照统一的国家标准测定的市区、市郊、综合三种工况的燃料消耗量。某车型能源消耗量标识如图 1-22 所示,市区工况 6.6L/100km,市郊工况 4.9L/100km,综合工况 5.5L/100km。同级车综合工况燃料消耗量限值 7.6L/100km,领跑值 6.6L/100km。此标识供消费者在购买车辆时,与同级汽车进行燃油消耗量的比较。

3. 制动性能

制动性能包括制动效能、制动效能的恒定性、制动时汽车的方向稳定性。

1）制动效能是指在良好路面上,汽车以一定速度从开始制动到停车所需的制动距离。此外,制动效能指标还有制动减速度、制动时间和制动力的大小。车辆年检时利用汽车制动力试验台,测量各车轮制动力来评价汽车制动效能。

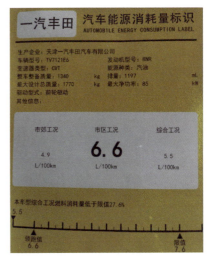

图 1-22 能源消耗量标识

2）制动效能的恒定性主要是指制动器的抗热衰退性能。汽车在繁重工作条件下制动时,例如汽车下长坡连续制动,制动器温度上升,制动器摩擦力矩显著下降,制动效能急剧降低,这种现象称为制动器热衰退现象。

3）制动时汽车的方向稳定性是指在制动过程中,维持原来直线行驶的能力及按预定弯道行驶的能力。制动跑偏、制动侧滑故障属于方向稳定性问题,方向稳定性是影响交通安全的重要因素。

4. 操纵稳定性

操纵稳定性包括操纵性和稳定性两方面内容,操纵性是指汽车及时而准确地执行驾驶人转向意图的能力。稳定性是指汽车受到外力后,维持或迅速恢复原来运动状态的能力。

5. 行驶平顺性

行驶平顺性是指汽车在一般速度范围内行驶时,能保证乘客不会因车身振动而引起不舒服和疲劳的感觉，以及保持所运货物完整无损的性能。

6. 通过性

通过性是指汽车以足够高的平均车速通过各种坏路、无路地带（如松软路面、凹凸不平路面等）及各种障碍（如陡坡、侧坡、壕沟、台阶、灌木丛、水障等）的能力。

第四节　新能源汽车

一、新能源汽车定义

1. 旧定义

新能源汽车是指采用非常规车用燃料（汽油、柴油）作为动力源的汽车，或使用常规燃料而采用新型车载动力装置的汽车。其可分为四大类：第1类使用气体燃料，例如压缩天然气、液化天然气、液化石油气、氢气的内燃发动机，或使用不用原油裂化得到的液体燃料，如乙醇、生物柴油等燃料；第2类以太阳能为动力源；第3类以氢燃料电池为动力源；第4类以电能作为动力源，包括纯电动汽车、混合动力汽车、插电式混合动力汽车。2~4类车辆驱动装置均采用电机，亦称电动汽车。

2. 新定义

国务院颁布的《节能与新能源汽车产业发展规划（2012~2020）》，明确新能源汽车范围为纯电动汽车、插电式混合动力汽车（单次纯电行驶里程不小于50km）、燃料电池电动汽车，并将常规混合动力汽车划归为节能内燃机汽车。

二、电动汽车

电动汽车均装备动力蓄电池，其电能来源：①内燃机的机械能通过发电机系统转化为电能输入动力蓄电池；②车辆减速制动时，通过发电机（此时电动机作为发电机）将车辆的动能转化为电能输入动力蓄电池；③车载充电机（慢充）或外部直流充电桩（快充）将外部电源的电能输入动力蓄电池；④由氢气通过化学反应产生电能，输入动力蓄电池。另外还有太阳能、超级电容等动力源，但目前均处在试验阶段。现今上市销售的电动汽车如图1-23所示。

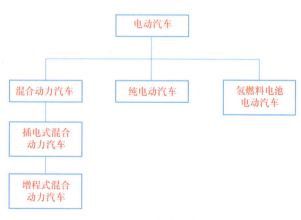

图1-23　电动汽车

1. 混合动力汽车

1）普通混合动力汽车（HEV）不属于新能源汽车，它属于节能内燃机汽车，但属于电动汽车。这种车辆采用汽油/柴油内燃机与电机两种动力，按混合度分为微混合、轻混合、中度混合、重度混合四类，前三类节能效果差，目前很少采用。重度混合型比中度混合型增大了动力蓄电池容量，提升了车辆续驶里程。普通混合动力汽车没有慢充和快充插口，依靠发动机驱动发电机进行充电，发动机预热结束后以 2000~3000r/min 经济转速运转，这个区间化学能转变机械能的效率最高，从而降低油耗。重度混合动力汽车驱动如图 1-24 所示，图中绿色是电力传输通道，红色是机械传输通道。

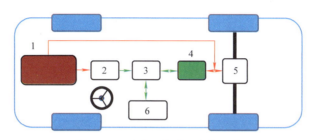

图 1-24　重度混合动力汽车驱动

1—发动机　2—发电机　3—逆变器　4—电机/发电机　5—变速器　6—动力蓄电池

普通混合动力汽车可采用单动力驱动或者双动力驱动。单动力驱动：发动机或者电机分别将动力送到变速器。双动力驱动：又分为串联、并联、混联驱动。并联是发动机与电机同时将动力送到变速器；串联是发动机驱动发电机发电，电能供电动机运转再将动力送到变速器，多余电量充入动力蓄电池；混联是发动机将动力送到变速器的同时，驱动发电机发电，电能供电机运转再将动力送到变速器。

目前大量应用的双擎混动汽车，均属于普通混合动力汽车，丰田卡罗拉双擎结合了串联和并联两种方式，通过调整发电机转速，可以控制机械传输通道和电力传输通道的动力分配比例，极大地降低了油耗，百公里油耗仅为 4.2L。

2）插电式混合动力汽车（PHEV）是在重度混合动力汽车的基础上，增加动力蓄电池的容量和慢充口，可获得更多的纯电动行驶里程。PHEV 可采用单动力驱动或者双动力并联驱动形式，如图 1-25 所示。

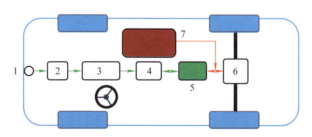

图 1-25　插电式混合动力汽车驱动

1—交流220V慢充电口　2—充电机　3—动力蓄电池　4—逆变器　5—电机/发电机　6—变速器　7—发动机

3）增程式混合动力汽车（REEV）是在纯电动汽车的基础上，装备一个小功率汽油发动机，发动机动力不足以驱动车辆，只是驱动发电机，以备动力蓄电池电量不足时为电池充电。

发动机只是在一定程度补充电，并不是只要发动机工作，就可以满足汽车各种工况下的电驱动所需电力。REEV均采用串联驱动形式，如图1-26所示。

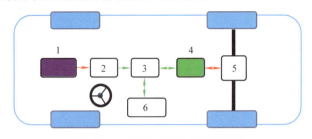

图1-26 增程式混合动力汽车驱动

1—小功率发动机　2—发电机　3—逆变器　4—电机/发电机　5—减速器　6—动力蓄电池

2. 纯电动汽车

纯电动汽车（EV）是指以动力蓄电池为唯一车载能源，并由电机提供驱动的汽车，如图1-27所示。优点：无排放污染、噪声低、能源转化率高且多样化，使用与维护与内燃机汽车、混合动力汽车和燃料电池汽车相比较为简单，动力传动部件更少，维护工作量更少。特别是电机本身，使用范围广，不易受所处环境影响，所以纯电动汽车的维修成本和使用成本相对较低。纯电动汽车驱动如图1-28所示。纯电动汽车具有三大电装置：动力蓄电池、电机、电机控制器，具有三小电装置：高压控制盒、车载充电机、DC/DC变换器。也有观点认为，电机控制器、高压控制盒、车载充电机、DC/DC变换器集成在一起称作PEU，三小电装置应是电动制冷压缩机、电动制动、电动转向。目前纯电动汽车的动力蓄电池电压在300~700V之间，电池容量在30~70kW·h之间，设有慢充、快充插口，工况法续驶里程200~550km，最高车速120~200km/h。

图1-27 纯电动汽车

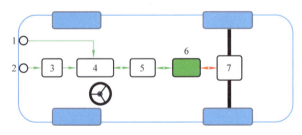

图1-28 纯电动汽车驱动

1—直流快充口　2—交流220V慢充口　3—充电机　4—动力蓄电池　5—逆变器　6—电机/发电机　7—减速器

3. 氢燃料电池汽车

氢燃料电池汽车（FCEV）是由氢气通过化学反应产生驱动电力，如图1-29所示。

氢燃料电池汽车由燃料电池系统、辅助蓄能装置、电机、电子控制四大系统组成。如图1-30所示，燃料电池系统的高压储氢罐，轿车一般采用2~4个，大客车通常采用5~10个；燃料电池堆将氢气与氧气反应生成电流和水。辅助蓄能装置的动力蓄电池，当燃料电池堆输出的电能大于车辆驱动所需能量时,用于储存燃料电池剩余的电能;当汽车加速和爬坡时,可弥补燃料电池堆输出的电能不足。驱动电机采用与纯电动汽车一样的直流有刷、交流同步或交流异步电机。电子控制系统具有燃料电池系统控制、辅助蓄能装置管理、电机驱动控制、DC/DC变换器控制及整车协调控制等功能,各控制模块通过CAN总线通信。

图 1-29 氢燃料电池汽车

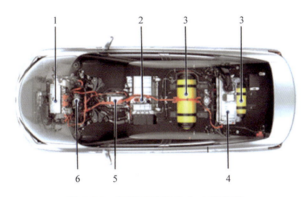

图 1-30 氢燃料电池汽车主要部件
1—电机控制器 2—燃料电池堆 3—高压储氢罐 4—动力蓄电池 5—升压变压器 6—电机

第二章 汽车的心脏——发动机

第一节　发动机机械构造

发动机分类

1. 按燃料种类分类

1）汽油发动机，所用燃料为汽油，汽油机转速高、质量小、噪声小、起动容易、制造成本低。

2）柴油发动机，所用燃料为柴油，柴油机压缩比大、热效率高，经济性能和排放性能均比汽油机好。

2. 按气缸排列分类

1）L型发动机，内燃机气缸排列的主要形式，各气缸直线排列，在发动机舱内可以纵置安装或横置安装。

2）V型发动机，将气缸分成两组，两组气缸中间形成一个60°或者90°的夹角，60°夹角运转平衡性较好。优点是可缩短发动机长度，为驾驶舱留出更多空间；两列气缸斜置，能降低发动机的高度，可以抵消一部分振动；还可以提高排量，从而提高功率。

3）W型发动机，德国大众汽车公司专属技术，将V型发动机的每侧气缸再进行小角度错开，例如15°就成了W型发动机，或者说气缸排列形式是两个小V型组成一个大V型，严格说W型是V型的演变。

3. 按进气增压分类

1）自然吸气发动机，利用进气行程活塞向下移动产生的真空吸力，空气进入气缸，如图2-1所示。

图2-1　自然吸气发动机

2）涡轮增压发动机，在进气总管安装废气涡轮增压器，由废气压力驱动涡轮高速旋转，涡轮带动泵轮进行增压，一般可增压到150kPa，如图2-2所示。

4. 按喷射方式分类

1）进气歧管喷射发动机，燃油喷射在进气歧管，如图2-3所示，然后与空气混合再进入到气缸里面进行燃烧。

2）直喷发动机，燃油直接喷射在气缸内，如图2-4所示，然后与空气混合进行燃烧。采用燃油直喷可以让燃油在很稀的条件下进行

图2-2　涡轮增压发动机

燃烧，这样能够节省更多的燃油。

图 2-3　进气歧管喷射

图 2-4　燃油直接喷射

二　术语和工作原理

1. 发动机术语

发动机是汽车的动力源，它将化学能变为热能，然后将热能转变为机械能。我们首先学习发动机的基本术语。

基本术语包括上止点、下止点、活塞行程、气缸工作容积、燃烧室容积、气缸总容积、发动机排量、压缩比、功率与转矩等。

1）上止点，如图 2-5 所示，当活塞在气缸里做往复直线运动时，活塞向上运动到最高位置，即活塞顶部距离曲轴旋转中心最远的极限位置。

2）下止点，当活塞在气缸里做往复直线运动时，活塞向下运动到最低位置，即活塞顶部距离曲轴旋转中心最近的极限位置。

3）活塞行程，活塞从一个止点运动到另一止点的距离，即上、下止点之间的距离称为活塞行程。按照活塞行程与气缸直径的比率可以分为三种类型：长行程、等行程、短行程。高转速大功率发动机采用等行程或短行程，即活塞行程等于或小于气缸直径，这样可以减少摩擦损失、提高转速和功率，但会影响转矩。

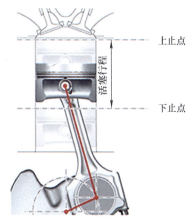

图 2-5　活塞行程

4）气缸工作容积，也称气缸排气量，用 V_h 表示，即活塞从下止点运动到上止点所经过的容积，如图 2-6 所示，即

$$V_h = \frac{\pi D^2}{4 \times 10^6} S$$

式中　V_h——气缸工作容积（L）；

　　　D——气缸直径（mm）；

　　　S——行程（mm）。

5）燃烧室容积，用 V_c 表示，即活塞位于上止点时，其顶部与气缸盖之间的容积。

6）气缸总容积，气缸工作容积和燃烧室容积之和。

7）发动机排量，用 V_a 表示，多缸发动机为各气缸工作容积的总和。一般说发动机排量越大，发动机的功率越大，但是同排量的涡轮增压发动机比自然吸气发动机功率高。

$$V_a = V_h i$$

式中　V_a——发动机排量（L）；

　　　i——气缸数量。

8）压缩比，压缩比等于气缸总容积与燃烧室容积之比，如图2-7所示。

一般说汽油机的压缩比在9～14之间，柴油机的压缩比在16～24之间，计算公式为

$$\varepsilon = \frac{V_h + V_c}{V_c} = 1 + \frac{V_h}{V_c}$$

式中　ε——压缩比；

　　　V_h——气缸工作容积；

　　　V_c——燃烧室容积。

9）发动机功率，是发动机单位时间内所做的功，单位为kW（千瓦），进口汽车也采用hp（英马力）、PS（米制马力）为单位，换算关系：

1kW = 1.3596PS（1PS=0.7355kW）

1kW = 1.3410hp（1hp = 0.7457kW）

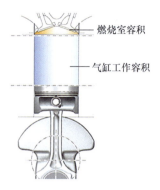

图2-6　气缸工作容积

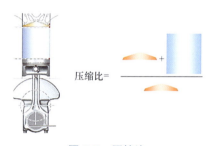

图2-7　压缩比

10）发动机转矩，是活塞推动曲轴旋转输出的力矩，等于曲轴输出力和力臂的乘积，单位是N·m（牛米）。

$$M = Fr$$

式中　M——转矩（N·m）；

　　　F——力（N）；

　　　r——力臂（m）。

进口汽车也采用kgf（公斤力）为单位，换算关系：

1N = 0.10197kgf

1kgf = 9.80665N

11）功率与转矩曲线。某一台涡轮增压汽油机的功率与转矩曲线如图2-8所示。功率与发动机转速、转矩有关，由于在高速时进气效率降低导致转矩降低，因而功率输出具有峰值，此峰值称作最大输出功率。自然吸气发动机的最大输出转矩出现在较窄的转速区间，而增压发动机出现在较宽的转速区间，例如图2-8是1750～4500r/min。

2. 汽油发动机工作原理

由于汽油和柴油具有不同的性质，因而在发动机工作原理和结构上有差异，我们先介绍四

冲程汽油发动机的工作原理。四冲程汽油机的运转是按进气行程、压缩行程、做功行程和排气行程的顺序往复循环的。

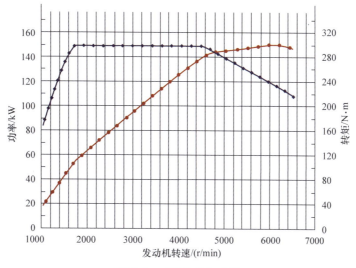

图 2-8　功率与转矩曲线

1）进气行程。活塞在曲轴的带动下由上止点移至下止点，此时进气门开启、排气门关闭，如图 2-9 所示。在活塞移动过程中，气缸容积逐渐增大，气缸内形成一定的真空度，空气和汽油的混合物通过进气门被吸入气缸，并在气缸内进一步混合形成可燃混合气。

2）压缩行程。进气行程结束后，曲轴继续带动活塞由下止点移至上止点，此时进气门、排气门均关闭，如图 2-10 所示。随着活塞移动，气缸容积不断减小，气缸内的混合气被压缩，其压力和温度同时升高。

图 2-9　进气行程

图 2-10　压缩行程

3）做功行程。压缩行程结束时，安装在气缸盖上的火花塞产生电火花，将气缸内的可燃混合气点燃，火焰迅速传遍整个燃烧室，同时放出大量的热能，此时进气门、排气门仍然关闭，如图 2-11 所示。燃烧气体的体积急剧膨胀，压力和温度迅速升高，在气体压力的作用下，活塞由上止点移至下止点，并通过连杆推动曲轴旋转做功。

4）排气行程。进气门仍然关闭，排气门开启，曲轴通过连杆带动活塞由下止点移至上止点，如图2-12所示。此时膨胀后的燃烧气体在其自身剩余压力和活塞的推动下，经排气门排出气缸之外。当活塞到达上止点时，排气行程结束，排气门关闭。

图2-11　做功行程

图2-12　排气行程

3. 柴油发动机工作原理

四冲程柴油机的工作循环同样包括进气、压缩、做功和排气四个过程，只是由于柴油和汽油的使用性能不同，使柴油机和汽油机在混合气形成方法及着火方式上有着根本的差别。

1）进气行程。在柴油机进气行程中，此时进气门开启、排气门关闭，被吸入气缸的只是纯净的空气。

2）压缩行程。这时进、排气门均关闭，因为柴油机的压缩比大，所以压缩行程终了时气体压力高。

3）做功行程。在压缩行程上止点前的最佳喷油提前角，喷油器将柴油喷入燃烧室，气缸内的温度远高于柴油自燃点，所以柴油随即自行着火燃烧。在气体压力的作用下，活塞推动连杆，连杆推动曲轴旋转做功。这时，进、排气门仍旧关闭。

4）排气行程。排气行程开始，进气门仍然关闭，排气门开启，燃烧后的废气排出气缸。

三　曲柄连杆机构

1. 功用与组成

曲柄连杆机构是发动机实现工作循环，完成能量转换的传动机构，用来传递力和改变运动方式。曲柄连杆机构主要由机体组、活塞连杆组和曲轴飞轮组等组成。

2. 机体组

机体组是发动机的骨架，是发动机各个机构和各个系统的安装基础，其内、外安装有发动机的所有零件和附件，并且承受一定量的载荷。机体组的组成如图2-13所示，主要由气缸体、气缸盖、气缸垫、主轴承盖、油底壳等组成。

1）气缸体。气缸体是发动机机体组的重要组成部分，位于气缸盖和油底壳之间，绝大多数发动机的气缸体与曲轴箱连铸在一起,如图2-14所示。气缸体分为铸铁缸体、铸铝缸体。铸铁缸体的优点是机械强度好、耐高温,铸铝缸体的优点是重量轻、体积小。铸铝缸体可采用薄壁铸铁缸套。

图 2-13　机体组

1—气门室罩　2—凸轮轴承盖　3—气缸盖
4—气缸垫　5—气缸体　6—曲轴箱　7—油底壳

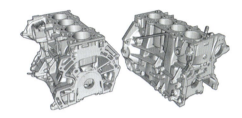

图 2-14　气缸体

气缸排列形式:①直列型,这是最普通的类型,所有气缸排列在一条直线上。②V型,所有气缸分成两列,排成V型,发动机长度比相同气缸数的直列型短。③W型,所有气缸排列成四列,发动机长度比V型更短。

气缸数越多,做功间隔越短,会使活塞垂直运动的振动降至最低,发动机转动越平稳,可以提高乘坐舒适性。如图2-15所示:①4缸发动机,曲轴每转2周有4次做功,每次做功相隔曲轴转角180°。②直列6缸和V型6缸发动机,曲轴每转2周有6次做功,每次做功相隔曲轴转角120°。③V型8缸发动机,曲轴每转2周有8次做功,每次做功相隔曲轴转角90°。

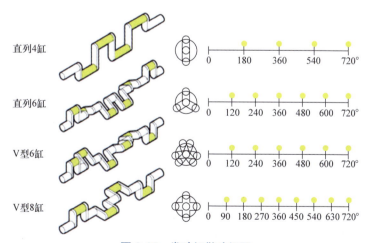

图 2-15　发动机做功间隔

气缸的点火顺序取决于气缸的数量,直列4缸点火顺序为1-3-4-2或者1-2-4-3。直列6缸为1-5-3-6-2-4或者1-4-2-6-3-5。V型6缸,由车内往前看右侧为第一列,则是1-4-5-2-3-6;如左侧为第一列,则是1-6-5-4-3-2。

2)气缸盖。气缸盖承受气体力和紧固气缸盖螺栓形成的机械负荷,同时由于与高温燃气接触而承受很高的热负荷,如图2-16所示。气缸盖主要由进排气门座孔、气门导管、火花塞安装孔、喷油器安装孔、气道和水道等组成。气缸盖由铝合金铸造,气缸盖下部凹陷称作燃烧室,每个燃烧室有2~5个气门,燃油导轨位于气缸盖上,直接喷射系统的高压燃油泵位于气缸盖的一端,由排气凸轮轴来驱动。

3)气缸垫。气缸垫的功用是密封气缸,保证气缸内气体不被泄漏,如图2-17所示。气缸垫是机体顶面与气缸盖底面之间的密封件,该气缸垫为全金属材料。

图2-16 气缸盖

图2-17 气缸垫

4)油底壳。油底壳的主要功用是储存机油和封闭机体或曲轴箱,如图2-18所示。油底壳用薄钢板冲压或用铸铝制成,内设有机油挡板,用以减轻汽车颠簸时油面的振荡。油底壳配备有油位传感器及量油尺。

3. 活塞连杆组

活塞连杆组是发动机的传动件,它把燃烧气体的压力传给曲轴,使曲轴旋转并输出动力。活塞连杆组由活塞、活塞环、活塞销、连杆及连杆轴瓦等组成,如图2-19所示。

图2-18 铸铝油底壳

1)活塞。活塞的功用是承受燃烧气体压力,并将此压力通过活塞销传给连杆以推动曲轴旋转。活塞顶部与气缸盖、气缸壁共同组成燃烧室。活塞按表面位置不同分为顶部、头部、裙部三个部分,如图2-20所示。活塞顶部即顶面,其形状与燃烧室形状和压缩比大小有关,燃油直喷发动机的活塞顶面设计成特殊形状,便于燃油和空气在燃烧室内混合。活塞头部有三个活塞环槽,即上气环、下气环和油环。活塞裙部指活塞头部以下的部分,裙部应有足够的承压面积以承受侧向力,裙部喷涂石墨涂层,该涂层的作用是降低摩擦系数、减少磨损、延长活塞使用寿命。

2)活塞环。活塞环的功用是保证活塞与气缸壁间的密封,防止气缸内的可燃混合气和高温燃气漏入曲轴箱,并将活塞顶部接受的热传给气缸壁,避免活塞过热。如图2-21所

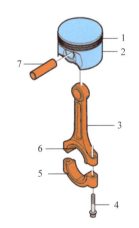

图2-19 活塞连杆组

1—活塞环 2—活塞 3—连杆 4—连杆螺栓
5—连杆轴承盖 6—连杆轴承 7—活塞销

示，活塞环由气环和油环组成，气环有两道，主要功用是密封和传热；油环的主要功用是刮除飞溅到气缸壁上的多余的机油，并在气缸壁上涂布一层均匀的油膜。油环种类有铸铁开槽油环和钢质组合油环，组合油环由两片钢带刮环和中间的衬环组成。

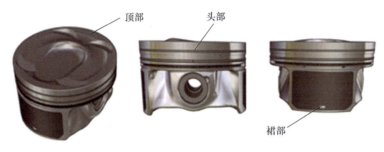

图 2-20 活塞

3）活塞销。活塞销的功用是连接活塞和连杆，并将活塞承受的力传给连杆。活塞销在高温条件下承受很大的周期性冲击负荷，润滑条件较差，其表面经过硬化处理，内孔两端是锥形形状。活塞销与活塞销座孔和连杆小头衬套孔的连接配合分为全浮式和半浮式，全浮式活塞销可在活塞销座孔和连杆小头衬套孔内转动，半浮式活塞销只能在活塞销座孔或者连杆小头衬套孔内转动，如图 2-22 所示。

图 2-21 活塞环

1—三组件油环　2—2道气环

图 2-22 活塞销

A—全浮式　B—半浮式

4）连杆。连杆组的功用是将活塞承受的力传给曲轴，并将活塞的往复运动转变为曲轴的旋转运动。如图 2-23 所示，用螺栓将连杆轴承盖与杆身固定在一起，连杆组由小头、杆身和大头构成，连杆小头与活塞销连接，同活塞一起做往复运动；连杆大头与连杆轴颈（曲柄销）连接，同曲轴一起做旋转运动。现今多采用涨断工艺，即连杆在加工前是一个整体，加工后用激光在断开位置蚀刻，用机械设备在连杆大头内向外施加力，轴承盖断开，优点是精度高，粗糙的断面可提高横向固定能力。

图 2-23 连杆

1—小头　2—杆身　3—大头　4—断开位置

4. 曲轴飞轮组

曲轴的功用是把活塞、连杆传来的气体压力转变为转矩，用以驱动汽车的传动系和发动机的配气机构以及其他辅助装置。曲轴飞轮组如图 2-24 所示，包括曲轴、飞轮、扭转减振器等部件。

1）曲轴。曲轴由铸铁制造，如图 2-25 所示。曲轴由主轴颈、连杆轴颈（曲柄销）、两种轴颈之间的曲柄、平衡重、平衡轴齿轮、安装飞轮的凸缘等组成。平衡重用来平衡发动机不平衡的离心力和离心力矩，有时还用来平衡一部分往复惯性力。

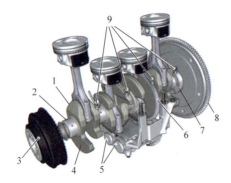

图 2-24　曲轴飞轮组

1—曲柄　2—主轴颈　3—扭转减振器　4—平衡重　5—平衡轴
6—平衡轴齿轮　7—凸缘　8—飞轮　9—机油喷嘴

图 2-25　曲轴

2）扭转减振器。当发动机工作时，曲轴在周期性变化的转矩作用下，各曲柄之间发生周期性相对扭转振动。为消减曲轴的扭转振动，在曲轴前端装有扭转减振器。如图 2-26 所示，扭转减振器材质为橡胶，利用橡胶垫变形产生的橡胶内部分子摩擦，消耗扭转振动能量，使整个曲轴的扭转振动减小。减振器包括拧紧在曲轴上的中心部件、橡胶减振器、带有带轮的外部部件，减振器中心部件与曲轴连接。有些减振器还有一个齿环，设有 58 个齿，作为曲轴位置传感器的信号轮。

3）飞轮。飞轮是一个转动惯量很大的圆盘，功用是将做功行程中输入曲轴动能的一部分贮存起来，用在其他行程中克服阻力，带动曲柄连杆机构越过上、下止点，保证曲轴的旋转角速度和输出转矩尽可能均匀。对于装备手动变速器的车辆，飞轮还作为离合器摩擦片的驱动部件。飞轮有两种形式，实体飞轮和双质量飞轮。

① 实体飞轮。图 2-27 所示为搭载自动变速器的实体飞轮，三个孔用来安装变矩器，轮缘上装有起动发动机用的齿圈，有的飞轮上刻有上止点记号，用来校准点火正时或喷油正时。

图 2-26　扭转减振器

图 2-27　实体飞轮

② 双质量飞轮。20 世纪 90 年代以后，很多汽车公司采用双质量飞轮，作用是降低发动机

固有频率，避免怠速时共振。由于带有缓冲弹簧，可以取消离合器从动盘的减振弹簧，从而减小输入轴转动惯量，使得换档轻便。双质量飞轮结构是将原飞轮分成两部分，一部分保留在发动机一侧，起到原来飞轮的作用，用于起动和传递发动机的转矩，称第一质量（初级质量）；另一部分放置在变速器一侧，用于提高转动惯量，称第二质量（次级质量）。两部分飞轮之间装有弹簧减振器，如图2-28所示。内部也可以设有环形油腔，腔内装有弹簧减振器，液压油具有阻尼作用。

4）主轴颈轴承。简称主轴承，如图2-29所示，安装在曲轴箱的主轴承座和轴承盖之间，是曲轴的支承。主轴颈须得到良好的润滑，每一道轴承都有输送机油的油道。主轴承由钢背和减摩层组成，钢背由低碳钢制成，减摩层是浇注在钢背上的薄层减摩合金，当今几乎所有汽车制造商提供的主轴承备件都是标准尺寸。为了保证曲轴轴向的正确定位，还需装有止推片。

图2-28　双质量飞轮

A—内部不含油　B—内部含油

图2-29　曲轴主轴承

1—主轴承　2—止推片

5. 平衡轴

平衡轴的功用是降低发动机振动、减小发动机噪声、延长发动机使用寿命、提高驾驶舒适性。曲轴上的齿轮驱动两根平衡轴，如图2-30所示，发动机工作时，活塞运动速度非常快，而且速度很不均匀，当活塞位于上下止点位置时速度为零，在上下止点中间位置的速度最高，这会在活塞、连杆上产生较大的振动力。平衡轴是装有偏心重块并随曲轴同步旋转的轴，利用偏心重块所产生的反向振动力，使发动机获得良好的平衡效果，降低发动机振动。

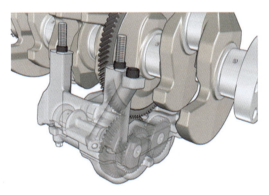

图2-30　平衡轴

6. 传动带

当今发动机一般采用多楔带传动，如图2-31所示，其横截面是5个V形，也称多V带，相当于5条V带接触带轮，与传统V带相比，优点是减小带厚度、增加传动力矩和降低磨损。通常采用一条传动带驱动所有附加装置，包括交流发电机、空调压缩机、动力转向泵、水泵等，优点是缩短发动机总长、减少零件数、降低发动机质量。

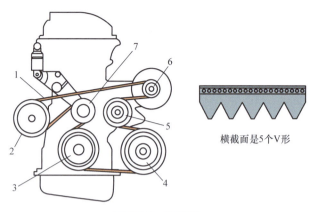

图 2-31　多楔带

横截面是5个V形

1—传动带　2—动力转向泵　3—曲轴带轮　4—空调压缩机　5—水泵　6—发电机　7—自动张紧惰轮

四、配气机构

1. 功用与布置形式

（1）配气机构的功用　配气机构按照发动机的工作顺序和工作循环的要求，定时开启和关闭各缸的进、排气门，使新气进入气缸，废气从气缸排出。如图2-32所示，配气机构包括驱动部件、气门传动组、气门组。

（2）配气机构布置形式

1）单顶置凸轮轴（OHC）如图2-33所示，气缸盖上装有一根凸轮轴，每个气缸有进、排气门各一只，均由一根凸轮轴驱动。

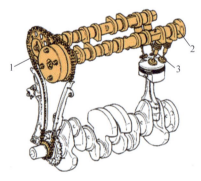

图 2-32　配气机构

1—驱动部件　2—气门传动组　3—气门组

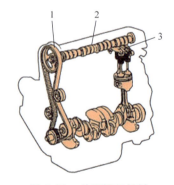

图 2-33　单顶置凸轮轴

1—同步带　2—凸轮轴　3—摇臂

2）双顶置凸轮轴（DOHC）如图2-34所示，气缸盖上装有两根凸轮轴，一根驱动进气门，另一根驱动排气门。

双凸轮轴是为了支持多气门技术，每个气缸有两个或三个进气门，两个排气门，作用是提高发动机吸气、排气效率，增加发动机功率和转矩。最常见的是四气门缸盖，如图2-35所示，每个气缸有两个进气门和两个排气门。

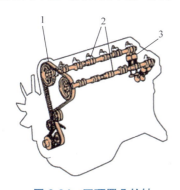

图 2-34　双顶置凸轮轴

1—同步带　2—凸轮轴　3—液压挺杆

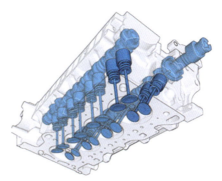

图 2-35　每缸四只气门

2. 驱动部件

配气机构驱动方式有两种：链条驱动、同步带驱动。

1）链条驱动如图 2-36 所示。链条驱动由曲轴链轮、凸轮轴链轮、链条、液压张紧器、导轨、凸轮轴相位调节器等组成。利用链条驱动凸轮轴，液压张紧器对导轨施加力，导轨压迫链条使之绷紧。链条驱动优点是工作可靠，使用寿命长，不需定里程更换；缺点是传动噪声较大。

2）同步带驱动如图 2-37 所示。同步带驱动由曲轴带轮、凸轮轴带轮、同步带、带弹簧张紧器的张紧轮、凸轮轴相位调节器等组成。利用同步带驱动凸轮轴，同步带由弹簧张紧器自动张紧，同步带由塑料制成的罩盖住。同步带驱动优点是传动噪声小，同步带罩内无机油，不用防备机油泄漏，缺点是需要定里程检查及更换同步带。

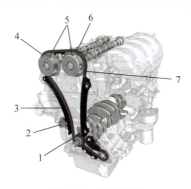

图 2-36　链条驱动

1—曲轴正时链轮　2—液压张紧器　3—导轨　4—排气凸轮轴链轮
5—凸轮轴相位调节器　6—进气凸轮轴链轮　7—正时链条

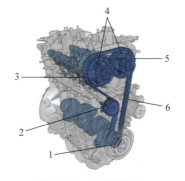

图 2-37　同步带驱动

1—曲轴正时带轮　2—张紧轮及张紧器　3—排气凸轮轴带轮
4—凸轮轴相位调节器　5—进气凸轮轴带轮　6—同步带

3. 气门传动组

气门传动组用于传递凸轮轴到气门之间的运动，最常用的有两种形式：①采用液压挺杆，凸轮驱动液压挺杆，液压挺杆压动气门杆尾端。②采用浮动摇臂和液压挺柱，凸轮驱动摇臂，摇臂压动气门杆尾端。

1）凸轮轴。凸轮轴的功用是控制气门的开启和关闭。凸轮轴是一根与气缸盖长度相同的圆柱形棒体，上面具有若干个凸轮，每个凸轮推动一个液压挺杆，或者推动一个摇臂。如图 2-38 所示，同步带只是驱动排气凸轮轴转动，排气凸轮轴与进气凸轮轴之间具有齿轮，前者带动后者转动。

2）气门间隙调整垫片。发动机在冷态下，当进排气门都处于关闭状态时，气门与凸轮之间的间隙称为气门间隙。气门间隙的作用是给热膨胀留有余地，保证气门密封，早期发动机用垫片调整气门间隙，如图2-39所示。

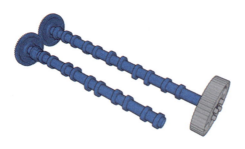

图 2-38　凸轮轴

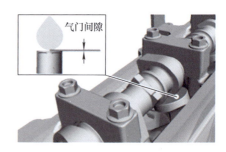

图 2-39　气门间隙

3）液压挺杆。凸轮和气门杆之间装有液压挺杆，液压挺杆的功用是将来自凸轮的运动和作用力传给气门杆，同时还承受凸轮所施加的侧向力，并将其传给挺杆套筒，如图2-40所示。凸轮轴驱动液压挺杆，挺杆高度靠机油压力调整，自动补偿气门间隙，以减少发动机工作时配气机构产生的撞击和噪声。发动机运转后缸盖油道的油压进入低压油腔，在气门关闭时低压油经球阀进入高压油腔。当凸轮桃对挺杆施加力时，球阀关闭，柱塞与油缸呈封闭状态，高压油传力推动气门杆尾端。

4）摇臂和液压挺柱。如图2-41所示，摇臂为浮动式，一端是液压挺柱，另一端是气门杆尾端，中间是滚轮。滚轮由外圈、滚针、销轴等组成，作用是将凸轮与摇臂之间的滑动变为滚动，用以减少摩擦阻力和磨损。当凸轮桃尖压向滚轮时，液压挺柱一端是支点，依靠杠杆原理打开气门；当凸轮桃尖离开滚轮时，气门弹簧使气门回位。液压挺柱中充入油压，自动补偿气门间隙。

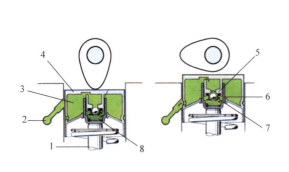

图 2-40　液压挺杆

1—气门杆　2—气缸盖油道　3—低压油腔　4—液压油腔
5—柱塞　6—液压油缸　7—球阀　8—高压油腔

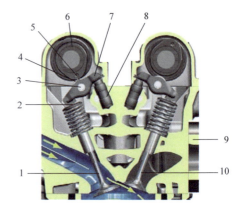

图 2-41　摇臂和液压挺柱

1—进气门　2—气门杆尾端　3—摇臂销轴　4—滚轮　5—凸轮桃尖
6—进气凸轮轴　7—摇臂　8—液压挺柱　9—气缸盖　10—排气门

4. 气门组

1）功用与组成。气门组的功用是根据气门传动机构的控制，保证进排气道的密封，及时开启和关闭进排气道。气门组由气门、下座圈、外弹簧、内弹簧、气门油封、上座圈、锁片等组成，如图 2-42 所示。弹簧发生共振后可能会折断，有三种防止共振的方法：①采用两个旋向相反的弹簧；②整个弹簧的节距不同，稀疏的一端朝向锁片；③整个弹簧热处理不同，将有油漆标记的一端朝向锁片。

2) 气门的功用是控制进、排气歧管与气缸之间的开闭。如图 2-43 所示，气门由头部、杆部和尾端组成，排气门温度比进气门高，有些排气门在封闭内腔充注钠，钠在 97.72℃ 时变为液态，具有良好的热传导能力，通过液态钠的来回运动，热量很快从气门头部传到杆部，再将热量传给气门导管。

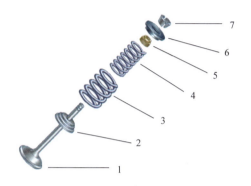

图 2-42　气门组

1—气门　2—下座圈　3—外弹簧　4—内弹簧
5—气门油封　6—上座圈　7—锁片

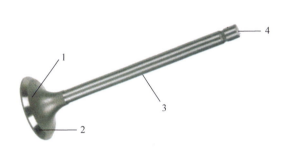

图 2-43　气门

1—头部　2—工作面　3—杆部　4—尾端

3) 各零件功用如图 2-44 所示。①弹簧座圈，卡住锁片和限制弹簧；②锁片，位于气门杆和上座圈之间，将二者卡住；③气门油封，将气门室的机油密封，使之不能进入气缸；④气门弹簧，保证气门回位；⑤气门座圈，镶在气缸盖上，能承受高温，气门头部工作面与其接触，密封气体和散热；⑥气门导管，压入气缸盖上，为气门杆导向和散热。

5. 配气相位

配气相位是用曲轴转角表示的进、排气门的开启时刻和开启延续时间，通常用环形图表示配气相位图，奥托循环的配气相位如图 2-45 所示。发动机一个完整的工作循环包括进气、压缩、做功、排气，前面已讲述了四个行程的进气门、排气门打开关闭状态，但实际状态是：进气行程，进气门在上止点前 12° 打开，下止点后 30° 关闭，目的是保证进气充足；压缩行程，进气门在前期 30° 内仍然打开，由于进气流的惯性，进气不会反流；做功行程，排气门在后期 50° 内已经打开，目的是确保排气完全；排气行程，后期排气门、进气门同时打开，重叠角为 24°，目的是保证排气完全、进气充分。

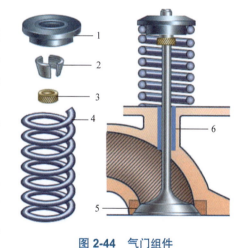

图 2-44　气门组件

1—弹簧座圈　2—锁片　3—气门油封　4—气门弹簧
5—气门座圈　6—气门导管

6. 阿特金森循环

德国工程师奥托在 1876 年研发成功四冲程发动机，称作奥托循环发动机，其压缩比等于膨胀比，做功结束后气缸内的压力仍大于大气压力，尚有利用价值，但这部分能量只能随排气转移到大气之中。英国工程师阿特金森在 1882 年在奥托循环的基础上，通过一套复杂的连杆机构，使压缩行程小于膨胀行程，因而使膨胀比高于压缩比，提高了发动机效率，称作阿特金森循环。美国工程师米勒在 1940 年省掉复杂的连杆机构，采用进气门延迟关闭的方式，实现膨胀比高于压缩比，称作米勒循环。马自达汽车公司在 1990 年生产米勒循环发动机，其专利 2008 年到期。丰田、本田、大众以及国内一些等汽车公司在 2008 年以后，为不与米勒同名，生产名为阿特金森循环的发动机。

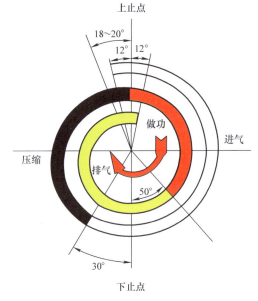

图 2-45 奥托循环配气相位

阿特金森循环如图 2-46 所示，与奥托循环不同的是压缩行程，进气门打开的 30° 范围内是惯性进气，45° 范围内是进气反流，一部分进气流回进气歧管。或者说，奥托循环的活塞在气缸内上升六分之一容积时进气门完全关闭，阿特金森循环的活塞在气缸内上升约五分之二容积时进气门完全关闭。

阿特金森循环缺点：在做功行程末期的能量转化剧烈程度不及高峰阶段，所以转矩较低，因为长行程导致曲轴转动一圈的时间变长，不利于提升转速，因而使车辆起步迟缓。但对于混合动力汽车，利用电机起步弥补了这一缺点，混合动力节能技术搭配阿特金森循环发动机使燃料更加节省，所以得到很大推广。

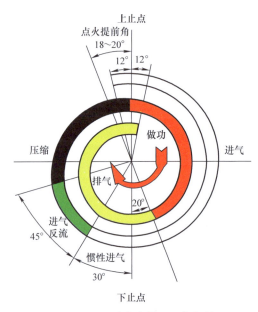

图 2-46 阿特金森循环配气相位

7. 可变配气相位和可变气门升程

早期发动机的配气相位和气门升程是固定的，不能满足整个转速范围内的参数最佳。该装置的功用是，发动机控制单元根据相关信号，持续不断地修正配气相位和气门升程，使之处于最佳参数，优点：①提高进气、排气效率；②增加发动机输出功率和转矩；③提高发动机燃油经济性。有些车型只能改变进气凸轮轴相位，有些车型进、排气凸轮轴相位都可变。

1）VTEC，本田汽车采用，中文译作"可变气门正时及气门升程电子控制装置"，每气缸进气门采用主、辅两个和主、辅、中间三个摇臂。低转速时，主、辅摇臂驱动主、辅进气门，主进气门小升程,辅进气门稍微打开。高转速时,中间摇臂接管并带动主、辅摇臂,主、辅进气门大升程,同时进气门早开早闭,实现优化的配气相位。

2) VVT-i,丰田、大众等汽车采用,中文译作"智能可变气门正时",进气带轮与凸轮轴之间装有凸轮轴相位调节器,可在 40° 曲轴转角范围内实现优化的配气相位。凸轮轴相位调节器如图 2-47 所示,定子与进气凸轮轴链轮连接,转子与进气凸轮轴连接,转子叶片与定子叶片之间形成 A 腔和 B 腔。发动机控制单元控制油压转换阀,可将油压通入 A 腔或者通入 B 腔,这样就改变了凸轮轴与带轮之间的相对位置,从而调节凸轮轴相位。

3) 链条式配气相位调节机构,大众老款车采用,如图 2-48a 所示,同步带驱动排气凸轮轴,排气凸轮轴利用链条驱动进气凸轮轴,链条上装有相位调节机构,低转速和

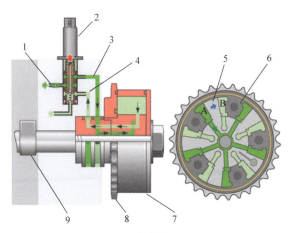

图 2-47 凸轮轴相位调节器

1—单向阀 2—液压控制阀 3—A 腔油道 4—B 腔油道
5—转子叶片 6—定子叶片 7—油压转换阀 8—链轮 9—凸轮轴

中转速时控制进气门正常时刻开闭,高转速时控制进气门早开早闭,以实现优化的配气相位。

4) 可变进排气相位和排气门行程,大众新款车采用,如图 2-48b 所示,进排气带轮与进、排气凸轮轴之间装有相位调节器,进气凸轮轴可在曲轴转角 60° 范围无级调节,排气凸轮轴可在曲轴转角 33° 范围无级调节。小负荷时进气凸轮轴进行较小提前,排气凸轮轴进行较小延迟;大负荷时进气凸轮轴进行较大提前、排气凸轮轴进行较大延迟,这样使小负荷时重叠角小,大负荷时重叠角大。

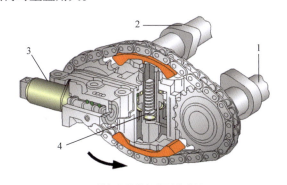

a) 进气凸轮轴相位调整装置　　b) 可变进排气相位和排气门行程

图 2-48 两种相位调节机构

1—排气凸轮轴　2—进气凸轮轴　3—调节电磁阀　4—调节机构　5—排气凸轮轴相位调节器　6—进气凸轮轴相位调节器
7—进气凸轮轴　8—排气门行程切换执行器　9—可移动凸轮件　10—排气歧管

每个气缸有两个排气门,每个排气门配有大、小升程两个凸轮,称作可移动凸轮件,ECU 控制凸轮件在凸轮轴上做轴向移动,如图 2-49 所示,进行两种气门升程切换,小负荷用小升程凸轮,大负荷用大升程凸轮,如图 2-50 所示。

图 2-49 可轴向移动的凸轮件
1—可移动凸轮件 2—带花键的排气凸轮轴
3—用钢球和弹簧锁定凸轮件

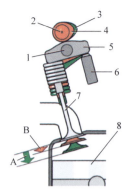

图 2-50 大行程与小行程
1—销轴 2—排气凸轮轴 3—大升程凸轮 4—小升程凸轮 5—摇臂
6—液压挺柱 7—排气门 8—活塞 A—大行程 B—小行程

五、润滑系

1. 功用与组成

润滑系的功用是在发动机工作时连续不断地把数量足够、温度适当的洁净机油输送到全部传动件的摩擦表面,并在摩擦表面形成油膜,实现液体摩擦,从而减小摩擦阻力、降低发动机自身功率消耗、减少机件磨损,以实现发动机工作可靠和提高寿命的目的。润滑系以机油为润滑介质,主由滤网、机油泵、机油滤清器、机油冷却器、机油压力开关、油道、机油尺等组成,如图 2-51 所示。

2. 机油

(1)机油的功用

1)润滑。机油在运动零件的所有摩擦表面之间形成连续的油膜,以减小零件之间的摩擦。

2)冷却。机油在循环过程中流过零件工作表面,可以带走零件的热量,降低零件的温度。

3)清洗。机油可以带走摩擦表面产生的金属碎屑及冲洗掉沉积在气缸、活塞、活塞环及其他零件上的积炭。

4)密封。附着在气缸壁、活塞及活塞环上的油膜,可起到密封防漏的作用。

5)防锈。机油有防止零件发生锈蚀的作用。

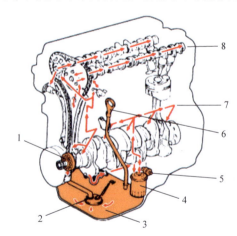

图 2-51 润滑系组成
1—机油泵 2—滤网 3—油底壳 4—机油滤清器
5—机油压力开关 6—机油尺 7—主油道 8—凸轮轴油道

(2)机油分类 国际上广泛采用 SAE 黏度分类法和 API 品质标准。

1)SAE 黏度分类。SAE 是英文"美国汽车工程师协会"缩写,SAE 规定机油分为两类,单级机油和双级机油,双级也称全天候型机油。目前一般使用双级机油,常用黏度型号有

0W30、5W30、5W40、10W30、10W40、15W40 等。例如 SAE 5W-40，如图 2-52 所示，5 表示耐低温性能，可以在最低环境温度 -30℃使用，W 表示冬季，40 表示耐高温性能，可以在最高环境温度 40℃使用。

在相同温度下不同黏度型号的机油流动性不同，如图 2-53 所示，0W30 黏度低，流速快，适合寒冷地区使用；15W40 黏度高，流速慢，适合热带地区使用。

图 2-52　机油

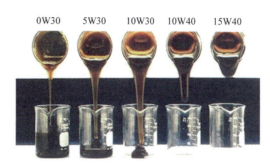

图 2-53　不同黏度型号流速对比

2）API 品质标准。API 是英文"美国石油学会"缩写，API 划分的机油品质标准，采用代码描述机油的工作能力，"S"代表汽油机用油，"C"代表柴油机用油，后面的字母，按照英文字母的顺序越靠后表示机油等级越高，机油中含有更多的保护剂来保护发动机，如图 2-54 所示。

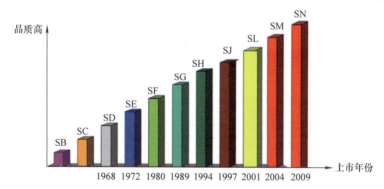

图 2-54　API 品质标准

3. 机油泵

机油泵的功用是保证机油在润滑系内循环流动，并在发动机任何转速下都能以足够高的压力向润滑部位输送足够数量的机油。机油泵的形式有齿轮式、转子式、内啮合齿轮式三种，常用后两者。

1）转子式机油泵。如图 2-55 所示，主动是内转子，从动是外转子，两个转子不同轴，外转子的凹齿数比内转子凸齿数多一个，凹齿和凸齿之间形成几个工作腔。输入轴驱动内转子转动，当某一个工作腔转过进油口时，容积增大，产生真空，机油经进油口被吸入工作腔内。当该工作腔转过出油口时，容积减小，油压升高，机油经出油口被压出。泵中设有溢流阀，也称安全阀，当压力高于设定值时机油回到油底壳，防止油压高于极限值而损坏机件。

转子式机油泵的驱动机构由曲轴链轮、机油泵链轮、链条、导轨组成，如图 2-56 所示。

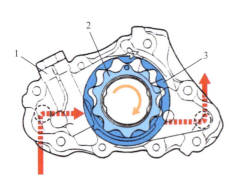

图 2-55　转子式机油泵
1—溢流阀　2—内转子　3—外转子

图 2-56　转子式机油泵的驱动机构

2）内啮合齿轮式机油泵。传统的机油泵具有主动齿轮和从动齿轮，两个齿轮都是外齿轮，两个齿轮轴平行，现很少使用。内啮合齿轮式机油泵采用一个外齿轮、一个内齿轮，如图2-57所示，安装在曲轴前端，主动齿轮是外齿轮，从动齿轮是内齿轮，两个齿轮不同轴，两个齿轮之间用月牙块分割出进油腔和出油腔。曲轴驱动外齿轮，进油腔与进油口相接，进油腔容积增大，机油经进油口被吸入。机油进入出油腔，容积减小，油压升高，机油经出油口被压出。内啮合齿轮式机油泵与转子泵的区别是，内啮合齿轮式机油泵有进油腔、出油腔，而转子泵是依靠工作腔吸油、输送油、加压。

4. 机油滤清器

机油滤清器的功用是清除机油中金属磨屑、尘粒和机油氧化物等，并保持机油洁净。如图2-58所示，过滤部分是纸质滤芯，具有质量小、体积小、结构简单、滤清效果好、过滤阻力小、成本低和保养方便等优点。有些滤清器的进口设有止回阀，当发动机停机时保持机油在滤清器中，这样发动机再起动时滤清器内总有油。与纸质滤芯并联一个旁通阀，当滤芯堵塞时允许机油直接输送到发动机油道，避免烧蚀轴瓦。

机油滤清器有两种形式，一种是滤芯带有金属外壳，如图2-59所示。另一种是滤芯安装在发动机缸体的机油滤清器壳体内，如图2-60所示，每次只需更换纸质滤芯，这样可以节省金属并有利环保。

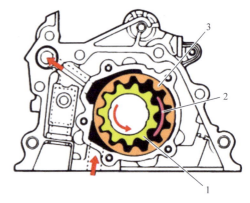

图 2-57　内啮合齿轮式机油泵
1—外齿轮　2—月牙块　3—内齿轮

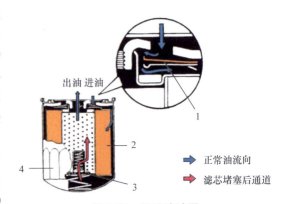

图 2-58　机油滤清器
1—止回阀　2—纸质滤芯　3—旁通阀　4—壳

图 2-59　带金属壳的滤芯

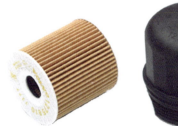

图 2-60　分离式机油滤清器

5. 机油冷却器

在高性能、大功率的发动机上，由于热负荷大，必须装设机油冷却器。机油冷却器布置在润滑油路中，其工作原理与散热器相同。如图 2-61 所示，机油冷却器内部流过冷却液，利用冷却液的温度来控制润滑油的温度，当润滑油温度高时，靠冷却液降温；发动机起动时，则从冷却液吸收热量使润滑油迅速提高温度。

6. 机油压力警告灯

如图 2-62 所示，机油压力警告灯用于警告驾驶人机油泵产生的油压是否正常，是否正常地输送到了发动机的各个部分。油路中的油压开关或传感器监控油压状态，发动机起动后如果油压不增加，仪表板上的机油压力警告灯闪烁对驾驶人发出提醒。

六 冷却系

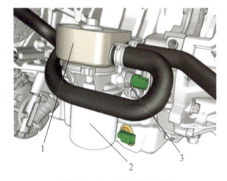

图 2-61　机油冷却器

1—冷却器　2—滤清器　3—压力传感器

1. 功用与组成

冷却系的功用是在发动机所有工况，保持冷却液的正常温度在 90～110℃。冷却系以冷却液为传热介质，当发动机冷起动后，保证发动机迅速升温，尽快达到正常的工作温度；当发动机温度过高时，进行散热。

早期汽车冷却系是开式，加注的是水，水的沸点为 100℃，散热器盖设有蒸汽阀，开启压力稍微高于大气压，无储液罐，当水温升至沸点，蒸汽和水就会溢出散热器，所以冷却水正常温度是 85～95℃。

当今汽车冷却系形式有两种，封闭式和全封闭式，加注的是水和防冻液。冷却液沸点约 107℃，设有压力阀，开启压力约 150kPa，使得冷却液沸点提高到 120℃ 或更高。封闭式冷却系如图 2-63 所示，由散热器、带压力阀和真空阀的散热器盖、储液罐、水泵、节温器、水道、水管、散热风扇等组成。全封闭式没有散热器盖，而装有带压力阀的储液罐盖。或者采用脉宽调制（PWM）对风扇电动机进行无级调速。

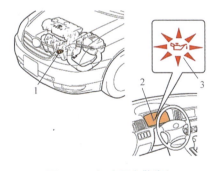

图 2-62　机油压力警告灯

1—油压开关　2—仪表板　3—油压警告灯

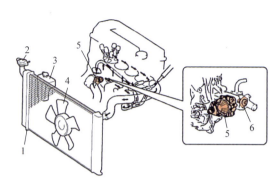

图 2-63　封闭式冷却系

1—散热器　2—散热器盖　3—储液罐　4—散热风扇　5—水泵　6—节温器

2. 防冻液

防冻液大多采用乙二醇，其无色无臭、有毒、溶于油漆。乙二醇母液冰点约 -11℃，沸点约 197℃，必须兑水使用。60% 乙二醇与 40% 水（体积分数）混合，冰点约 -46℃，沸点约 110℃。乙二醇与水各占 50%，冰点约 -37℃，沸点约 107℃。防冻液包装如图 2-64 所示，标签注明 -45℃，说明已经兑水。防冻液中添加防锈剂和泡沫抑制剂，还加入着色剂绿色、红色、蓝色等以便识别。

图 2-64　防冻液

3. 水泵

1）水泵亦称冷却液泵，功用是对冷却液加压，保证其在冷却系统中循环流动。水泵通过螺栓固定在气缸体上，如图 2-65 所示，水泵由曲轴带轮通过多 V 带驱动，或者由正时带驱动。离心式水泵由壳体、水泵轴、叶轮、水封等组成，叶轮旋转使冷却液在水套和水管中循环，冷却液首先经过气缸水套、然后经过气缸盖水套，吸收发动机热量，再通过散热器将热量释放到大气中，冷却液被冷却后返回到水泵。

2）在一些新款发动机上使用电动水泵，如图 2-66 所示，由发动机 ECU 控制，不受发动机转速影响，可以根据发动机实际冷却需要灵活工作，在原地打开空调制冷时可提高冷却能力。电动水泵消耗的发动机功率非常少，采用电动水泵后，发动机燃油消耗量可以有所降低。电动水泵可分为无刷电动水泵和有刷电动水泵，由泵壳、电动机、叶轮、进水管、出水管等组成。

图 2-65　水泵

图 2-66　电动水泵

4. 节温器

节温器的功用是随发动机负荷和冷却液温度高低，自动改变冷却液的流量和循环路线，保证发动机在适宜的温度下工作，减少燃料消耗和机件的磨损。

1）蜡式节温器。双阀门蜡式节温器如图 2-67 所示，它安装在气缸盖出水口，主阀门控制气缸盖水管与散热器进水管的关闭与接通。工作过程：①当冷却液温度低于大约 83℃，感温体内的石蜡呈固态，体积缩小，主阀门受大弹簧作用压向主阀座，主阀门关闭，水不能流向散热器；旁通阀门受推杆作用向上移动打开旁通阀门，冷却液经旁通阀门、水泵返回气缸体水套，进行小循环。②当冷却液温度高于大约 83℃，石蜡熔化呈液态，体积膨胀，推杆向下移动，向下拉开主阀门，冷却液经主阀门流向散热器，进行大循环。旁通阀门在小弹簧作用下关闭旁通水道。冷却液温度升到大约 87℃，主阀门完全打开。

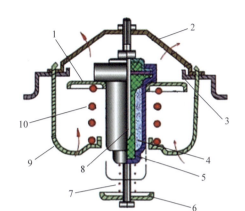

图 2-67　蜡式节温器

1—主阀门　2—上支架　3—主阀座　4—石蜡
5—感温体（石蜡的外壳）　6—旁通阀门　7—小弹簧
8—推杆　9—支架　10—大弹簧

节温器也可以安装在水泵进水口，主阀门控制散热器出水管与水泵进水口的关闭与接通。当冷却液温度低于大约 83℃，如图 2-68 所示，主阀门关闭，旁通阀门打开，冷却系以小循环工作。

当冷却液温度高于大约 83℃，如图 2-69 所示，旁通阀门关闭，主阀门打开，冷却系以大循环工作；冷却液温度升到大约 87℃，主阀门完全打开。

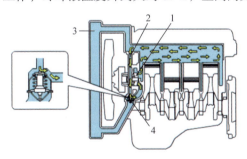

图 2-68　小循环

1—水泵　2—旁通水道　3—散热器　4—节温器

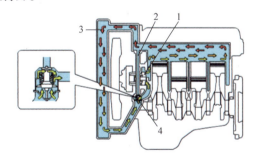

图 2-69　大循环

1—水泵　2—旁通水道　3—散热器　4—节温器

2）电子节温器在一些新款车辆上应用，如图 2-70 所示，特点是在感温石蜡中，还装有一个大约 12Ω 的加热电阻，石蜡除感受冷却液温度，电阻通电时也可对石蜡加热。石蜡膨胀使阀门发生位移，位移量的大小与加上的电压高低有关。电子节温器对冷却液流量进行机械调节，更精确地控制冷却液大小循环方式，进而能精细调节发动机冷却液的温度，控制范围 80～103℃。如果发动机控制单元感知冷却液温度大于 113℃，则一直向电子节温器加热元件提供 12V 工作电压。

图 2-70　电子节温器

5. 散热器

散热器俗称水箱。散热器内流过温度高的冷却液，散热器的水管和散热片暴露在散热风扇产生的气流及车辆运动产生的气流之中，其功用是加速冷却液的冷却。散热器由进水室、散热器芯、出水室三部分组成，散热器按冷却液流动的方向分为横流式、纵流式，按芯管的结构形式分为管带式、管片式、板式。乘用车多采用横流管带式，如图 2-71 所示，上方是进水口，下方是出水口。

图 2-71　横流管带式散热器

6. 散热器盖与储液罐

1）封闭式冷却系装有带压力阀和真空阀的散热器盖和储液罐，压力阀给冷却液加压，提高沸点到 110℃ 以上，增大冷却液温度与空气温度的温差，改善冷却效果，提高发动机热效率。如图 2-72 所示，工作过程：①当冷却液温度升高、压力升高、体积膨胀时，压力阀打开，冷却液流向储液罐。②当冷却液温度降低、压力降低、体积减小时，真空阀打开，冷却液由储液罐流回到散热器。

储液罐也称补偿水罐，由软管与散热器相连，如图 2-73 所示，冷却液温度高时储存由散热器溢出的冷却液，冷却液温度低时利用散热器内的真空吸回冷却液。储液罐与大气是相通的，更换冷却液时，应将散热器加满，将储液罐加到正常范围。封闭式冷却系的缺点是冷却液有蒸发损失，并与空气接触而变质。

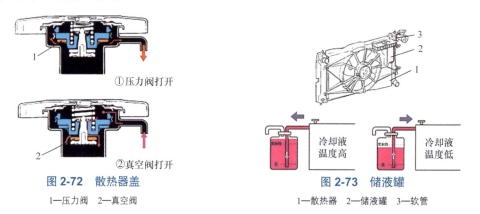

图 2-72　散热器盖
1—压力阀　2—真空阀

图 2-73　储液罐
1—散热器　2—储液罐　3—软管

2）全封闭式冷却系装有带压力阀的储液罐盖，如图 2-74 所示。全封闭系统避免了冷却液与外部空气接触，压力能施加到整个系统内部。压力阀开启压力约 150kPa，使得冷却液沸点提高到 120℃ 或更高。全封闭式冷却系的优点是可防止冷却液蒸发损失，防止冷却液通过与空气接触而变质。

7. 冷却风扇

冷却风扇的功用是提高通过散热器芯的空气流速，增加散热效果，加速冷却液的冷却。它由电动机、风扇、导风罩组成，具有高低两个转速档，低速档在冷却液温度为 92~95℃ 开始转动，高速档在 102~105℃ 开始转动；若冷却液温度降到 102℃ 以下恢复 1 档，若降到 92℃ 以下停止转动。冷却风扇有双电动机和单电动机两种，如图 2-75 所示。双电动机的调速方法：低速档两个电动机串联，高速档两个电动机并联。单电动机的低速档，电动机串联一个电阻，降低电动机供电电压而实现降低转速。

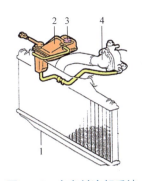

图 2-74 全密封冷却系统

1—散热器 2—储液罐 3—储液罐盖 4—散热器进水管

图 2-75 冷却风扇

A—双风扇电动机 B—单风扇电动机

第二节 发动机电控系统

一、进气系统

1. 功用与组成

进气系统的功用是将新鲜空气引入气缸，尽可能多、尽可能均匀地向各缸供给可燃混合气或纯空气。图 2-76 所示是涡轮增压发动机进气系统，主要由空气滤清器、涡轮增压器、中间冷却器、进气总管、电子节气门、进气歧管、可变进气歧管装置等组成。

2. 空气滤清器

空气滤清器安装在进气总管的进口，功用是滤除空气中的杂质和灰尘，让洁净的空气进入气缸，也有降低进气噪声的作用。主要形式有干式纸质、油浴式等，干式纸质广泛应用，具有质量轻、成本低、滤清效果好的优点，如图 2-77 所示，由壳体和纸质滤芯组成。有些滤芯还加上一层过滤棉，可以过滤大的颗粒，延长滤芯寿命。

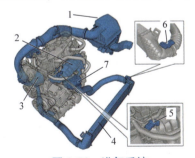
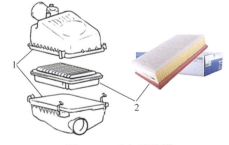

图 2-76 进气系统

1—空气滤清器 2—进气歧管 3—涡轮增压器 4—中冷器
5—增压压力传感器 6—进气温度传感器 7—电子节气门

图 2-77 空气滤清器

1—滤清器壳体 2—纸质滤芯

3. 废气涡轮增压器

1）功用。废气涡轮增压器的功用是利用废气的能量压缩进气，将高密度气体送入燃烧室增加输出功率。如图2-78所示,两端分别是涡轮机和压气机,废气进入涡轮机推动叶轮高速转动,轴带动另一侧的压气机叶轮以相同速度转动,把空气压送到中冷器,然后进入气缸。

2) 组成。涡轮增压器由壳体、涡轮机叶轮、压气机叶轮、旁通道、旁通道阀门、增压压力限制阀等组成,如图2-79所示。发动机的转速范围宽,涡轮增压器须有调节机构,以获得稳定的增压压力,方法是装有废气旁通道阀门。发动机ECU根据增压压力传感器信号,当压力高于规定值时,通过增压压力限制阀打开旁通道阀门,减少废气流过涡轮机叶轮的流量,降低涡轮的转速,限制增压压力过高。

3) 双涡轮增压器。单涡轮很难取得性能上的最佳,涡轮小响应快,但是增压效果不好;涡轮大增压效果好,但是响应慢。双涡轮增压器的特点是在发动机低转速时,较少的排气即可驱动涡轮高速旋转以产生足够的进气压力,减小涡轮迟滞效应。形式:①两个小涡轮并联,每个涡轮负责半数气缸增压;②一大一小两个涡轮串联,低速时小涡轮响应快,高速时大涡轮增压明显;③机械增压配合涡轮增压,低转速时由发动机曲轴或电动机驱动的机械增压器响应快,高转速时废气涡轮增压器效果好。

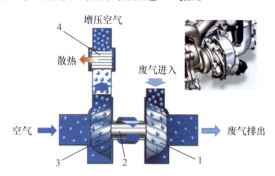

图2-78 涡轮增压器

1—涡轮机 2—轴 3—压气机 4—中间冷却器

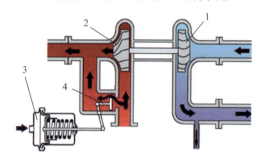

图2-79 增压压力的调节

1—压气机叶轮 2—涡轮机叶轮 3—压力限制膜片室 4—废气旁通道阀门

4. 中间冷却器

空气通过涡轮增压器后温度升高,密度会减小,中间冷却器的功用是降低进气温度,提高进气密度。空冷式中冷器安装在散热器下方,利用空气散热,如图2-80所示。水冷式中冷器将冷却液引入,为其散热。

5. 电子节气门

电子节气门的功用是驱动节气门动作,发动机控制单元根据加速踏板信号和行驶状况控制节气门开度。电子节气门省去加速踏板与节气门之间的拉索,降低有害物排放,并可配合驱动防滑系统和巡航系统工作。电子节气门由壳体、电动机、节气门位置传感器、减速机构、节气阀门等组成,如图2-81所示。

6. 进气歧管

进气歧管的作用是供给各气缸空气,分支

图2-80 空冷式中冷器

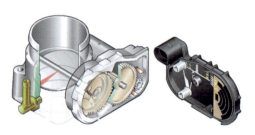

图2-81 电子节气门

通道与气缸数相同，当今汽车多采用工程塑料制成，安装在气缸盖进气道侧，如果是横置发动机，进气歧管朝向散热器，如图2-82所示。

有些自然吸气发动机，为了充分利用进气波动效应和尽量缩小发动机在高、低速运转时进气速度的差别，从而改善发动机经济性及动力性，如图2-83所示，进气歧管前半段是上、下通路，转速低于4000r/min时，转换阀关闭上通路，进气通道路径长，空气流动具有较大惯性，起到惯性增压作用，发动机在中低速能获得较大的转矩。转速高于4000r/min时，转换阀打开上通路，进气通道路径短，可降低进气阻力，发动机在高速可获得较大的功率。

图2-82　进气歧管

1—进气歧管　2—真空管路　3—电子节气门

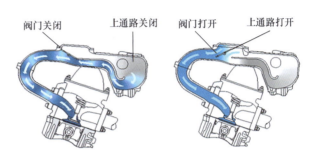

图2-83　可变进气歧管

二　燃油系统

1. 功用与分类

燃油供给系统的功用是储存、输送、清洁燃油，并且按发动机各种不同的工况，将适量的燃油与空气混合，供给气缸一定空燃比的可燃混合气。理想空燃比是14.7∶1，小于此值是浓混合气，大于此值是稀混合气。燃油系统按喷射位置分类，分为进气歧管燃油喷射和缸内喷射，如图2-84所示。缸内燃油喷射又分为直接燃油喷射（TSI）和分层燃油喷射（FSI）。

2. 进气歧管燃油喷射

进气歧管燃油喷射也称多点燃油喷射，主要由燃油箱、油泵继电器、电动燃油泵、燃油滤清器、油管、燃油导轨（燃油分配管）、压力调节器、喷油器等组成，如图2-85所示。

1）燃油箱。燃油箱的功用是储存汽油，油箱体的材料有两种，一种是用高分子高密度

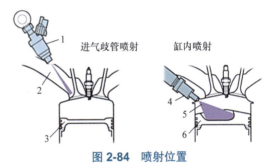

图2-84　喷射位置

1、4—喷油器　2—进气歧管　3、6—活塞　5—雾状燃油

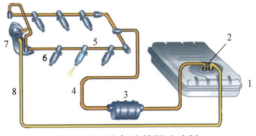

图2-85　进气歧管燃油喷射

1—燃油箱　2—燃油泵（油箱内）　3—燃油滤清器　4—进油管
5—油轨　6—喷油器　7—压力调节器　8—回油管

聚乙烯吹塑制成，如图2-86所示，具有重量轻、强度高、密封性好、防爆以及易制成异形件、充分利用空间的优点，因此被乘用车广泛采用。另一种是用薄钢板冲压件焊接而成，缺点是易被锈蚀。

2）燃油泵。燃油泵的功用是把燃油箱的燃油输送到燃油导轨，并为系统提供一定的燃油压力，常用形式为叶片式，如图2-87所示，安装在燃油箱内。

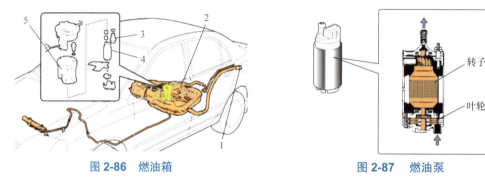

图2-86　燃油箱　　　　　　　图2-87　燃油泵
1—燃油箱盖　2—燃油箱　3—压力调节器
4—燃油泵　5—燃油滤清器

3）燃油滤清器。功用是过滤燃油中的杂质。滤清器采用金属外壳，滤芯多采用纸质，也有使用尼龙布、高分子材料。燃油滤清器有两种类型，如图2-88所示，一种有两个接头，一个进油，一个出油；另一种有三个接头，里面装有燃油压力调节器，增加的接头是回油。早期车燃油滤清器安装在发动机舱或地板下方，新款车滤清器安装在燃油箱内。

4）燃油压力调节器，按其特点分为压力调节器和无回油压力调节器。

① 压力调节器如图2-89所示，安装在燃油导轨出口处，内部有一个膜片，膜片下方是燃油，设有进油口、出油口，中间是阀门，油压给膜片向上的力。膜片上方是真空和弹簧，由真空管接到进气歧管，真空给膜片向上的吸力，弹簧给膜片向下的力。油泵油压低于定值时，膜片在三个力的作用下保持阀门关闭。油泵油压达到定值后克服弹簧力，推动膜片向上打开阀门，过压的燃油通过回油管流回油箱。进气歧管真空随转速而变化，真空力施加在膜片上，使进气歧管内的喷油压力差保持恒定，保证喷油量准确。不同车型的燃油压力为300～450kPa。

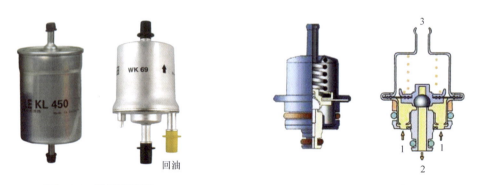

图2-88　燃油滤清器　　　　　　图2-89　压力调节器
1—进油　2—出油　3—通往进气歧管

② 无回油压力调节器安装在燃油箱内，可以单独设立，也可以集成在燃油滤清器内部。单

独设立的无回油压力调节器如图 2-90 所示，油压高于规定值后，燃油直接流回油箱，优点是流回的燃油不被发动机舱温度加热。其结构没有真空管接口，供给燃油导轨的油压是恒定的。

5）喷油器。形式有轴针式、孔式、阀片式。孔式喷油器如图 2-91 所示，对电磁线圈通电，产生电磁力将阀杆拉起，并打开阀门将燃油喷出。喷油器喷射的燃油与空气混合送入气缸，为了获得最佳空气燃油混合比，控制单元控制喷油时刻和喷油时间长短，后者也称为喷油脉宽。

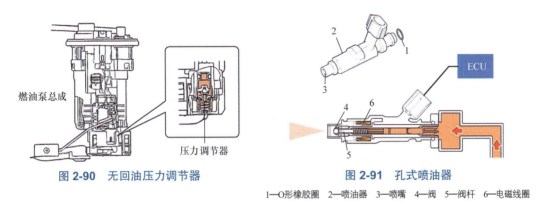

图 2-90　无回油压力调节器　　图 2-91　孔式喷油器

1—O 形橡胶圈　2—喷油器　3—喷嘴　4—阀　5—阀杆　6—电磁线圈

3. 直接燃油喷射

直接燃油喷射分为低压系统和高压系统两部分，如图 2-92 所示。直接喷射与进气歧管喷射相比有以下优点：混合气的均匀性好，可提高发动机的输出功率和转矩，可随发动机工况的变化配制最佳的空燃比，燃油经济性能好，排放标准更高。

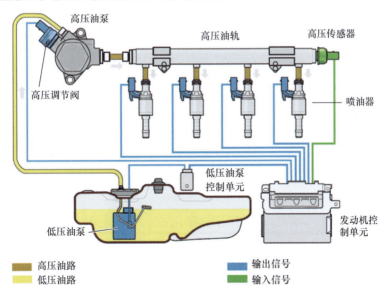

图 2-92　直接燃油喷射

1）低压燃油系统。低压燃油系统把燃油从油箱输送到高压油泵，为高压油泵提供一定压力的油液，压力范围 50~500kPa。如图 2-93 所示，低压燃油系统主要由燃油箱、低压油泵控制单元、燃油液位传感器、低压油泵、带有安全阀的燃油滤清器、低压油管、低压传感器等组成。在燃油泵安装盖的上方装有燃油泵控制单元，它接收控制单元发来的脉冲宽度调制信号（PWM），再放大成大功率的PWM信号送给油泵电动机，改变电动机转速，以调整油泵的输出压力。

2）高压燃油系统。高压燃油系统对低压油泵送来的燃油进行加压，压力范围3～11MPa，在发动机各种工况下都可得到最佳喷射压力。高压燃油系统如图2-94所示，主要由高压油泵、高压调节阀、高压油管、高压油轨、高压传感器、高压安全阀、高压回油管等组成。高压油泵是由凸轮轴驱动的柱塞泵，高压油送到高压油轨，喷油器直接将燃油喷入气缸内。阀片式喷油器如图2-95所示。

采用FSI的发动机有三种工作模式：均质混合气模式、均质稀混合气模式、分层充气模式。均质混合气模式，传统发动机一直所用，也是这种发动机的一般供油方式。均质稀混合气模式，目的是实现更经济的燃油消耗。分层充气模式，依靠气缸内涡流效应使火花塞附近的混合气很浓，如图2-96所示，电火花点燃周围的浓混合气使之迅速燃烧，然后适中程度的混合气燃烧，最后稀混合气燃烧。

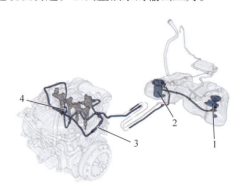

图2-93　低压燃油系统

1—油泵控制单元　2—油泵总成　3—油管　4—低压传感器

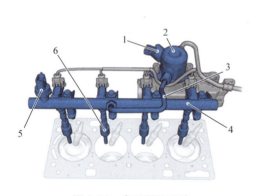

图2-94　高压燃油系统

1—高压调节阀　2—高压油泵　3—高压油管　4—高压油轨
5—高压传感器　6—喷油器

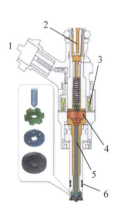

图2-95　阀片式喷油器

1—电插头　2—滤网　3—电磁线圈　4—衔铁　5—针阀　6—密封件

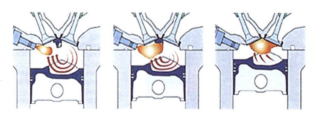

图2-96　涡流效应

4. 汽油的标号

汽油标号是实际汽油抗爆性与标准汽油抗爆性的比值，汽油的标号越高，抗爆性能就越强。汽油由异辛烷和正庚烷组成，异辛烷的抗爆性好，辛烷值定为100；正庚烷的抗爆性差，在汽油机上容易发生爆燃,辛烷值定为 0。如果汽油的标号为 95,则表示该标号的汽油含异辛烷 95%、正庚烷 5%。汽油标号有 92、95、97、98,选择汽油标号首要依据是发动机的压缩比,压缩比越高选用的汽油标号越高,添加燃油时并不是汽油的标号越高越好。

三 点火系统

1. 功用与形式

1)功用。发动机各种工况和使用条件下,发动机控制单元根据各有关传感器的信号,在气缸内适时、准确、可靠地产生电火花,点燃可燃混合气,使发动机做功。当今点火系统有两种形式,新款车采用直接点火型,早期车采用双缸点火型。

2)直接点火型。早期汽车点火线圈与火花塞之间装有高压线,当今大多为点火线圈装在火花塞之上,免去高压线,称作直接点火,如图 2-97 所示。直接点火系统主要由发动机 ECU、曲轴位置传感器、凸轮轴位置传感器、爆燃传感器、带点火器的点火线圈、火花塞等组成。

3)双缸点火型。如图 2-98 所示,每两个气缸装备一个带点火器的点火线圈,高压电流串联经过两只气缸的火花塞,做功气缸分配的点火能量大,不做功气缸分配的点火能量小。组成与直接点火不同的是,直接点火的点火线圈数量与气缸数相同,双缸点火每两缸有一个,如果是四缸发动机,集成两套点火器和点火线圈,1 与 4 缸,2 与 3 缸各用一套。

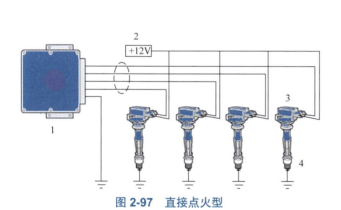

图 2-97 直接点火型　　　　　　图 2-98 双缸点火型

1—控制单元　2—蓄电池正极　3—点火线圈　4—火花塞

2. 点火线圈

点火线圈的功用是放大发动机控制单元的点火指令,产生高压电直接传输给火花塞。直接点火型点火线圈安装在火花塞上方的孔洞中,如图 2-99 所示。

点火线圈电路示意如图 2-100 所示,点火线圈内集成点火放大器、初级绕组、次级绕组、铁心,电源是蓄电池电压,点火触发信号由发动机 ECU 提供。初级绕组和次级绕组绕在铁心上,形成闭磁路;点火放

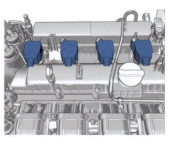

图 2-99 点火线圈

大器接通初级绕组电流，次级绕组建立磁场能量。点火放大器收到控制单元的触发信号后，迅速切断初级电流，次级绕组根据电磁感应原理，感应出 20kV 以上的高电压。次级绕组产生的高电压，与流过初级绕组的电流、磁场变化率、次级绕组与初级绕组的匝数比有关。

3. 火花塞

1）火花塞的功用是产生电火花，点燃压缩的可燃混合气。火花塞安装在气缸盖上，电极伸入燃烧室，主要由高压触头、瓷绝缘管、电阻、绝缘体裙部、中心电极、侧电极等组成，如图 2-101 所示，电阻的作用是防止高频电流产生的电磁波干扰。电极间隙一般为 1.0～1.2mm。瓷绝缘裙部温度保持在 500～600℃，称为自净温度，低于此温度会形成积炭，高于此温度会因炽热点火引起爆燃。

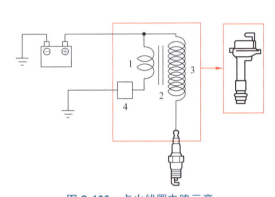

图 2-100　点火线圈电路示意

1—初级绕组　2—铁心　3—次级绕组　4—点火放大器

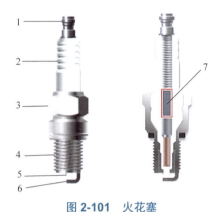

图 2-101　火花塞

1—高压触头　2—瓷绝缘管　3—六角头螺栓　4—螺纹
5—中心电极　6—侧电极　7—电阻

2）火花塞热值。绝缘体裙部决定热特性，如图 2-102 所示，裙部长受热面积大，散热困难，温度高，称为热型火花塞，装在低转速、低功率发动机上。裙部短受热面积小，散热容易，温度低，称为冷型火花塞，装在高转速、高功率发动机上。热型火花塞因吸收热量少称为低热值火花塞，冷型火花塞因其吸收热量多称为高热值火花塞。更换火花塞一定要采用该发动机规定型号，否则会极大影响发动机性能。

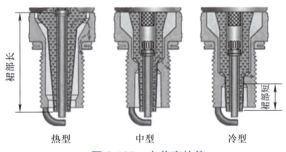

图 2-102　火花塞热值

3）长寿命火花塞中心电极和侧电极使用特殊合金，如图 2-103 所示，优点是电极材质熔点高、点火性能好，使用寿命长。两个电极均使用铂或铱，称为双铂金火花塞、双铱金火花塞。两个电极分别使用铱和铂，称为铱铂金火花塞。

四 电子控制系统

1. 功用与类型

（1）功用

1）燃油喷射控制，采用顺序喷射，与点火顺序相同，对于进气歧管喷射，在每一气缸的进气门打开之前，控制喷油器将燃油喷入进气歧管。

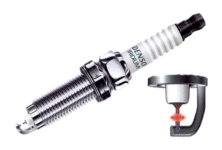

图 2-103 双铂金火花塞

2）点火提前角控制，控制单元根据发动机爆燃传感器信号，决定点火提前角。

3）怠速稳定控制，控制单元通过调节点火提前角、节气门开度、喷油量，使怠速在任何条件及负荷情况下恒速运转。

4）其他控制功能：起动机、散热风扇继电器、压缩机电磁离合器、涡轮增压器、可变进气相位和气门升程、燃油蒸气排放净化（活性炭罐）、废气再循环（EGR）、二次空气喷射、发动机防盗、发动机起停、TCS控制、巡航控制，等等。

5）自诊断：控制单元实时监控各传感器、执行器信号是否正常，如超过异常边界或信号中断便存储故障码，点亮故障警告灯，在维修时支持诊断仪进行发动机控制系统检测。

（2）类型　按进气量检测方式分为L型和D型。

1）L型采用空气流量传感器测量进入发动机的空气量，亦称直接检测型，如图2-104所示，左侧是传感器部分，右侧是执行器部分。L型因传感器测量精度高，目前新生产车大多采用。

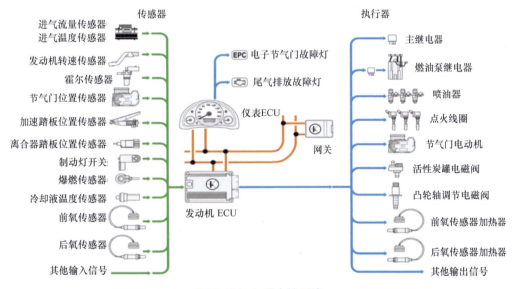

图 2-104　L型电控系统

2）D型亦称间接检测型，不设空气流量传感器，而是采用进气压力传感器测量节气门后进气歧管内的绝对压力，利用该绝对压力和发动机转速来计算吸入的空气量，并以此作为控制单元计算喷油量的主要参数。D型电控系统除去空气计量方式不同，其他元件与L型电控系统相同。D型电控系统传感器结构简单，但测量精度低，新款车很少采用。

电子控制系统由发动机控制单元、传感器、执行器三大部分组成。

2. 控制单元

控制单元亦称 ECU、微型计算机，是电控系统的指挥部，如图 2-105 所示，它接收各传感器信号，经计算输出指令给各执行器。

3. 传感器

传感器的功用是感知各种信号，将信号送给发动机 ECU，主要传感器如下：

1）空气流量传感器/绝对压力传感器。直接检测或间接检测发动机进气量，ECU 以此信号和发动机转速信号计算基本喷油量。

2）发动机转速传感器。检测活塞上止点、曲轴转角及发动机转速。

图 2-105　发动机控制单元

3）霍尔传感器。检测凸轮轴位置，与曲轴位置信号配合作为点火、喷油的时间基准。

4）节气门位置传感器。检测节气门开度，ECU 作为判定发动机运转工况的依据。

5）加速踏板位置传感器。检测加速踏板位置，ECU 作为执行节气门开度的依据。

6）离合器位置传感器。检测离合器踏板位置，ECU 作为减速断油、起停依据。

7）制动灯开关。检测制动踏板位置，ECU 作为减速断油、起停依据。

8）爆燃传感器。检测发动机爆燃情况，ECU 以延迟点火提前角来消除爆燃。

9）冷却液温度传感器。检测冷却液温度，ECU 进行空燃比修正。

10）进气温度传感器。检测进气温度，ECU 进行空燃比修正。

11）前氧传感器。检测燃烧废气中的氧分子浓度，ECU 进行空燃比修正。

12）后氧传感器。监测三元催化转化器的工作情况，工作不正常则记忆故障码和点亮发动机故障警告灯。

13）其他输入信号。包括 CAN 总线传送的信息，ECU 经计算后用于相关控制。

4. 执行器

执行器的功用是控制进气量、喷油量、点火提前角、怠速稳定、排放控制等。执行器主要有主继电器、燃油泵继电器、喷油器、点火线圈、节气门控制单元、活性炭罐电磁阀、凸轮轴相位调节电磁阀、前氧传感器加热器、后氧传感器加热器、其他输出信号等。

五　发动机起停与防盗系统

1. 起停系统

（1）功用　节省能源，降低排放。车辆在红绿灯前停车时，发动机自行短时熄火，重新行驶时不需操作点火开关，发动机自行起动，一般可降低 7%~10% 的油耗，在堵车时可避免排气污染和噪声产生。

（2）组成　以自动档车型为例，如图2-106所示，起停系统主要由发动机控制单元、传感器、执行器、液晶显示器组成。传感器包括起停开关、空档开关、制动踏板开关、车门开关等；执行器包括加强型起动机、稳压器。在起动时蓄电池电压下降，稳压器功用是将稳定的电压供给特选的用电器。

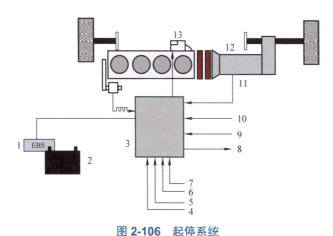

图 2-106　起停系统

1—蓄电池监视模块　2—蓄电池　3—发动机控制单元　4、5—输入信号　6—车门开关　7—起停开关　8—液晶显示器　9—制动踏板开关　10—其他输入信号　11—空档开关　12—变速器　13—起动机

（3）工作过程　以自动档车型为例，如图2-107所示，发动机自动关闭过程：①驾驶人看见路口红灯；②踩制动踏板，直到停车；③发动机自动关闭，仪表板起停指示灯点亮；④等待变绿灯的时间一直踩住制动踏板。

图 2-107　发动机自动关闭

如图2-108所示，发动机自动起动过程：①驾驶人看到红灯变为绿灯；②松开制动踏板；③发动机自动起动，仪表板起停指示灯熄灭；④踩下加速踏板，车辆起步行驶。

图 2-108　发动机自动起动

（4）关闭条件　起停系统在工作前需检查相关信号，如果不满足就会关闭起停功能，其关闭条件是：

1）关闭了起停开关。

2）蓄电池在充电状态。

3）除霜或风窗玻璃加热开启。

4）空调设置温度与实际温度之差大于 8℃。

5）发动机转速高于 1200r/min。

6）驾驶人离开座位 30s 以上。

7）下坡坡度大于 10%，上坡坡度大于 12%。

2. 防盗系统

大众汽车防盗器采用西门子公司产品，共推出五代，属于控制发动机起动授权的电子控制系统。

1）第 1 代。出现在 1993 年，称作固定码传输防盗器，组成部件：钥匙芯片、读识线圈、防盗器 ECU、发动机 ECU，如图 2-109 所示。特点：钥匙芯片与防盗器 ECU 具有相同的密码，防盗器 ECU 与发动机 ECU 采用固定识别码。工作原理：参见第 2 代，只是固定识别码与第 2 代的跳码不同。

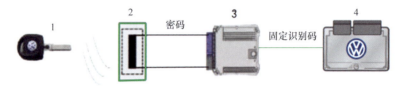

图 2-109 第 1 代防盗器

1—钥匙芯片 2—读识线圈 3—防盗器ECU 4—发动机ECU

2）第 2 代。出现在 1997 年，称作可变码传输防盗器，组成部件：钥匙芯片、读识线圈、防盗器 ECU、发动机 ECU，如图 2-110 所示。特点：钥匙芯片与防盗器 ECU 具有相同的密码，防盗器 ECU 与发动机 ECU 采用跳码。工作原理：①点火开关上装有读识线圈，打开点火开关，读识线圈通电发出电磁波能量；②钥匙芯片接收电磁波能量后，发射带有密码的无线电信号；③读识线圈接收后，将密码发给防盗器 ECU；④防盗器 ECU 确认密码与自身存储密码一致，发送识别码给发动机 ECU；⑤发动机 ECU 确认识别码与自己存储的一致，允许发动机起动后继续运转；⑥发动机 ECU、防盗器 ECU 同时生成一个新识别码（跳码）；⑦如果钥匙芯片密码与防盗器密码不符，或者防盗器 ECU 与发动机 ECU 识别码不符，发动机起动后大约 3s 强行关闭；⑦4S 店销售新车时，将一个 4 位数字的密码标签交给用户。

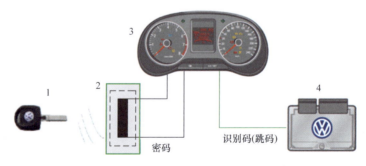

图 2-110 第 2 代防盗器

1—钥匙芯片 2—读识线圈 3—防盗器ECU（在仪表盘内） 4—发动机ECU

3）第 3 代。出现在 1998 年，称作两级可变码传输防盗器，组成部件：钥匙芯片、防盗器

ECU、仪表 ECU、发动机 ECU，如图 2-111 所示。特点：①发动机 ECU 是防盗器的一部分，发动机 ECU 与仪表 ECU 必须录入 VIN；②防盗器 ECU 集成在仪表 ECU 中，共用地址码"17"；③防盗器系统由 CAN 线进行数据传递；④由第 2 代钥匙芯片与防盗器 ECU 的密码必须一致，改为密码 + SKC（计算公式）必须一致；⑤由第 2 代防盗器 ECU 与发动机 ECU 的跳码必须一致，改为跳码 + SKC（计算公式）必须一致；⑥更换仪表 ECU，本车密码不改变；⑦更换发动机 ECU，必须进入发动机 ECU 登录原密码、复制 VIN 后进行自适应；⑧4S 店销售新车时，不将密码交给用户，维修防盗系统时由 4S 店向汽车制造商查询。

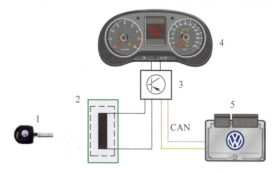

图 2-111　第 3 代防盗器

1—钥匙芯片　2—读识线圈　3—防盗器ECU
4—仪表ECU　5—发动机ECU

4）第 4 代。称作网络式防盗器，组成部件：钥匙芯片、进入和起动许可开关、防盗 ECU、转向柱 ECU、网关、仪表 ECU、发动机 ECU、车载电网 ECU、舒适系统 ECU、FAZIT 中心数据库，如图 2-112 所示。特点：车辆的防盗相关数据存储在德国狼堡的 FAZIT 中心数据库，必须使用大众专用诊断仪 VAS505X，在线对防盗器相关的部件进行匹配。由于整车防盗学习通过在线检测方式，使得整车安全性能大大提高。

图 2-112　第 4 代防盗器

1—钥匙芯片　2—进入和起动许可开关　3—防盗器ECU
4—转向柱ECU　5—网关、仪表ECU　6—发动机ECU
7—FAZIT中心数据库　8—诊断仪VAS505X

5）第 5 代。组成部件：钥匙芯片、进入和起动许可开关、防盗器 ECU、转向柱 ECU、网关、变速器 ECU、发动机 ECU、舒适系统 ECU、FAZIT 中心数据库，如图 2-113 所示。第 5 代在维修服务上与第 4 代基本保持一致，只是使用 VAS505X 进入防盗器程序得到极大简化。特点：①新订购的钥匙在没有匹配前，可以起动车辆；②如钥匙丢失，使用 VAS505X 并连接 FAZIT 中心数据库，可以打开点火开关；③除了钥匙，新部件可以在大众所有品牌通用，新部件匹配过则只能在该品牌通用；④执行在线部件匹配时，FAZIT 中心数据库会等待匹配是否成功的反馈信息，与第 4 代相比，匹配成功的可信度更高。

图 2-113　第 5 代防盗器

1—防盗器ECU　2—转向柱ECU　3—进入和起动许可开关
4—网关　5—变速器ECU　6—发动机ECU
7—FAZIT中心数据库　8—诊断仪VAS505X

六、排气系统

1. 功用与组成

排气系统的功用是清除废气中的有害成分，减少污染，降低废气排出时发出的轰鸣声。排气系统设计要减少排气阻力，提高发动机效率。排气系统如图2-114所示，由排气歧管、氧传感器、三元催化转化器、前排气管、副消声器、后排气管、主消声器等组成，下一节再介绍三元催化转化器。

2. 排气歧管

排气歧管的作用是将各缸排气道与排气总管连接起来，让各缸废气通过排气总管排入大气。排气歧管一般采用铸铁、铸铝制成，有些车辆采用不锈钢制成，如图2-115所示，与前三元催化转化器制成一体。不锈钢排气歧管质量轻，耐久性好，同时内壁光滑，排气阻力小。

3. 消声器

消声器的功用是通过逐渐降低排气压力和衰减排气压力的脉动，使排气能量耗散殆尽，降低和消除发动机的排气噪声。一般装有两三节消声器，装在排气管出口处的主消声器如图2-116所示。为了隔热和隔振，采用悬吊方法安装。主消声器用隔板分成扩张室和共振腔，对不同频率的废气声波多次扩张、反射。副消声器亦称前消声器，结构与主消声器相似，但内部蜂窝孔洞较大，使高压废气先行膨胀，降低了压力，故称为"膨胀器"。

七、排放控制

1. 有害排放物

汽车公害包括三个方面：排气对大气的污染，噪声对环境的危害，电气设备产生的电波干扰。排气污染的影响最大，其来源有三：① 从排气管排出的废气，主要成分是CO、HC、

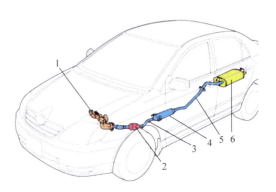

图 2-114　排气系统

1—排气歧管　2—三元催化转化器　3—前排气管
4—副消声器　5—后排气管　6—主消声器

图 2-115　不锈钢排气歧管

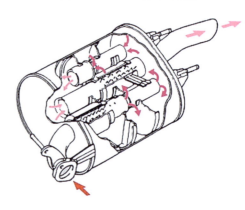

图 2-116　主消声器

NO_x,还有SO_2、炭烟等;②从燃油箱、燃油管接头等处蒸发出的汽油蒸气,成分是HC;③窜气,即从活塞环与气缸之间的间隙漏出,主要成分是HC。

CO(一氧化碳)是一种无色无味的有毒气体,人吸入过多CO后,会阻碍血液吸收和输送氧而引起头痛、头晕等中毒症状。HC(碳氢化合物)对人眼及呼吸系统均有刺激作用。NO_x(氮氧化物)是NO和NO_2等氮氧化物的总称,它刺激人眼黏膜,引起结膜炎、角膜炎,严重时还会引起肺炎和肺气肿。微粒、炭烟(PM)是柴油机排气中的一种成分,主要由直径0.1~10μm的多孔性炭粒构成,它往往黏附SO_2等物质。空气质量预报PM10(颗粒直径≤10μm)、PM2.5(颗粒直径≤2.5μm),排气微粒的直径就在这个范围内。

针对排放废气采用三元催化转化器、微粒过滤器、废气再循环(EGR)等,针对汽油蒸气采用活性炭罐,针对窜气采用曲轴箱强制通风(PCV)阀。

2. 三元催化转化器

三元催化转化器是利用催化剂的作用将废气中CO、HC和NO_x,转换为对人体无害的H_2O、CO_2、N_2的一种排气净化装置。它只有在理论空燃比附近很窄的空燃比范围内才有较高的净化率。三元催化转化器如图2-117所示,主要由不锈钢外壳、内壳、隔热层、载体、催化剂组成,在蜂窝状陶瓷载体中,涂有贵金属铂、铑、钯为催化剂。它安装在排气歧管出口附近,利用排气的余温,在最佳工作温度300~800℃能将有害气体转换成水和无害的气体。

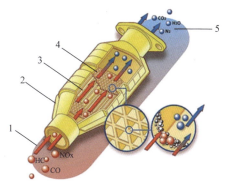

图2-117 三元催化转化器
1—CO、HC、NO_x 2—外壳 3—蜂窝状陶瓷载体
4—催化反应使温度升高 5—H_2O、CO_2、N_2

3. 微粒过滤器

微粒是柴油机排放的突出问题,对车用柴油机排气微粒的处理,主要采用过滤法。微粒过滤器如图2-118所示,滤芯由多孔陶瓷制成,它有较高的过滤效率,排气穿过多孔陶瓷滤芯进入排气管,而微粒则滞留在滤芯上。过滤器工作一段时间后,需及时清除积存在滤芯上的微粒,以恢复过滤器的工作能力和减小排气阻力。

图2-118 微粒过滤器

4. EGR系统

废气再循环(Exhaust Gas Recirculation,EGR)的功用是减少NO_x的生成量。NO_x生成条件是高温(2800℃以上)高压富氧,应对措施是降低燃烧最高温度。如图2-119所示,发动机ECU控制EGR阀打开,废气通过EGR阀进入进气管,再进入气缸,由于废气中含有大量的CO_2,而CO_2不能燃烧却吸收大量的热量,使气缸中混合气的燃烧温度降低,

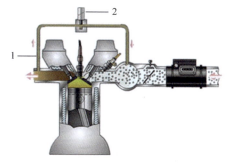

图2-119 EGR系统
1—废气管路 2—EGR阀

从而减少了NO_x的生成，汽油机EGR率一般不超过20%。

5. 汽油蒸发控制系统

汽油箱里的燃油随时都在蒸发汽化，若不加以控制或回收，则当发动机停机时，汽油蒸气逸入大气，造成对环境的污染。汽油蒸发控制系统的功用是将这些汽油蒸气收集和储存在活性炭罐内，在发动机工作时再将其送入气缸燃烧。如图2-120所示，主要由活性炭罐、炭罐电磁阀、蒸气软管组成。汽油蒸气被活性炭吸附，炭罐电磁阀收到ECU信号接通真空管路，真空作用将蒸气控制阀打开，新鲜空气携带脱附的汽油蒸气通过蒸气软管进入进气管。由于燃油蒸气的加入导致空燃比变化，控制单元须采取措施及时校准空燃比。

6. 曲轴箱强制通风系统

在发动机压缩和燃烧过程中，经活塞环与气缸间窜入曲轴箱的气体和曲轴箱内形成的润滑油蒸气，含有HC等有害成分，将加速机油变质，直接排出会污染大气。曲轴箱强制通风功用是将窜气和润滑油蒸气引入气缸烧掉。如图2-121所示，主要由PCV阀、回流管、通风管组成。当发动机不运转时，阀门在弹簧作用下关闭；当息速或低转速时，真空度通过回流管施加到PVC阀，阀门打开，将曲轴箱气体吸入进气歧管；当高速和大负荷时，阀门开度进一步增大。当活塞或气缸严重磨损时，窜气由通气软管流入进气总管，再随同新鲜空气一起进入气缸。

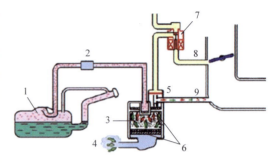

图2-120 汽油蒸发控制

1—汽油蒸气 2—单向阀 3—活性炭 4—新鲜空气
5—蒸气控制阀 6—滤网 7—炭罐电磁阀
8—真空管 9—汽油蒸气软管

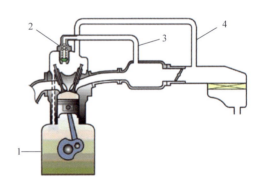

图2-121 曲轴箱强制通风

1—曲轴箱 2—PCV阀 3—回流管 4—通气软管

7. 国Ⅵ排放标准

国Ⅵ排放标准排对尾气中CO、HC+NO_x、PM等有害气体的含量做了明确规定。其中CO是燃油氧化不完全产物，HC是燃料中未燃烧物质，NO_x是燃烧过程中产生的物质，PM则是燃油燃烧时缺氧产生的物质。我国根据实际情况，从20世纪80年代初期开始采取先易后难分阶段实施的具体方案，从具体实施至今，由国Ⅰ标准提高到国Ⅵ标准。

国家层面硬性要求全国实施国Ⅵ排放标准有两个时间点：2020年7月1日起，全国范围开始实施相对宽泛的国Ⅵ A阶段排放标准；2023年7月1日起，全国范围开始实施更为严格的国Ⅵ B阶段排放标准。

（1）国Ⅵ排放与国Ⅴ排放法规检验项目的对比 国Ⅵ排放标准是在大体参照欧Ⅵ排放标准的前提下，融合美国标准，协调全球技术法规而制定的，适用于以点燃式或压燃式发动机为动力，最大设计车速≥50km/h的轻型汽车（包括混合动力汽车），见表2-1。

表 2-1 国Ⅵ排放与国Ⅴ排放法规检验项目的对比

试验类型	国Ⅴ	国Ⅵ
Ⅰ型试验	常温下冷起动后排气污染物排放试验①	
Ⅱ型试验	双怠速试验	实际行驶污染物排放试验②
Ⅲ型试验	曲轴箱污染物排放试验	
Ⅳ型试验	蒸发污染物排放试验①	
Ⅴ型试验	污染控制装置耐久性试验①	
Ⅵ型试验	低温冷起动后排气污染物排放试验①	
Ⅶ型试验	无	加油污染物排放试验②
OBD	3+1③	3+2④

① 国Ⅵ在限值上加严。
② 国Ⅵ新增加的要求。
③ 国Ⅴ检测失火、催化器、氧传感器三项功能和一项电气元件性能。
④ 国Ⅵ检测失火、催化器、氧传感器三项功能并抽检其他列入监测的任意两项功能。

（2）Ⅰ型试验排气污染物的限值以及和国Ⅴ的变化对比　变化对比见表2-2。

表 2-2　Ⅰ型试验排气污染物的限值以及和国Ⅴ的变化对比　（单位：mg/km）

排放标准	CO	总碳氢化合物（THC）	非甲烷碳氢化合物（NMHC）	氮氧化物（NO_x）	氧化亚氮（N_2O）	颗粒物质量（PM）	颗粒物数量（PN）/（个/km）①
国Ⅴ（汽油）	1000	100	68	60	/	4.5	/
国Ⅵ A（汽油）	700	100	68	60	20	4.5	$6×10^{12}$
国Ⅵ B（汽油）	500	50	35	35	20	3.0	$6×10^{11}$
国Ⅵ B/国Ⅴ	50%	50%	51.5%	58%		66.7%	

① 2020年7月1日前，汽油车适用$6×10^{12}$个/km的过渡期限值，之后按照$6×10^{11}$个/km的限值执行，称国Ⅵ A；无过渡期限值称国Ⅵ B。

Ⅱ型试验~Ⅶ型试验方法略，参见有关资料。

八　电控柴油喷射系统

1. 电控柴油喷射系统

当今柴油乘用车大多采用电控共轨喷射系统，这种系统由于喷油压力、时间、油量及喷油规律柔性可调，性能优越，广泛应用于现代电控柴油汽车。该系统与机械式燃料供给系统相比，对柴油机的动力性能、经济性能、运转性能和排放性能都有极大提高。

电控共轨喷射系统如图 2-122 所示，低压油路主要由燃油箱、电动输油泵、柴油滤清器组成。高压油路主要由高压油泵、调压阀、高压油管、高压油轨、高压传感器、限压阀组成。电动输油泵将柴油经过滤清器泵送到高压油泵，高压油泵压缩燃油存储在高压油轨，高压传感器将油压信号送到控制单元，控制单元经过计算输出指令给调压阀进行调压。控制单元输出指令给功率模块，再由功率模块发送电流到喷油器电磁线圈，喷油器将柴油喷入气缸。限压阀的作用是限制高压油轨中的压力，当超过限值时限压阀打开，柴油经回油管流回到高压油泵的进口。

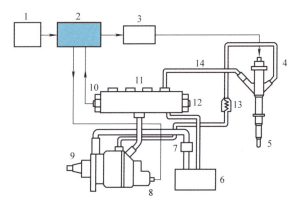

图 2-122 电控共轨喷射系统

1—传感器　2—控制单元　3—功率模块　4—回油管　5—喷油器　6—燃油箱
7—电动输油泵　8—调压阀　9—高压油泵　10—高压传感器
11—高压油轨　12—限压阀　13—单向阀　14—高压油管

2. 柴油的标号

选用柴油的标号如果不适合使用温度区间，燃油系统就可能结蜡，堵塞油路，影响发动机的正常工作。柴油标号的依据是柴油的凝固点，柴油的标号越低，结蜡的可能性就越小。目前国内使用的轻柴油按凝固点分为 6 个标号：5 号柴油、0 号柴油、-10 号柴油、-20 号柴油、-35 号柴油和 -50 号柴油。选用不同标号的柴油主要根据使用时的气温决定，见表 2-3。

表 2-3　柴油标号与气温

柴油标号	5 号	0 号	-10 号	-20 号	-35 号	-50 号
使用温度	>8℃	4~8℃	-5~4℃	-14~-5℃	-29~-14℃	-44~-29℃

3. 柴油机与汽油机的区别

柴油机与汽油机的区别，见表 2-4。

表 2-4　柴油机与汽油机的区别

区别	汽油机	柴油机
构造不同	气缸顶部有火花塞	气缸顶部有喷油器
燃料不同	汽油	柴油
运动特点	转速高，起动快	转速低，转矩大
压缩比	由于汽油燃点高，压缩比较低，在 9~14 范围内	压缩比高，在 16~24 范围内
点火方式	压缩行程即将结束，火花塞产生电火花点燃混合气	压缩行程后期，喷油器向气缸内喷入柴油，此时缸内温度超过柴油燃点，混合气自动点燃
效率	热效率低，发动机温度较高	热效率高，燃油经济性好

第三章
汽车的四肢——底盘

第一节 传动系

一 功用与组成

1. 功用

汽车传动系的基本功用是将发动机发出的动力传给驱动车轮。具体是：①降速增矩，变速器在发动机转速范围变化不大的情况下，满足汽车行驶速度变化大和克服各种行驶阻力的要求。②实现倒车，变速器设有倒档，实现汽车倒车。③中断动力传递，在换档过程、行驶中短时间停车时，利用变速器的空档中断动力传递。④进一步降速增矩，通过主减速器的减速比来实现。⑤差速功能，在汽车转向等情况下，需要两驱动轮以不同转速转动，差速器可以实现差速功能。

2. 组成

如图 3-1 所示，FF 车辆传动系由离合器、驱动桥、驱动轴等组成，驱动桥又包括变速器和差速器两部分。FR 车辆传动系由离合器、变速器、传动轴、差速器、半轴、车轮等组成。

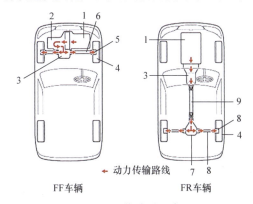

图 3-1 传动系组成

1—发动机 2—驱动桥 3—变速器 4—车轮 5—万向节
6—驱动轴 7—差速器 8—半轴 9—传动轴

二 离合器

1. 功用与组成

（1）功用 ①逐渐接合动力，保证汽车平稳起步；②暂时切断动力，保证换档；③有效传递动力，离合器不得打滑。

（2）组成 由离合器、操纵机构两部分组成，如图 3-2 所示。

1）离合器。包括主动部分和从动部分，如

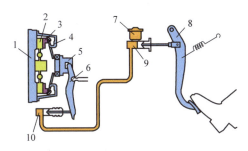

图 3-2 离合器组成

1—飞轮 2—摩擦片 3—压盘 4—离合器盖 5—分离轴承
6—分离叉 7—储液罐 8—离合器踏板 9—主缸 10—工作缸

57

图 3-3 所示，主动部分包括飞轮、压盘总成，从动部分是离合器摩擦片。压盘总成又由压盘、膜片弹簧、离合器盖等组成。

2）操纵机构。主要由离合器踏板、推杆、离合器主缸、液压软管、工作缸、分离叉、分离轴承等组成，如图 3-4 所示。离合器踏板和分离轴承之间通过主缸、液压管路、工作缸相连，依靠人力产生的液压力操纵离合器分离。

2. 离合器工作过程

1）离合器分离。如图 3-5 所示，踩下离合器踏板时，主缸活塞压迫油液经液压软管到达工作缸，液压推动工作缸活塞，活塞推杆推动分离叉，分离叉又推动分离轴承，分离轴承再推动膜片内缘向前。可以把膜片看成很多个杠杆，弹簧圈是杠杆的支点，这时膜片的外缘向后抬起，膜片外缘与压盘连接，压盘被膜片外缘拉起，此时压盘对摩擦片的压力解除，摩擦片脱离与压盘和飞轮的接触，离合器呈分离状态。

2）离合器接合。如图 3-6 所示，释放离合器踏板，膜片弹簧恢复原状，膜片内缘向后并推动分离轴承，分离轴承推动分离叉，分离叉推动工作缸活塞，将油液送回到主缸，踏板处于自由状态。膜片弹簧外缘对压盘施加力，压盘又压向摩擦片，由于摩擦片受到压盘和飞轮之间的摩擦力使之与曲轴同步转动，离合器呈接合状态。

图 3-3 离合器

1—飞轮　2—摩擦片　3—压盘总成　4—分离轴承　5—卡圈
6—分离叉　7—防尘套　8—压盘　9—膜片弹簧　10—离合器盖

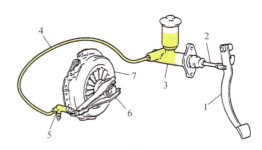

图 3-4 操纵机构

1—离合器踏板　2—推杆　3—主缸　4—液压软管
5—工作缸　6—分离叉　7—压盘总成

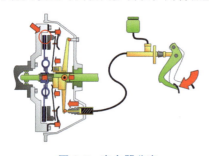

图 3-5 离合器分离

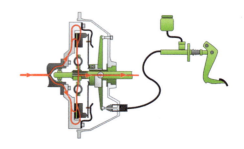

图 3-6 离合器接合

三 手动变速器

1. 功用与组成

1）功用。输入轴将动力传递给变速器的齿轮，齿轮改变转矩和转速并将动力输出，实现前进、倒车、空档。手动变速器如图 3-7 所示。

2）组成。手动变速器由变速器总成和换档操纵机构组成。变速器总成主要由壳体、轴承、输入轴、输出轴、倒档轴、每个档的固定齿轮和活动齿轮、接合套同步器组件、换档机构、自锁机构、互锁机构等部件组成。操纵机构主要由变速杆总成和拉索组成。

2. 变速器主要部件

（1）输入轴和输出轴　以 6 前进档变速器举例，输入轴和输出轴如图 3-8 所示，发动机的动力通过离合器摩擦片传递给输入轴，然后通过输入轴和输出轴上的某一对齿轮啮合，再由输出轴上的输出齿轮将转矩传递给主减速器的从动齿轮。

图 3-7　手动变速器

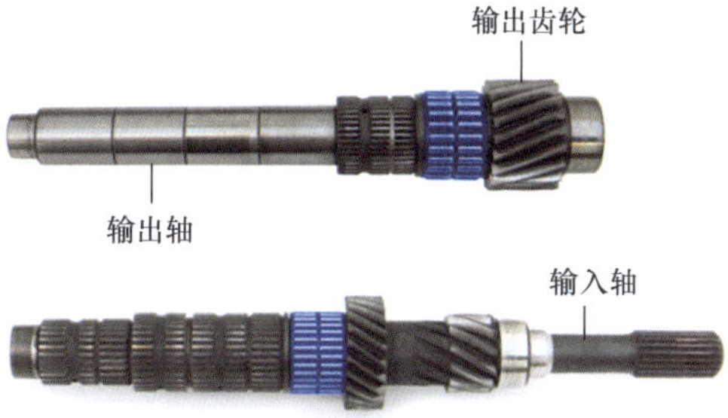

图 3-8　输入轴和输出轴

（2）变速齿轮（图 3-9）

1）输入轴装有 1、2 档的固定齿轮，3、4、5、6 档的活动齿轮，以及 3-4 档、5-6 档接合套同步器组件。

2）输出轴装有 1、2 档的活动齿轮，3、4、5、6 档的固定齿轮，以及 1-2 档接合套同步器组件。

3）倒档轴装有倒档活动齿轮和倒档接合套同步器组件。固定齿轮随同轴一同转动，活动齿轮与转轴之间由接合套同步器组件连接。

4）空档时各接合套断开，挂入某个档位时这个档的接合套将活动齿轮与轴锁定，输入轴上的齿轮不管是固定还是活动都是主动齿轮，输出轴上的齿轮不管是固定还是活动都是从动齿轮，两个齿轮的齿数不同，形成传动比，再由输出轴的输出齿轮驱动主减速器的从动齿轮，动力就可以输出了。

5）当倒档接合套接合，这时输入轴上的 1 档固定齿轮为主动，输出轴上的 1 档活动齿轮作为惰轮，倒档活动齿轮经接合器将动力传递给倒档轴，并且改变了转动方向，再由倒档轴的输出齿轮驱动主减速器的从动齿轮。

图 3-9　变速齿轮

1—输入轴　2—1档　3—2档　4—3档　5—3、4档接合组件
6—4档　7—5档　8—5、6档接合组件　9—6档
10—1、2档接合组件　11—倒档轴　12—倒档接合器
13—倒档齿轮　14、15—输出齿轮　16—输出轴

（3）同步器　同步器的功用是在换档时，使接合套与换档齿轮转速同步，避免接合套的内花键齿，套入换档齿轮的外花键齿而出现撞击。常用锁环式惯性同步器如图 3-10 所示，由花键毂、滑块、弹簧圈、接合套、外同步环、锥环、内同步环、换档齿轮组成。驾驶人扳动变速杆，

经换档操纵机构、换档拨叉施加接合套一个向左的轴向推力，接合套内的三个滑块将推力传给外同步环，外同步环的内锥面施加锥环的外锥面正压力，因而产生摩擦力矩。锥环向左推动内同步环，内同步环的内锥面施加换档齿轮的外锥面正压力，产生第二个摩擦力矩。在两个摩擦力矩的作用下，换档齿轮的转速逐渐接近接合套转速，此时滑块不再向左移动，而接合套继续向左移动，越过外同步环、内同步环，直到接合套的内花键齿套入换档齿轮的外花键齿。

早期变速器采用单同步环，仅有一个摩擦锥面，新款车最多有三个摩擦锥面，如图3-11所示。单同步环有一对摩擦锥面，双同步环有两对摩擦锥面，三同步环有三对摩擦锥面，摩擦锥面数量越多，转速同步时间越短，变速杆操纵越省力，同步器寿命越长。

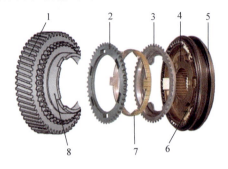

图3-10 锁环式惯性同步器

1—换档齿轮 2—内同步环 3—外同步环 4—花键毂
5—接合套 6—滑块 7—锥环 8—外锥面

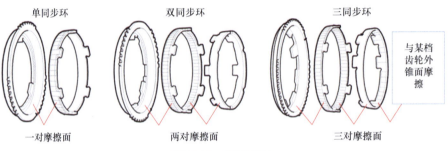

图3-11 摩擦锥面

3. 换档操纵机构

操纵机构如图3-12所示，主要由变速杆、变速杆支架、选档拉索和换档拉索组成。变速杆分别驱动两条拉索，选档拉索的作用是选择1、2档，3、4档，5、6档或倒档；换档拉索的作用是换入某一个档。

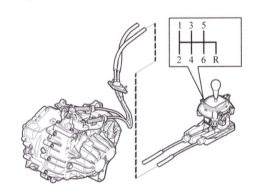

图3-12 换档操纵机构

四 主减速器与差速器

1）功用。如图3-13所示：①改变传动方向，将传动轴的转动方向改变90°；②降速增矩；③差速，汽车转弯或在不平路面行驶时，使左右驱动车轮以不同的转速滚动。

2）主减速器主要由主动齿轮、从动齿轮、轴承等组成。齿轮的齿形有两种，锥齿轮和准双曲面齿轮，准双曲面齿轮如图3-14所示。主动齿轮与从动齿轮的轴线不相交，从动齿轮的齿数除以主动齿轮的齿数等于传动比，乘用车主减速器传动比一般是3～4.5。

图 3-13　三种功用

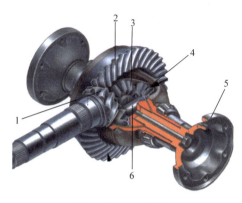

图 3-14　主减速器

1—主动齿轮　2—从动齿轮　3—半轴齿轮　4—行星轮　5—半轴法兰　6—行星轮轴

3）差速器如图 3-15 所示，FF 车辆的差速器与变速器组合成驱动桥，FR 车辆的差速器安装在后桥，差速器自动调节左、右车轮的转速差。

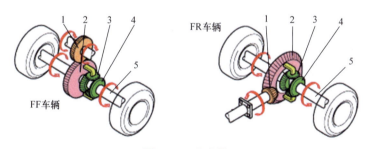

图 3-15　差速器

1—主动齿轮　2—从动齿轮　3—行星轮　4—半轴齿轮　5—半轴

差速器壳体里面装有两个行星轮和两个半轴齿轮，差速器壳体与从动齿轮装成一体并同步转动。如果是直线行驶，行星轮只有公转而没有自转，两侧半轴齿轮与从动齿轮转速一致。如果左侧的车轮滚动距离大于右侧，行星轮有公转还有自转，使得左侧半轴齿轮转速加快，右侧半轴齿轮转速减慢，但总是符合：

$$n_1 + n_2 = 2n_0$$

式中　n_1——左侧半轴齿轮转速；

n_2——右侧半轴齿轮转速；

n_0——从动齿轮转速。

手把手 教您学汽车构造与保养 第2版

五、驱动轴

1）功用。驱动轴的功用是将变速器的转矩传递给车轮。驱动轴由两个等速万向节、半轴、防尘套等组成。如图3-16所示，差速器侧采用三枢轴-球面滚轮式万向节，车轮侧采用球笼式万向节，不管万向节的角度怎样，等速万向节总能够防止差速器输出轴与车轮轴之间出现瞬时转速差。

图3-16 驱动轴

1—花键轴　2—三枢轴式万向节　3—防尘套　4—半轴　5—防尘套　6—球笼式万向节

2）球笼式等速万向节。优点是可在两轴的最大夹角42°情况下传递转矩，所以将它布置在转向节处。球笼式万向节由内座圈、球笼、6个钢球、外座圈组成，如图3-17所示，钢球在内、外座圈的滚道中滚动，具有传递力的功用，内座圈连接驱动轴，外座圈连接车轮轴。由于悬架的运动，车轮轴与差速器半轴法兰之间会有距离变化，要求驱动轴必须能长短伸缩。还有一种伸缩型球笼式万向节，它与球笼式万向节不同的是，外滚道是圆筒形的，伸缩型球笼式万向节布置在差速器侧。

3）三枢轴-球面滚轮式万向节。两轴的最大夹角一般为25°，如图3-18所示，由枢轴架、枢轴、滑动滚子、滑道组成。三个枢轴上装有3个滑动滚子，由于滑动滚子可以在滑道内轴向自由移动，可以使两轴形成一定的角度并可以进行长度调节，以适应车辆悬架的运动。在速度性能稳定方面，三枢轴式万向节稍差于球笼式万向节，但结构简单并可轴向滑移，其安装在差速器侧。

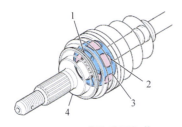

图3-17 球笼式万向节

1—内座圈　2—钢球　3—钢球保持架（球笼）　4—外座圈

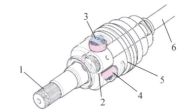

图3-18 三枢轴-球面滚轮式万向节

1—枢轴　2—枢轴架　3—枢轴　4—滑动滚子　5—滑道　6—半轴

六、传动轴与中间支撑

1. 普通万向节

普通万向节用于FR车辆，两轴的最大夹角一般为15°~20°，如图3-19所示，变速器转矩通过传动轴传递到主减速器，万向节的功用是在传动轴连接的部位顺利地传递动力，能适应变速器和主减速器之间夹角和距离的改变。装有三个普通万向节的传动轴如图3-20所示。

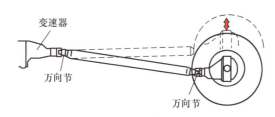

图 3-19 万向节的功用

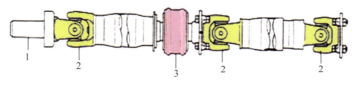

图 3-20 三个万向节的传动轴

1—套筒　2—万向节　3—中间轴承

普通万向节又称十字轴万向节，如图 3-21 所示，由两个节叉、十字轴、滚针轴承等组成。普通万向节是不等速转动，虽然从动节叉与主动节叉同时转一周都是 360°，但是在瞬间，从动节叉与主动节叉转过的角度不相等，也称不等角速度。

2. 传动轴

传动轴安装在前置发动机、后轮驱动或四轮驱动车辆上。传动轴的功用是将动力传递给后驱动桥或前驱动桥。由于传动轴是一个高转速、少支撑的旋转体，在工作中需要保持运转平衡。传动轴一端与变速器或分动器的输出轴相连接，另一端与驱动桥的主减速器相连接。传动轴两端的节叉必须安装在同一个平面，如图 3-22 所示，这样可以使两个万向节角速度互补，一对普通万向节可以做到等角速度转动。

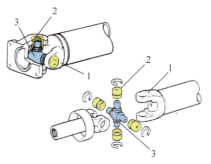

图 3-21 普通万向节的结构

1—节叉　2—滚针轴承　3—十字轴

3. 中间支撑

当传动轴比较长时，传动轴中间会分段，需要设置中间支撑，如图 3-23 所示。中间支撑的特点是传动轴可以在支撑的轴承中转动，支撑轴承外缘装有橡胶衬套，可以改善轴承受力。

图 3-22 传动轴

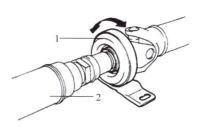

图 3-23 中间支撑

1—中间支撑　2—传动轴

七 半轴

1. 半轴支承

后轮驱动车辆的整体式后桥，半轴安装在桥壳内。如图3-24所示，半轴有三种类型：①全浮式，半轴只承受转矩，不承受弯矩，承载质量大，多用于越野车；②3/4浮式，半轴承受转矩和部分弯矩，承载质量中等；③半浮式，半轴承受转矩和弯矩，承载质量小。

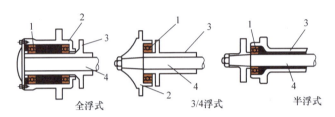

图3-24 半轴支承

1—轴承 2—轮毂 3—桥壳 4—半轴

2. 车轮轴承

如图3-25所示，轮轴种类有三种：驱动转向轮轴、转向轮轴、驱动轮轴。

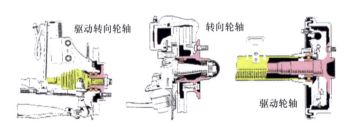

图3-25 轮轴种类

轮轴常用两种轴承形式：①径向推力球轴承，如图3-26所示，轮轴螺母只具有固定轮轴的作用，按规定力矩拧紧即可；②锥形滚柱轴承，如图3-27所示，需通过轮轴螺母调整轴承预紧力，再装上开口销。

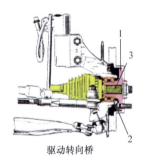 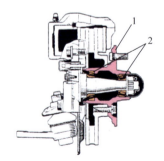

图3-26 径向推力球轴承

1—车桥 2—径向推力球轴承 3—驱动轴

图3-27 锥形滚柱轴承

1—车桥 2—锥形滚柱轴承

第二节　自动变速器

一、功用及分类

1. 功用

自动变速器的功用是根据发动机负荷和车速等工况的变化，自动变换传动比，使车辆获得良好的动力性和燃油经济性，提高车辆行驶的安全性、乘坐舒适性和操纵轻便性。

2. 分类

自动变速器可分为五大类：液力变速器（AT）、无级变速器（CVT）、双离合变速器（DCT）、自动手动变速器（AMT）、混合动力汽车变速器，见表3-1。其中AT、DCT、AMT是有级变速器，每个档位有固定传动比。CVT是无级变速器，选择自动模式时，前进时没有固定档位，传动比连续可变。混合动力汽车主要采用无级变速器。

表3-1　自动变速器类型与举例

类型	举例	
	图片	型号
AT	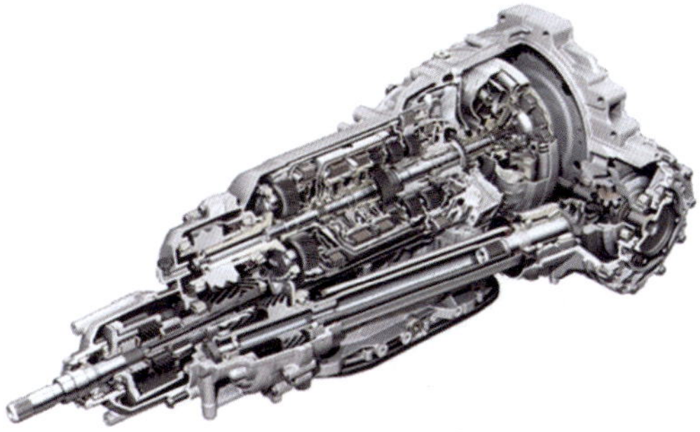	0BK型8前进档AT，采埃孚公司生产，2010年启用
CVT		0AW型CVT，手动模式为8前进档，奥迪公司生产，2009年启用，搭载奥迪A4L、奥迪A5、奥迪A6L

（续）

类型	举例	
	图片	型号
DCT		0B5型7前进档DCT变速器，大众公司生产，2009年启用，搭载奥迪A4、奥迪A5、奥迪A6、奥迪A7、奥迪Q5
AMT		铃木车AMT
HEV变速器		凯美瑞HEV变速器

二、AT

1. AT 组成

AT 也称为行星轮变速器，是世界上最早使用的自动变速器。AT 由液力变矩器、行星轮机构、液压控制装置、电子控制系统四个部分组成，另外还有换档操作机构，变速杆总成位于中央控制台，通过一根拉索机械连接至变速器。FF 车辆的自动变速器与差速器集成一体，如图 3-28 所示。

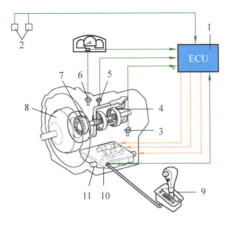

图 3-28　AT

1—变速器ECU　2—传感器　3—输入轴转速传感器　4—行星轮排　5—输出轴转速传感器　6—车速传感器　7—油泵
8—变矩器　9—变速杆　10—液压控制装置　11—电磁阀

2. 液力变矩器

1）变矩器功用。液力变矩器安装在发动机和变速器之间，以自动变速器油（ATF）为工作介质，功用是自动离合、增加转矩、无级变速、电控锁止、驱动油泵和起到飞轮作用，使发动机运转平稳。某车型变矩器如图 3-29 所示，主要由前盖、泵轮、涡轮、导轮、锁止离合器、后盖等组成。前盖通过驱动接口与曲轴相连并同步转动，泵轮装在前盖内，涡轮与变速器输入轴相连，泵轮和涡轮之间没有机械连接，二者靠液体流动来传递动力。泵轮通过凸耳带动油泵的主动齿轮，只要发动机运转油泵就会工作。

2）液力传动原理。如图 3-30 所示，两个电风扇面对面放置，一个风扇通电旋转吹出气流，另一个风扇虽然不通电，但在气流的推动下也跟着旋转。而变矩器中泵轮搅动的是液流，液流的力量冲击涡轮，涡轮跟随旋转，涡轮转速最快大约是泵轮的 0.9 倍，不能做到同步。

图 3-29　液力变矩器的组成

1—驱动接口　2—前盖与泵轮　3—导轮　4—涡轮
5—压盘　6—主动盘　7—从动盘　8—后盖

图 3-30　变矩器原理

3）导轮的功用是降低输出转速来增加输出转矩，如图 3-31 所示，泵轮设在后盖内，当涡轮与泵轮有转速差时，泵轮搅动的油流冲击导轮，然后反射冲击涡轮提供助力，为车辆起步增加了转矩；当涡轮转速与泵轮转速差减小时，泵轮搅动的油流直接冲击涡轮，不再有增加转矩作用。

4）锁止离合器的功用是执行 ECU 指令将涡轮和泵轮锁为一体，机械地传传递力而不用液力传递，可以降低能耗。

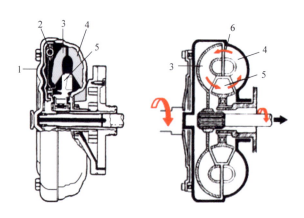

图 3-31　液力变矩器

1—前盖　2—锁止离合器　3—涡轮　4—泵轮　5—导轮　6—油流方向

3. 行星轮机构

行星轮机构是自动变速器的变速部分，常用形式有辛普森式、拉维娜式、莱佩莱捷式。以简单的行星轮机构举例，辛普森式 3 前进档如图 3-32 所示，该机构由两个行星排组成，行星排由太阳轮、行星架和齿圈三个元件组成。ECU 通过液压控制装置，使太阳轮、行星架和齿圈三者有一个保持不转动，一个输入转矩，一个输出转矩，就可以实现需要的减速、增速和反向转动。如果对两个元件同时输入转矩，另一个输出转矩，则实现直接档。

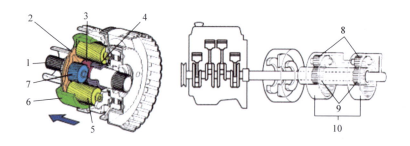

图 3-32　辛普森式行星轮

1—中间轴　2—行星架　3—前太阳轮　4—后太阳轮　5—长行星轮　6—齿圈
7—短行星轮　8—行星轮　9—太阳轮　10—齿圈

1）减速，如图 3-33 所示，太阳轮固定，齿圈主动，行星架从动，行星轮有自转也有公转，行星架与齿圈转动方向相同，输出转速相比输入转速降低。传动比计算：

$$传动比 = \frac{从动轮齿数}{主动轮齿数} = \frac{行星架齿数}{齿圈齿数}$$

式中　行星架齿数 = 太阳轮齿数 + 齿圈齿数。

2）直接传动，如图 3-34 所示，太阳轮、齿圈刚性连接并主动，行星架从动，输出与输入转速相同，传动比 =1。

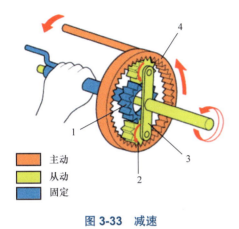

图 3-33　减速
1—太阳轮　2—行星轮　3—行星架　4—齿圈

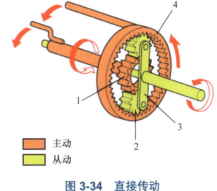

图 3-34　直接传动
1—太阳轮　2—行星轮　3—行星架　4—齿圈

3）倒档，如图 3-35 所示，行星架固定，太阳轮主动，齿圈从动，输出方向与输入方向相反并且转速降低。传动比为

$$传动比 = -\frac{齿圈齿数}{太阳轮轮齿数}$$

4. 液压控制装置

1）功用及组成。该装置的功用是执行 ECU 的指令，实现换档和锁止离合器的通断。液压控制装置主要由油泵、ATF 冷却器、阀体、油路、离合器、制动器等组成，如图 3-36 所示。

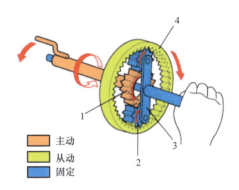

图 3-35　倒档
1—太阳轮　2—行星轮　3—行星架　4—齿圈

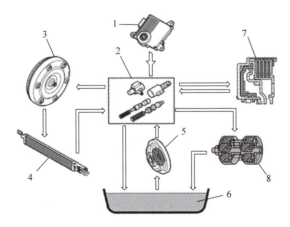

图 3-36　液压控制装置
1—变速器ECU　2—阀体　3—变矩器　4—ATF冷却器　5—油泵　6—油底壳　7—制动器/离合器　8—行星轮

2）ATF 泵。它的功用是提供自动变速器运转所需的液压力，由变矩器外壳驱动，转子式油泵如图 3-37 所示。

3）阀体。阀体内部有不同的开关阀、压力阀，这些油阀按照变速器 ECU 的要求动作，以改变油压和油路方向，从而控制换档执行件离合器与制动器，实现相应的档位。如图 3-38 所示，手动阀根据变速杆的移动切换管路的压力路径，调压阀调节来自油泵的压力以产生管路压力，换档阀控制换档，电磁阀通过接收 ECU 的信号切换液压路径以变换齿轮传动。

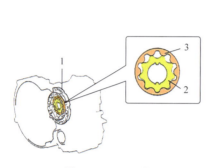

图 3-37　ATF 泵
1—泵体　2—主动齿轮　3—从动齿轮

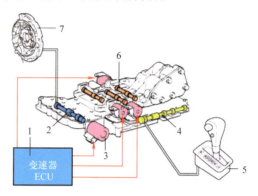

图 3-38　阀体
1—变速器ECU　2—调压阀　3—电磁阀　4—手动阀
5—变速杆　6—换档阀　7—油泵

4）离合器。离合器的功用是将两个旋转部件锁住或断开。为多片湿式离合器，采用多张钢片和摩擦片，用 ATF 润滑、散热；当缸中充入油压，油压推动活塞，活塞压紧钢片、摩擦片。

5）制动器。结构与离合器相似，功用是将一个旋转部件与变速器壳体锁住或断开。

5. 电子控制系统

电子控制系统由变速器控制单元、传感器和执行器三部分组成，如果发动机控制单元与变速器控制单元集成一体，称作 PCM，如图 3-39 所示。空档起动开关检测变速杆的位置，只有在"P"位和"N"位才允许发动机起动。节气门位置传感器检测节气门开度，车速传感器检测车速，输入轴转速传感器检测输入轴转速。控制单元接收传感器和其他控制单元的电信号，将指令发给液压控制装置中的电磁阀，电磁阀控制液压阀动作，油压施加到相应的离合器、制动器，实现行星轮机构不同的档位。

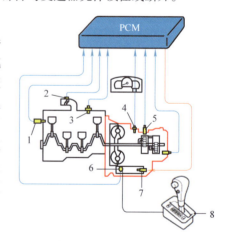

图 3-39　电子控制系统
1—转速传感器　2—节气门位置传感器
3—冷却液温度传感器　4—车速传感器　5—输入轴转速传感器　6—空档起动开关　7—电磁阀
8—变速杆

1. 结构

CVT 采用带式传动，在最小传动比和最大传动比之间可以连续控制，如图 3-40 所示。根据发动机输出功率，发动机转矩通过飞轮减振器传递给变速器，前进档和倒档各有一个湿式离合器，倒档旋转方向通过行星轮系改变。转矩再通过辅助减速齿轮传递到主动带轮，然后通过传动带传给从动带轮，最后通过主减速器的主动齿轮传给主减速器从动齿轮。

2. 工作过程

主动带轮与从动带轮各为两片，宽度由液压控制单元同步调整，同时向内移动轮槽变窄，同时向外移动轮槽变宽。当主动带轮调宽，从动带轮调窄时，传动比增大，如图3-41所示。当主动带轮调窄，从动带轮调宽时，传动比减小，如图3-42所示，液压控制单元受变速器ECU控制。

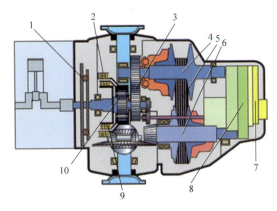

图 3-40　CVT

1—飞轮减振器　2—倒档离合器　3—辅助减速齿轮　4—主动带轮
5—传动带　6—从动带轮　7—变速器控制单元　8—液压控制单元
9—前进档离合器　10—行星轮排

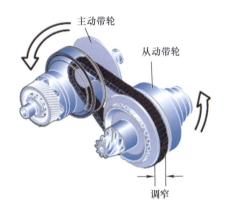

图 3-41　传动比增大

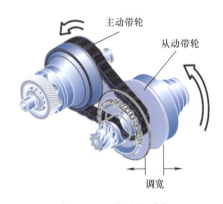

图 3-42　传动比减小

踩下制动踏板，制动踏板指示灯点亮，此时可将变速杆由P位换到R、N、D位，如图3-43所示。Tiptronic功能提供有级手动模式，推向"＋"升档，拉向"－"降档，此时还要由控制单元根据车速来确认是否允许升档。

四　DCT

1. 动力传递路线

DCT也称作DSG，中文意思是直接换档变速器。7速DCT动力传递路线如图3-44所示，包含两个独立的齿轮副，每个齿轮副其实就是一个手动变速器，每个齿轮副匹配一个离合器，离合器形式有湿式、干式两种。通过离合器K1、齿轮副1和输出轴1切换1、3、5、7档，通过离合器K2、齿轮副2和输出轴2与3切换2、4、6、倒档。临近的档位在另一个齿轮副，一个齿轮副啮合并且离合器

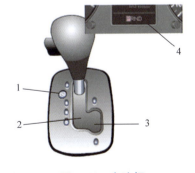

图 3-43　变速杆

1—制动踏板指示灯　2—自动模式（P/R/N/D）
3—手动模式（＋/－）　4—档位指示灯

接合，另一个齿轮副也啮合但是离合器断开。

2. 双离合器

如图 3-45 所示，双离合器包含两个传统的离合器，安装在一起组成一个双离合器，用 K1 和 K2 来表示离合器。离合器 K1 通过花键将转矩传递到输入轴 1，再由输入轴 1 将 1 档和 3 档的转矩传递到输出轴 1、5 档和 7 档的转矩传递到输出轴 2。离合器 K2 通过花键将转矩传递到输入轴 2，再由输入轴 2 将 2 档和 4 档的转矩传递到输出轴 2，6 档的转矩传递到输出轴 2，倒档的转矩经齿轮 R1 传递到输出轴 3 上的齿轮 R2，改变了传动方向，三个输出轴齿轮均与主减速器从动齿轮啮合。

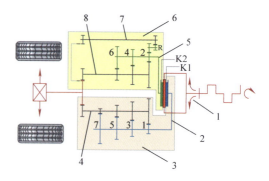

图 3-44 动力传递路线
1—发动机转矩 2—驱动轴1 3—齿轮副1 4—输出轴1
5—驱动轴2 6—齿轮副2 7—输出轴3 8—输出轴2

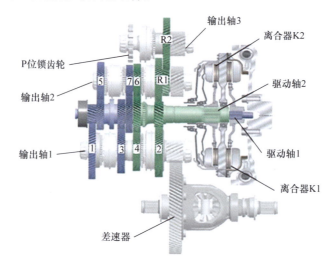

图 3-45 7速 DCT 变速器
1~7—七个前进档齿轮 R1—倒档中间齿轮 R2—倒档齿轮
蓝色—驱动轴1及1、3、5、7档齿轮 绿色—驱动轴2及2、4、6、倒档齿轮

3. 换档拨叉

四个换档拨叉如图 3-46 所示，机电控制单元利用液压控制 K1、K2 及四个拨叉换档器工作。飞轮通过 K1 与驱动轴 1 接合，再通过 1/3、5/7 换档拨叉拨动同步器，挂上 1、3、5、7 档。飞轮通过 K2 与驱动轴 2 接合，再通过 2/4、6/R 换档拨叉拨动同步器，挂上 2、4、6、倒档。P 位锁的齿轮被锁止后，变速器被锁住，处于驻车状态。

图 3-46 换档拨叉
1—2/4档换档拨叉 2—1/3档换档拨叉 3—5/7档换档拨叉
4—6/R换档拨叉

五、AMT

AMT 是在手动变速器的基础上实现自动换档，变速器采用平行轴斜齿轮传动，特点是齿轮变速机构简单、制造和维修成本较低，新款车很少采用。如图 3-47 所示，AMT 主要由换档按键、变速杆、变速器 ECU、油泵、执行器、转速传感器、离合器、变速器等组成。齿轮变速机构大致与手动变速器相同，驾驶人将变速杆放置"D"位，变速器 ECU 根据节气门位置、变速器输出轴转速、车速等信号，利用液压装置自动操作离合器和换档机构，以进行传动比改换和实现倒车档。

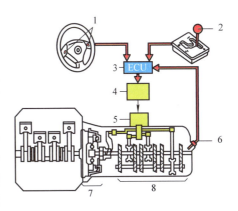

图 3-47　AMT

1—换档按键　2—变速杆　3—变速器ECU　4—油泵
5—执行器　6—转速传感器　7—离合器　8—变速器

第三节　行　驶　系

一、功用与分类

1. 功用

汽车行驶系的功用是接受由发动机经传动系传来的转矩，并通过驱动轮与路面的附着作用，产生路面对汽车的驱动（牵引）力，传递并承受路面作用于车轮上的各反力；行驶系应尽可能缓和不平路面对车身造成的冲击和振动，保证汽车行驶平顺性；行驶系与转向系配合，实现汽车行驶方向的正确控制，保证汽车操纵稳定性。

2. 组成

汽车行驶系由车架（或副车架）、悬架、车桥、轮毂轴承、轮毂、轮辋和轮胎等组成，如图 3-48 所示。

越野车、皮卡等采用非承载式车身，具有车架，俗称大梁，如图 3-49 所示，一般由两根纵梁和几根横梁组成。汽车绝大多数部件和总成都是以车架为基础件，固定在其相应的位置，如发动机、传动系、悬架、转向系、驾驶室、货厢和有关操纵机构。车架的功用是支承和连接汽车的各总成或零部件，并承受汽车自身和外界的各种负荷。

轿车、客车等多数采用承载式车身，发动机、变速器以副车架为基础件，副车架俗称元宝梁，这样可以节省空间，降低汽车重心，实现汽车的轻量化。也有些车采用半承载式车身，它是介于非承载式车身与承载式车身之间的结构形式，在底盘薄弱部分用钢梁加固。

3. 分类

1）被动悬架。被动悬架系统的刚度和阻尼是按经验或优化设计的方法确定的，在汽车行驶过程中其性能是不变的。

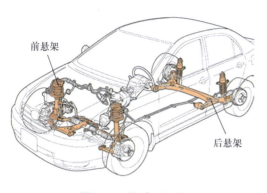

图 3-48 行驶系组成　　　　　　　　图 3-49 车架

2）主动悬架。主动悬架的刚度、阻尼及车身高度，由电子控制悬架 ECU 按照行驶状态进行自适应调节，使悬架始终处于最佳减振状态。

二 被动悬架

1. 功用与分类

（1）功用　悬架是车架（或车身）与车桥（或车轮）之间连接、传力装置的总称。它的功用是把路面作用于车轮上的垂直反力、纵向反力（牵引力和制动力）和侧向反力以及这些反力所形成的力矩传递到车架（或车身）上，以保证汽车的正常行驶，满足使用要求。

（2）分类　根据支撑车轮的方式，悬架分为非独立悬架和独立悬架，如图 3-50 所示，低端乘用车一般前桥采用独立悬架，后桥采用非独立悬架；高端乘用车一般前、后桥均采用独立悬架。

1）非独立悬架。结构特点是两侧的车轮由一根整体式车桥相连，车轮连同车桥一起通过弹性悬架与车架或车身连接，当一侧车轮因道路不平而发生跳动时，必然引起另一侧车轮在汽车横向平面内发生摆动。

2）独立悬架。结构特点是车桥做成断开的，每一侧的车轮可以单独地通过弹性悬架与车架或车身连接，两侧车轮可以单独跳动，互不影响。紧凑型轿车广泛采用的悬架，形式如图 3-51 所示，前桥为独立悬架，后桥为非独立悬架。

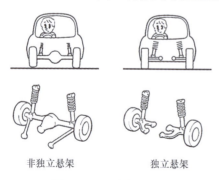

图 3-50 两种类型悬架

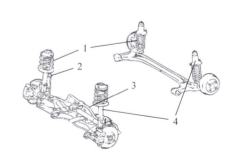

图 3-51 紧凑型轿车悬架
1—弹性元件　2—导向机构　3—横向稳定杆　4—减振器

2. 弹性元件

弹性元件的功用是缓冲路面冲击力并减少传递到车身上的振动，常采用的弹性元件有螺旋弹簧、钢板弹簧、扭杆弹簧。

1）螺旋弹簧。螺旋弹簧广泛用于独立悬架，如图3-52所示，有些乘用车后轮的非独立悬架也采用。螺旋弹簧优点是重量轻、抗冲击能力优越、乘坐舒适性好，主要用于乘用车。

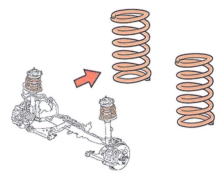

图 3-52　螺旋弹簧

2）钢板弹簧。钢板弹簧除了弹簧功能外还兼有导向机构功用，如图3-53所示，无需再设导向机构。钢板弹簧优点是持久耐用，缺点是体积大、重量大、乘坐舒适性不好，主要用于载货汽车。

3）扭杆弹簧，扭杆弹簧利用扭力杆的扭转弹性变形承载和吸收冲击，如图3-54所示，扭杆弹簧优点是结构简单、维修简便，主要用于越野车、皮卡、货车。

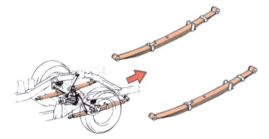

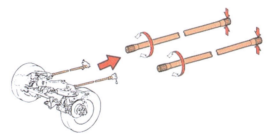

图 3-53　钢板弹簧　　　　　　　　　图 3-54　扭杆弹簧

3. 减振器

1）功用。减振器的功用是缓冲车身的振动，提供良好的行驶平顺性，如图3-55所示。减振器的工作原理是利用油液流过活塞通道的阻力，限制弹性元件移动。常用形式有单筒液压减振器、双筒液压充气减振器、单筒液压充气减振器。

2）单筒液压减振器只有一个筒，即油缸，用油液（减振液）作为介质操作减振器，又分为单向作用式和双向作用式。

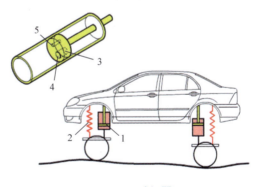

图 3-55　减振器

1—减振器　2—弹簧　3—活塞　4—单向阀　5—节流孔

① 单向作用式如图3-56所示。伸张行程，上室油液经节流孔缓慢流入下室，产生对弹簧振动的阻尼力；压缩行程，因单向阀孔径很大，下室油液快速流回上室，不产生阻尼力。现今此种类型已经不采用。

② 双向作用式如图3-57所示。伸张行程，上室油液经节流孔缓慢流入下室，产生对弹簧振动的阻尼力；压缩行程，因单向阀孔径较小，下室油液缓慢流回上室，产生阻尼力。目前车辆均采用双向作用式减振器。

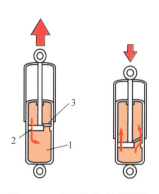

图 3-56 单向作用式减振器

1—油液　2—节流孔　3—大孔径单向阀

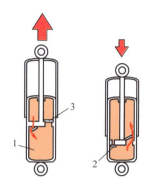

图 3-57 双向作用式减振器

1—油液　2—节流孔　3—小孔径单向阀

3）双筒液压充气减振器如图 3-58 所示，具有内筒（工作缸）和外筒（储液缸），用油液作为介质操作减振器，充入的低压氮气封闭在外筒，氮气对油液加压并防止气体溶解在液体中产生气泡，防止造成储液缸气蚀。

4）单筒液压充气减振器如图 3-59 所示，具有浮动活塞和高压充气室，高压氮气充入活塞下面的密闭气室。

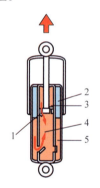

图 3-58 双筒液压充气减振器

1—节流孔　2—低压氮气　3—小孔径单向阀
4—工作缸　5—储液缸

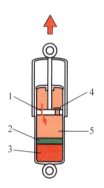

图 3-59 单筒液压充气减振器

1—节流孔　2—浮动活塞　3—高压氮气
4—小孔径单向阀　5—油液

4. 横向稳定杆

横向稳定杆如图 3-60 所示，呈 U 形状，中间一段利用橡胶套固定在车身下方，两端连接下控制臂。当车辆转弯时，因离心力导致车辆向外侧倾斜，横向稳定杆功用是利用自身弹簧扭转力，提升车身外侧高度、降低车身内侧高度，避免车辆横向倾斜，并使内侧轮胎贴紧地面而不降低地面附着力。当两前轮接触的路面高度不同时，横向稳定杆扭转工作，尽量保持车身处于水平。当两侧车轮等量升高或下沉时，稳定杆不扭转，不发挥作用。

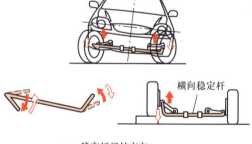

⬅ 稳定杆扭转方向
⬅ 弹簧力方向

图 3-60 横向稳定杆

5. 非独立悬架

1）拖臂式如图 3-61 所示，两个纵向的拖臂与车桥横梁制成一体，横向推力杆对车桥横梁有横向定位作用，螺旋弹簧只承受垂直方向的力。这种形式具有结构简单和乘坐舒适的特点，主要应用在 FF 乘用车的后桥。

2）多控制杆式如图 3-62 所示，车桥的两端由上、下纵向控制杆连接到车身，车桥一端由横向控制杆连接到车身。这些控制杆承受作用在车桥上的纵向力和横向力，而螺旋弹簧只承受垂直方向的力。这种悬架形式比钢板弹簧式乘坐舒适，但它的结构稍复杂，主要应用在 FR 乘用车 SUV、MPV 和 4WD 车的后桥。

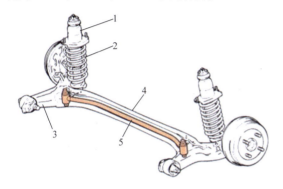

图 3-61　拖臂式悬架

1—减振器　2—螺旋弹簧　3—拖臂
4—横梁　5—横向推力杆

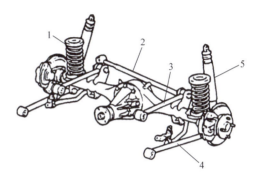

图 3-62　多控制杆式悬架

1—螺旋弹簧　2—横向控制杆　3—上纵向控制杆
4—下纵向控制杆　5—减振器

3）钢板弹簧式如图 3-63 所示，车桥的两端装有钢板弹簧，弹簧的片与片之间是平行的，它纵向安装在车身上，作用在车桥上的力由钢板弹簧传给车身。这种悬架形式由于结构简单、坚固，主要应用在皮卡、货车的前桥、后桥。

6. 独立悬架

独立悬架的每个车轮都有单独的控制臂支撑，弹簧由于控制臂的支撑安装在车身上。这种悬架因为每个车轮相对于其他车轮都做到独立的上下运动，能有效地减振并提供极好的乘坐舒适性。独立悬架的类型很多，常用的有麦弗逊式、双横臂式、单臂斜置式、双叉臂式、多连杆式。中档乘用车大多采用麦弗逊式前悬架，多连杆式后悬架；高档乘用车大多采用三或四连杆式前悬架，四或五连杆式后悬架。

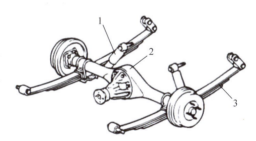

图 3-63　钢板弹簧式悬架

1—减振器　2—后桥壳　3—钢板弹簧

1）麦弗逊式如图 3-64 所示，这是一种免去上控制臂的悬架形式，使得结构比双横臂式简单，由于占用空间少，零部件较少，较易保养，应用在 FF 或 FR 乘用车的前桥。

麦弗逊式悬架的下控制臂也称下摆臂，与转向节之间采用球头销连接，如图 3-65 所示，球头销承受垂直及水平载荷，在转动方向盘时起着转向节销的功用。

2）双横臂式如图 3-66 所示，它是车轮在汽车横向平面内摆动的悬架，车轮在上下运动时不能改变车轮外倾角。具有支撑车轮和转向节的上、下控制臂，转向节将上、下控制臂连接起来，控制臂承受纵向和横向力，螺旋弹簧只承受垂直力。这种结构因零部件多而变得复杂，但是由于刚性好而能稳固地支撑车轮，故能提供极好的操纵稳定性和行驶平顺性。因为采用了两个横臂，占用空间较大，应用在FR乘用车的前桥。

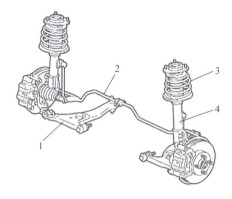 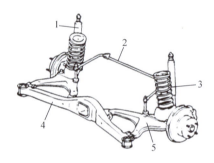

图 3-64　麦弗逊式悬架　　　　　　　　　图 3-65　球头销

1—控制臂　2—横向稳定杆　3—螺旋弹簧　4—减振器　　　1—销柱　2—防尘套　3—球　4—球头座　5—外壳　6—橡胶垫

3）单臂斜置式如图3-67所示，其只有下控制臂，以规定的倾斜角度安装在后悬架部件上，以便承受较大的侧向力。这种设计刚性好，应用在FR乘用车的后桥。

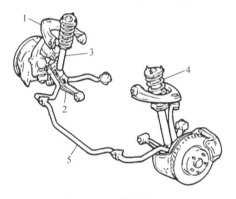

图 3-66　双横臂式悬架　　　　　　　　　图 3-67　单臂斜置式

1—上控制臂　2—下控制臂　3—减振器　　　1—减振器　2—横向稳定杆　3—螺旋弹簧
4—螺旋弹簧　5—横向稳定杆　　　　　　　4—后悬架部件　5—控制臂

4）双叉臂式又称双A臂式，如图3-68所示，拥有上下两个A字形叉臂，通常上叉臂短下叉臂长，横向力由两个叉臂同时吸收，支柱只承载车身重量，因此横向刚度大。两个叉臂可以精确地定位前轮的各种参数，转弯的侧倾较小；能自适应路面，轮胎与地面接触面积大、附着性能好。与双横臂式比较，车轮在上下运动时能改变车轮外倾角，减小轮距变化从而减小轮胎磨损。这种结构应用在FF或FR乘用车的前桥。

5）多连杆式。

① 四连杆式如图4-69所示，四根杆是单独的，优点是车轮跳动时轮距和前束的变化很小，无论汽车在驱动、制动状态

图 3-68　双叉臂式

都可以按驾驶人的意图进行平稳转向。北京奔驰 E 级、华晨宝马 3 系及 5 系、一汽奥迪 A4 及 A6L、上海大众帕萨特均采用四连杆式前悬架。

② 五连杆式如图 3-70 所示，五条连杆分别为控制臂、前置定位臂、后置定位臂、上臂、下臂，控制臂可以调整后轮前束。优点是构造简单、重量轻、减少悬架占用的空间，增加了后排座椅和行李舱空间。这种结构应用在豪华乘用车的后桥。

图 3-69　四连杆式前悬架
1、2—上连杆　3、4—下连杆

图 3-70　五连杆式后悬架

三　主动悬架

1. 功用

主动悬架常采用电子控制空气悬架，装用空气弹簧，如图 3-71 所示。电控悬架的功用是由电控悬架 ECU 按照行驶状态，对悬架的刚度、阻尼及车身高度进行自适应调节，使悬架始终处于最佳减振状态，可以缓冲小振动并提供更好的行驶平顺性。电控悬架由设定开关、悬架 ECU、车身高度传感器、车速信号、空气弹簧、空气压缩机等组成。

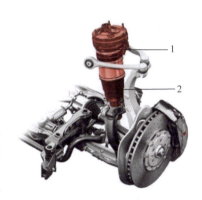

图 3-71　电控悬架
1—空气弹簧　2—变阻尼减振器

2. 空气弹簧

1）组成。空气弹簧如图 3-72 所示，主要由空气压缩机、主气室、副气室、橡胶气囊、变阻尼减振器等组成。

2）自动调节车身高度。ECU 根据行驶条件，利用空气压缩机调节主空气室的压力、体积，以改变弹簧的弹性和车身高度，例如低位、正常、高位，如图 3-73 所示。

3）自动调节减振器阻尼。ECU 根据行驶情况改变减振器的阻尼力，确保良好的舒适性和操纵稳定性，保持车身处于水平。如图 3-74 所示，起步时（A），强阻尼力使车辆平稳车尾不下沉；正常行驶时（B），弱阻尼力使乘坐舒服；转向时（C），较强阻尼力使车辆运行平稳；高速驾驶时（D），中等阻尼力使驾驶舒适而平稳；制动时（E），较强阻尼力使车辆平稳，车头不下沉。

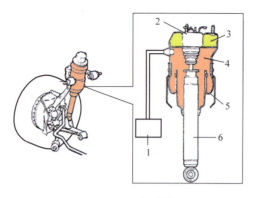

图 3-72　空气弹簧

1—空气压缩机　2—控制阀　3—副气室　4—主气室
5—橡胶气囊　6—变阻尼减振器

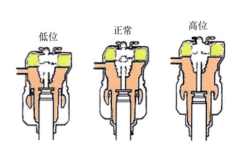

图 3-73　自动调节车身高度

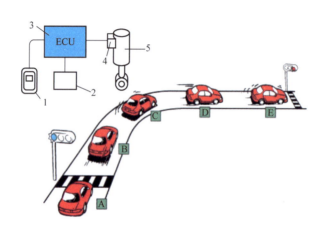

图 3-74　自动调节减振器阻尼

1—减振器开关　2—传感器　3—电控悬架ECU　4—执行器　5—变阻尼减振器

四、车轮定位

汽车行驶时，当转向轮在偶遇外力作用发生偏转时，在外力消失后，应当立即自动回到直线行驶的位置上，以保证行车安全。为了保持汽车直线行驶的稳定性，减少轮胎磨损，应保持车轮在合理的位置，称为车轮定位。前轮定位主要包括主销后倾、主销内倾、车轮外倾、前束。早期车辆的后桥采用非独立悬架不要求调整，当今车辆后桥采用独立悬架或在后桥发生碰撞事故后也需测量调整，并且包括轴距、推力角等参数。

1. 主销后倾

从车辆侧面看，如图 3-75 所示，主销轴线上端是向后倾斜的，这种现象称为主销后倾。在汽车纵向垂直平面内，主销轴线与垂线之间的夹角 γ 叫作主销后倾角。主销后倾的主要作用是在汽车转弯后，前轮能自动回正，以保持汽车直线行驶的稳定性。主销后倾角产生一个使车轮返回直线行驶的力，L 是主销后倾拖距，这是轮胎的接地中心与主销轴延长线与路面交点之间的距离，主销后倾拖距越大，车辆沿直线行驶的能力越高，但是 $\gamma > 3°$ 时，转弯时施加在转向盘的力要增大。

2. 主销内倾

从车辆前方看，如图 3-76 所示，主销轴线上端是向内侧倾斜的，这种现象称为主销内倾。在汽车横向垂直平面内，主销轴线与垂线之间的夹角 β 叫作主销内倾角。主销内倾的作用是汽车转弯后，使车轮自动回正，保持汽车直线行驶的稳定性。一般主销内倾角 β 在 $5° \sim 8°$ 之间为宜，L 是主销偏置距，是轮胎中心线和主销轴线延伸线与路面交点之间的距离。

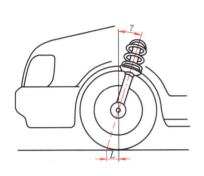

图 3-75　主销后倾

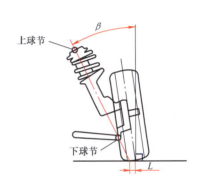

图 3-76　主销内倾

3. 车轮外倾

从车辆前方看时，如图 3-77 所示，车轮旋转平面上方略向外倾斜，这种现象称为车轮外倾。前轮旋转平面与纵向垂直平面之间的夹角 α，叫作前轮外倾角，如果 α 为负值，叫作负外倾角。前轮外倾的作用是提高前轮工作的安全性和转向操纵轻便性。斜交线轮胎的外倾角设定比较大，子午线轮胎尤其是高宽比小的，外倾角设定很小，或为零值左右。

4. 前束

从车辆上方向下看时，车轮一般都朝向内侧，这种现象称为前束，如图 3-78 所示。前束的作用是消除由于车轮外倾带来的不良影响，使车轮具有纯滚动行驶的能力。车轮朝向内侧，即 $b > a$ 称为正前束，车轮朝向外侧，即 $a > b$ 称为负前束。斜交线轮胎的外倾角设定比较大，前束值设定比较大。子午线轮胎的外倾角设定很小，前束值设定很小，或为零值左右。

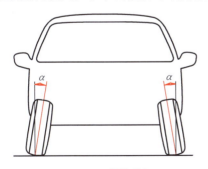

图 3-77　车轮外倾

图 3-78　前束

五 车轮与轮胎

1. 车轮

1)功用。车轮的功用是支承汽车的质量,缓和不平路面所造成的冲击和振动,并通过轮胎与路面存在的附着力来产生驱动力和制动力。

2)组成。车轮由轮毂和轮胎两部分组成,车轮通过轴承装在车桥上,乘用车的钢制轮辋外侧装有装饰罩,有些车辆轮胎气门嘴的内侧装有轮胎压力传感器。

2. 轮辋

轮毂是介于轮胎和车轴之间承受负荷的旋转组件,轮辋是轮胎的承载体,对车辆行驶的安全性能有很重要的作用。轮辋按照材质可以分为铝合金轮辋、钢制轮辋。

1)铝合金轮辋。用铝或镁合金制成,如图3-79所示,与钢制轮辋相比,铝合金轮辋具有极佳的设计造型,质量轻,因而降低了簧下质量,提高了乘坐舒适性、附着性、散热性和加速性能等,但与钢制轮辋相比抗冲击强度较低。

2)钢制轮辋。如图3-80所示,制造简单适宜大批生产,抗冲击强度高,重量较轻。为了减轻重量改善制动器的冷却性能,轮辋上开有多个孔洞。钢制轮毂比较容易变形,所以多应用于低端车型。轮辋具有不同尺寸,如图3-81所示。

图3-79 铝合金轮辋

图3-80 钢制轮辋

3. 轮胎

(1)轮胎的作用 轮胎的作用是支承汽车的总质量,吸收、缓和来自路面的冲击力,保证车轮与路面有良好的附着能力,以提高汽车的动力性、制动性和通过性。

(2)轮胎的分类

1)按工作气压分类,分为高压胎(>0.5MPa)、低压胎(0.2~0.5MPa)和超低压胎(<0.2MPa)。

2)按结构分类,分为有内胎和无内胎,如图3-82所示,无内胎轮胎的内壁增加了一个气密层。

3)按胎体帘线分类,分为普通斜交胎、带束斜交胎和子午线胎。斜交线轮胎与子午线轮胎相比,轮胎弹性好,但是转弯性能稍差。子午线轮胎与斜交线轮胎相比,重量轻,胎面变形较小,具有

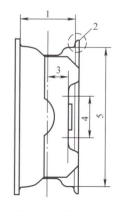

图3-81 轮辋尺寸

1—宽度 2—法兰形状 3—偏置距
4—节圆直径 5—直径

较好的附着力和转弯性能;由于轮胎有较高的硬度,因此较容易感受到路面的颠簸,故乘坐时稍感不适。当今乘用车均采用低压、无内胎的子午线轮胎。

4)按使用性质分类,分为标准胎和小型备用胎,后者宽度较小,节省体积,作为备胎临时使用,它是高气压、斜交线轮胎。

5)按胎冠花纹分类,分为普通花纹、越野花纹、混合花纹,如图3-83所示。普通花纹特点是花纹细而浅,花纹块接地面积大,适用于较好路面。越野花纹特点是沟槽深而宽,花纹块接地面积小,防滑性好。混合花纹介于普通花纹和越野花纹之间。

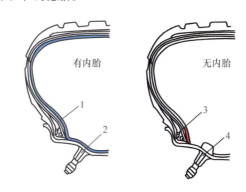

图 3-82 按有无内胎分类

1—内胎 2、4—气门 3—气密层

(3)轮胎的构造 轮胎一般由胎面、带束层、帘布层、胎圈四部分构成,如图3-84所示。

1)胎面。是轮胎的外表面,包括胎冠、胎肩和胎侧。胎冠与路面接触,直接承受冲击和磨损,保护帘布层免受机械损伤,为使轮胎与路面之间有良好的附着性能,胎冠上制有各种凹凸花纹。胎肩是胎冠与胎侧过渡的拐角处,如果车轮定位不正确,此处容易磨损。胎侧在轮胎的侧面,是轮胎薄弱部位。胎侧印有空心黄点和实心红点,黄点是轮胎最轻点(轮胎单独动平衡时此位置最轻),应与气门嘴对齐。红点是轮胎最硬点(即滚动时半径最长),应与轮毂上的白点对齐。

图 3-83 按花纹分类

2)带束层。带束层起缓冲作用,用来承受轮胎胎面大部分内压力和地面冲击力,同时能阻止胎面周向伸长

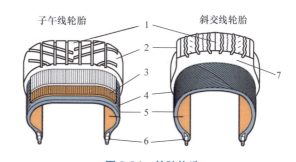

图 3-84 轮胎构造

1—胎冠 2—胎肩 3—带束层 4—帘布层 5—胎侧 6—胎圈 7—缓冲层

和压缩变形,带束层由钢丝或纤维织物制成。斜交线轮胎具有缓冲层,缓冲层位于胎面和帘布层之间,作用是加强胎面和帘布层的结合,缓和路面对轮胎的冲击和振动,缓冲层一般由稀疏的帘线和富有弹性的橡胶制成。

3)帘布层。帘布层是轮胎骨架,也称胎体,主要作用是承受负荷、保持轮胎形状和尺寸。子午线轮胎用钢丝或纤维织物作为帘布层,帘布层的帘线排列方向与断面一致,从一侧胎边穿过胎面到另一侧胎边,帘线这样的分布就像地球上的子午线,故称子午线轮胎。斜交线轮胎帘布层的帘线按一定角度交叉排列,与轮胎横断面有一定的夹角。

4)胎圈。胎圈的作用是使轮胎牢固地装在轮辋上,有较大的刚度与强度,由钢丝、帘布层包边和胎圈包布组成。

(4)子午线轮胎型号 采用国际标准化组织(ISO)轮胎型号,由六部分组成,包括轮胎断面宽度(mm)、高宽比(%)、轮胎结构、轮辋直径(in)、载荷指数、速度代码。前四项为结构尺寸,后两项为使用条件,轮胎型号 195/60 R 14 86H,如图3-85所示,表示:轮胎断面宽度 195mm,高宽比60%,子午线轮胎,轮辋直径 14in(1in=0.0254m),单只轮胎最大载荷 530kg,允许最高车速 210km/h。

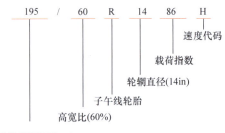

图 3-85 轮胎型号举例

1)高宽比。轮胎断面尺寸如图 3-86 所示,高度用 H 表示,宽度用 W 表示。断面高度与宽度之比的百分率称高宽比,也称扁平比。

如图 3-87 所示,高宽比越大的轮胎乘坐舒适性越好,但转弯性能不好,操纵稳定性稍差,适用家庭用车。高宽比越小的轮胎操纵稳定性越好,转弯性能好,但乘坐舒适性稍差,适用于运动型车。

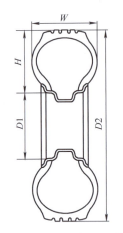

图 3-86 轮胎断面尺寸

H—高度 W—宽度 $D1$—轮辋直径 $D2$—轮胎外径

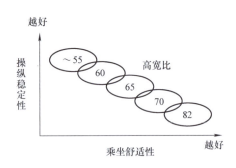

图 3-87 高宽比及各自优点

2)载重指数与最高载重、速度级别与最高行驶速度对应表,见表3-2。

表 3-2 载重指数、速度代码对应表

载重指数	78	82	86	90	94	98	102
最高载重 /kg	425	475	530	600	670	750	850
速度代码	S	T	U	H	V	W	Y
最高车速 /(km/h)	180	190	200	210	240	270	300

（5）轮胎磨损标记　胎冠花纹中的小凸起是轮胎磨损标记点，圆周共有 6 处，如图 3-88 所示。乘用车磨损极限为 1.6mm，如果轮胎已经磨损到该点，则必须更换轮胎，否则轮胎附着（抓地）能力和防滑性能将严重下降。

（6）缺气保用轮胎　俗称防爆轮胎，有的车型例如奥迪 Q7，只说明该轮胎的特殊作用——零压继续行驶，使用该轮胎的车辆一般不再带有备胎。缺气保用轮胎有三种类型。

1）自我支撑型。轮胎侧面的散热带束层夹入特殊橡胶，如图 3-89 所示，轮胎失压时，特殊橡胶能防止胎侧折叠并具备自我支撑能力。设计有特别的胎唇，当轮胎失压时能够牢固地夹紧轮辋。使用这种轮胎应具备胎压监测系统，以提醒驾驶人轮胎漏气，否则的话可能察觉不到；该轮胎失压后可以保证车辆最高车速 88km/h，行驶最少 80km。

图 3-88　磨损标记

2）辅助支撑型。由特别的轮辋和轮胎组成，轮胎内具有支撑块，如图 3-90 所示，当轮胎失压后由支撑块承受汽车重量。它不适用于现有的标准轮辋，只有很少的车辆采用。

图 3-89　自我支撑型

图 3-90　辅助支撑型

3）自我密封型。在普通轮胎内部的胎面，涂有一层特殊密封剂，这种密封剂能够永久地修补最大直径 4.76mm 的钉子造成的穿孔。当轮胎被刺穿时，这些密封剂分布在穿孔周围，钉子离开后密封剂已经填满穿孔。

第四节　转　向　系

功用与分类

1. 功用

转向系的功用是按照驾驶人的意愿控制汽车的行驶方向。汽车在行驶过程中，需要改变或维持行驶方向或轨迹,这种改变是通过前车轮相对于汽车纵轴线偏转一定角度实现的。汽车在直线行驶时,转向轮也受到路面侧向干扰力的作用自动偏转而改变行驶方向,随时改变或恢复汽车行驶方向的机构就是转向系统。

2. 分类

转向系统分为机械转向系统、动力转向系统。动力转向系统又分为液压助力转向系统、电动助力转向系统。

3. 转向过程

为使汽车在转弯时减少附加阻力和轮胎磨损,汽车转向时各个车轮都应做纯滚动,此时各轮的轴线必须相交于 O 点,如图 3-91 所示。交点 O 称为转向中心,该中心随驾驶人操纵前轮转角的变化而变化。由图中可看出,这时汽车的内转向轮偏转角 θ_i 大于外转向轮偏转角 θ_o。

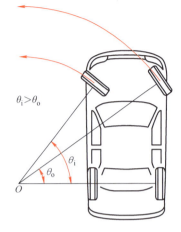

图 3-91 汽车转向示意图

一、机械转向系统

机械转向系统由转向器、转向操纵机构、转向传动机构三部分组成,乘用车采用齿轮齿条式、循环球式转向器,转向操纵机构由转向盘、转向轴组成,转向传动机构由转向拉杆、球头销组成。

1. 转向器

1)齿轮齿条式。如图 3-92 所示,转向轴带动齿轮旋转,齿轮驱动齿条向左或右运动,该转向器具有外形小巧、结构简单、刚性大、转向灵敏等优点。另外齿条本身又具有传动杆的功能,不需要转向摇臂和纵拉杆,可简化结构、便于布置,因此在轿车上得到广泛的应用。

2)循环球式。在扇形齿轮轴处的螺杆和螺母之间有许多钢球,如图 3-93 所示,螺杆转动转变成螺母轴向运动,螺母外面是齿条,齿条驱动齿扇,齿扇轴带动摇臂,摇臂带动传动杆横向摆动。循环球式转向器的正传动效率很高,故操纵轻便,使用寿命长,在货车得到广泛的应用。

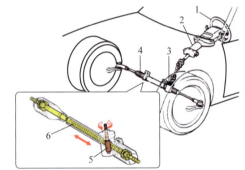

图 3-92 齿轮齿条式转向器
1—转向盘 2—转向轴管 3—转向器 4—防尘套
5—齿轮 6—齿条

2. 转向操纵机构

(1)转向盘 功用是将驾驶人的转向力矩传给转向轴,如图 3-94 所示,使转向轴转动,从而使汽车转向。当汽车发生碰撞时,从安全性考虑,要求转向盘应具有柔软的外表皮,可以起到缓冲的作用;要求转向盘骨架能产生变形,以吸收冲击能量,减轻驾驶人受伤程度;转向盘能够退缩,保证驾驶人身体与转向盘之间有足够空间。

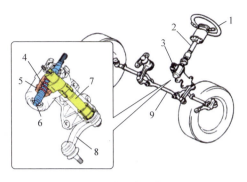

图 3-93　循环球式转向器

1—转向盘　2—转向轴　3—转向器　4—钢球　5—转向螺母
6—螺杆　7—齿扇轴　8—摇臂　9—传动杆

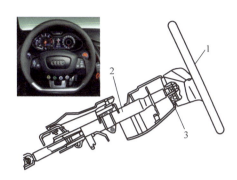

图 3-94　转向盘

1—转向盘　2—转向轴管　3—转向轴

（2）转向柱　转向柱由转向轴、转向轴管、转向传动轴等组成。转向轴安装在转向轴管内，位于转向盘和转向器之间，功用是传递驾驶人的转向意图、锁定转向轴。中高端乘用车还具有转向盘倾斜度调节、转向轴伸缩调节、受碰撞后转向盘退缩功能。

1）转向轴锁定的功用是防止车辆被盗失，如图 3-95 所示，当打开点火开关，锁销退出，转向轴自由转动。当拔出点火钥匙，锁销伸出，转向轴被锁定在转向轴管上，使转向盘不能转动。

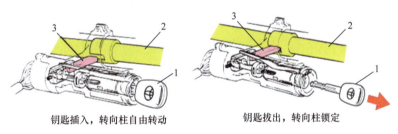

钥匙插入，转向柱自由转动　　　钥匙拔出，转向柱锁定

图 3-95　转向轴锁定

1—点火钥匙　2—转向轴　3—锁销

2）转向盘倾斜度调节如图 3-96 所示，可以调节转向轴的倾斜度，与可伸缩转向轴配合可以方便地调节转向盘合适的空间位置，以适应不同驾驶习惯和不同身高驾驶人对转向盘位置的要求。

3）转向柱伸缩调节如图 3-97 所示，可调整转向柱的有效长度，满足不同驾驶人的要求。

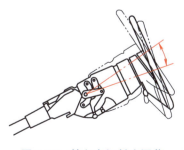

图 3-96　转向盘倾斜度调节

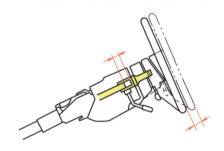

图 3-97　转向柱伸缩调节

4）转向盘退缩功能如图3-98所示，一旦发生车辆正面撞击，转向柱瞬间变短，转向盘自动退缩，从而拉开驾驶人与转向盘之间的距离，以增加生存空间。

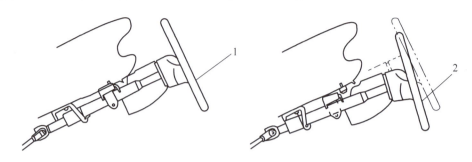

图3-98　转向盘退缩功能

1—正常情况　2—碰撞后退缩

3. 转向传动机构

转向传动机构的功用是将转向器输出的力传给转向轮，大型车辆的转向传动机构比较复杂，包括转向摇臂、转向直拉杆、转向节臂、梯形臂、转向横拉杆、球头销等。本书介绍的FF乘用车的比较简单，如图3-99所示，齿轮齿条式转向器两端是横拉杆，横拉杆一端连接齿条的球头座，另一端是球头销，球头销上端用螺栓与转向臂相连。松开横拉杆的锁紧螺母，转动横拉杆可以调整拉杆的长度，也就是调整前束，在调整时两侧的横拉杆应等长伸出或等长缩短，以保证转向盘正中。

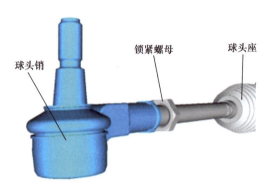

图3-99　转向球头销

三、动力转向系统

动力转向系统的功用是减轻驾驶人操纵转向盘的力，有三种类型：液压式、电控液压式、电动液压式。

1. 液压式

在机械转向系统的基础上增加储液罐、动力泵、控制阀、动力油缸、动力活塞等，利用发动机驱动动力泵，产生液压。液压助力装置安装在转向器内，装有双向油缸，每个油缸分别设有进油阀、回油阀。不转向时，控制阀同时打开每个油缸的进油阀、回油阀。向左转向时，如图3-100所示，控制阀打开左油缸（坐在驾驶室看油缸）的进油阀，关闭回油阀；控制阀关闭右油缸的进油阀，打开回油阀；左油缸的液压推动活塞向右移动，由于液压助力使得操纵转向盘的力减小。该系统的缺点是转向助力的力度不能随车速而改变，当高速行驶打转向盘时会感觉转向"发飘"。向右转向时如图3-101所示，与向左转向同理。

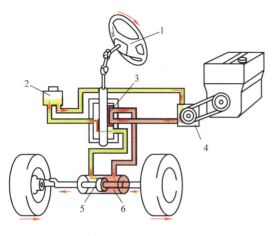

图 3-100　向左转向

1—转向盘　2—储液罐　3—控制阀　4—动力泵
5—活塞　6—动力油缸

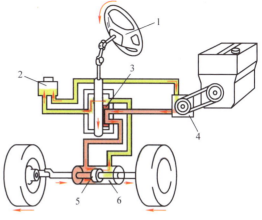

图 3-101　向右转向

1—转向盘　2—储液罐　3—控制阀　4—动力泵
5—活塞　6—动力油缸

2. 电控液压式

英文缩写 EPS，电控液压式转向系统的功用是可随车速改变转向助力的力度，机械部分与液压式相同，电控部分如图 3-102 所示，主要由 EPS ECU、车速传感器、压力调节阀等组成。工作原理是 ECU 根据车速信号，输出电流给压力调节阀，调节通往动力油缸的液压压力，即可改变助力的力度。

3. 电动液压式

电动液压式转向系统如图 3-103 所示，它在液压式的基础上，取消动力泵，替换为电动油泵，在一定程度上降低了发动机的负荷，从而降低了燃油消耗，实现良好的助力效果。转向 ECU 接收转角传感器信号、车速传感器等信号，处理后实时改变电动油泵的流量来改变转向助力的力度大小，从而实现助力的自动化控制。因该形式的结构较复杂且需加注动力液，新款车已经不再采用，被电动助力转向系统所代替。

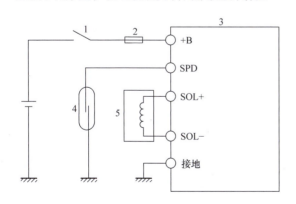

图 3-102　电控动力转向电路图

1—点火开关　2—熔丝　3—EPS ECU　4—车速传感器
5—压力调节阀

图 3-103　电动液压式转向系统

1—转向ECU　2—电动油泵　3—储液罐　4—转向拉杆
5—转角传感器　6—动力油缸

四 电动助力转向系统

电动助力转向系统利用电动机提供转向动力，辅助驾驶人进行转向操作，可随车速改变助力的力度。电动助力转向系统如图3-104所示，主要由转向控制单元、转向盘转角传感器、力矩传感器、直流电动机等组成，电动机将力矩施加到齿条。该系统结构简单，没有管路的限制而节省空间，布置位置比较灵活，节约能源，目前在乘用车上广泛应用。

大众汽车装备的电动助力转向系统如图3-105所示，当转动转向盘时，控制单元接收到转角传感器信号和力矩传感器信号，输出电流给电动机使其转动，此时转向轴小齿轮和电动机小齿轮同时驱动齿条移动，实现转向助力的作用。

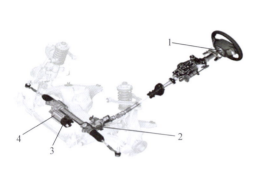

图 3-104 电动助力转向系统

1—转角传感器 2—力矩传感器 3—控制单元 4—电动机

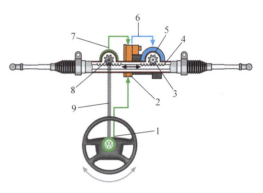

图 3-105 大众汽车电动助力转向系统

1—转角传感器信号 2—控制单元 3—电动机小齿轮
4—齿条 5—电动机 6—输出电动机电流 7—力矩传感器信号
8—转向轴小齿轮 9—转向轴

第五节 制 动 系

一 功用与分类

1. 功用

汽车行驶需要驱动力，汽车减速和停车需要与驱动力方向相反的力，虽然作用在汽车上的滚动阻力、坡道阻力、空气阻力、加速阻力都与汽车的行驶方向相反，但是这些力的大小都是随机的，很难控制。必须安装一个专门装置，借助路面对车轮施加一个与行驶方向相反的力，这就是制动力。汽车制动系的功用是汽车行驶中减速或停车、车辆停下后可靠地停放以及在坡道上停放。汽车制动系如图3-106所示。

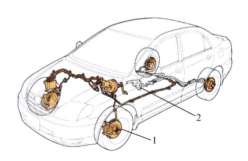

图 3-106 制动系

1—行车制动器 2—驻车制动器

2. 分类

1）制动系按功用分为行车制动装置、驻车制动装置。①行车制动装置是行车时驾驶人常使用的制动装置，用脚操纵，能产生较大的制动力。②驻车制动装置在停车时使用，一般用手，也有用脚操纵，乘用车利用后桥车轮制动器兼作驻车制动器，所以也称后轮制动器为复合式制动器。

2）制动系按动力源分为人力制动系、动力制动系。①人力制动系指驾驶人施加在制动踏板或驻车手柄上的力作为制动的动力源。②动力制动系指驾驶人制动时，助力装置同时作为制动的动力源，乘用车一般采用真空助力装置，有些电动汽车采用电动机助力装置。

二 行车制动器

行车制动器俗称脚制动器，功用是对汽车减速和紧急制动，有盘式和鼓式两种类型，当今乘用车绝大多数采用盘式。早期有些紧凑型车采用前盘后鼓，如图3-107所示。当踩下制动踏板，制动主缸内产生液压。对于盘式制动器，轮缸活塞向外伸出，迫使两个制动片夹紧制动盘，由于制动片与制动盘发生摩擦，使车轮停止转动。对于鼓式制动器，轮缸活塞向外伸出，迫使两个制动蹄向外扩张，由于制动蹄片与制动鼓发生摩擦，使车轮停止转动。

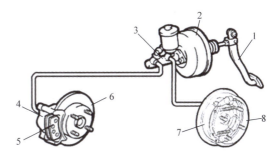

图 3-107 前盘后鼓行车制动器

1—制动踏板 2—真空助力器 3—制动主缸 4—制动钳
5—制动片 6—制动盘 7—制动蹄 8—制动鼓

1. 盘式制动器

1）优点。盘式制动器具有散热快、重量轻、构造简单、调整方便、制动稳定性高等优点。旋转元件是制动盘，固定元件是制动钳，制动钳分为固定式和浮动式。当今乘用车均采用浮动式制动钳，如图3-108所示，由制动钳、制动片、制动盘组成。

2）制动钳。浮动式制动钳为钢制或铝制，制动器支架固定，而制动钳是浮动的，只是内侧有活塞，内侧是指靠车轮里面的那一侧。如图3-109所示，活塞在液压作用下伸出，将内侧制动片压紧制动盘；此时液压也施加在制动钳上，由于制动钳是浮动的，制动钳向内侧移动，同时将外侧制动片压紧制动盘，制动盘在两个制动片的夹持下停止转动。

3）制动片。制动片是推压制动盘的零件，

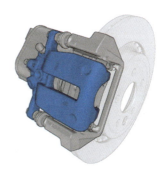

图 3-108 盘式制动器

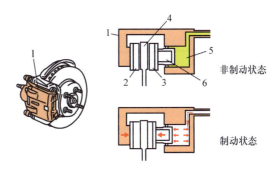

图 3-109 浮动式制动钳

1—制动钳 2—外侧制动片 3—内侧制动片 4—制动盘 5—制动液 6—活塞

由钢衬片和摩擦片构成，如图3-110所示，消声垫片位于钢衬片和轮缸活塞之间，作用是防止制动时由于制动片振动而发出噪声。目前摩擦片大多采用碳纤维和金属材质为主要原料，为环保而不含石棉。高端乘用车采用陶瓷制动片，如图3-111所示，其并非用黏土烧制，而是金属陶瓷，需与陶瓷制动盘一起使用，优点是制动时不产生啸叫、摩擦系数高、抗热衰退、耐磨、对制动盘损伤小等。

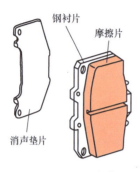

图3-110　制动片

图3-111　陶瓷制动片

4）制动盘。有实心盘和空心盘两种，如图3-112所示。实心盘是一只与车轮一起旋转的金属盘，金属盘为实心；空心盘的金属盘为空心，可以通风散热。一些乘用车装有四只空心盘，一些乘用车前桥是空心盘，后桥是实心盘。高端乘用车采用陶瓷制动盘，如图3-113所示，是用高强度碳钎维和碳化硅合成的复合陶瓷，优点是摩擦系数高、抗热衰退、不生锈、使用寿命长等。

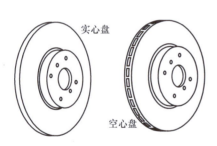

图3-112　制动盘

图3-113　陶瓷制动盘

2. 鼓式制动器

（1）组成　鼓式制动器有四种类型：简单非平衡式、平衡式、单向自增力式、双向自增力式。简单非平衡式制动器如图3-114所示，主要由制动鼓、制动蹄、轮缸、制动底板、制动蹄复位弹簧、支承销等组成。

（2）工作过程

1）向前行驶时制动。如图3-115所示，制动鼓与车轮一起旋转，轮缸内有活塞，活塞带有橡胶密封圈，活塞在主缸送来的液压作用下伸出，将力加到制动蹄。制动蹄表面有摩擦材料制成的摩擦片，摩擦片压向制动鼓产生制动力。当制动蹄张开时的旋转方向与制动鼓的旋转方向相

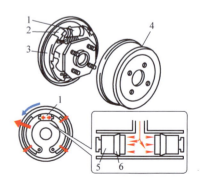

图3-114　简单非平衡式

1—轮缸　2—制动蹄　3—摩擦片　4—制动鼓
5—活塞　6—密封圈

同时，摩擦力增加，称为自增力作用，这个制动蹄称作领蹄。当制动蹄张开时的旋转方向与制动鼓的旋转方向相反时，摩擦力减弱，这个制动蹄称作从蹄。

2）向后行驶时制动。如图 3-116 所示，车辆倒车时踩制动踏板，领蹄、从蹄与向前行驶制动时正好相反。

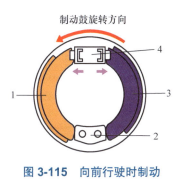

图 3-115　向前行驶时制动

1—领蹄　2—支承销　3—从蹄　4—轮缸

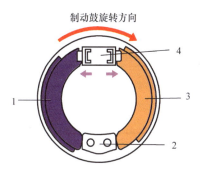

图 3-116　向后行驶时制动

1—从蹄　2—支承销　3—领蹄　4—轮缸

三　驻车制动器

1. 功用与分类

（1）功用　驻车制动器俗称手制动器，功用是汽车停驶后使汽车可靠地停车，防止汽车滑溜；汽车在坡道起步时，协同离合器、加速踏板等使汽车顺利起步。

（2）分类

1）按照驻车制动器的安装位置分为中央制动器、复合式制动器。中央制动器安装在变速器或分动器后方，制动传动轴，用于商用车。复合式制动器如图 3-117 所示，是在后轮制动器中加装必要的机构，使之兼作驻车制动器，用于乘用车。

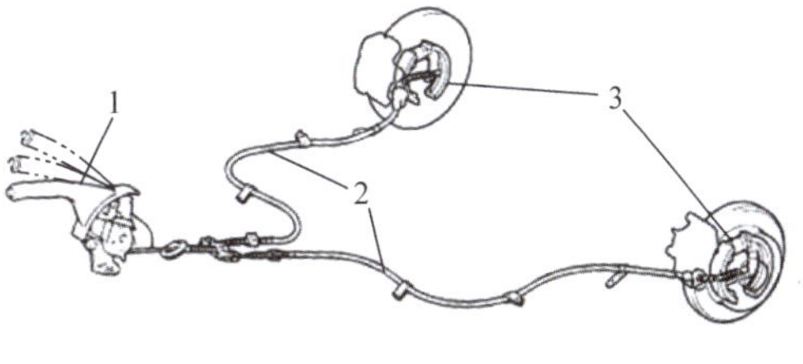

图 3-117　复合式制动器

1—手柄机构　2—拉索　3—后轮制动器

2）按操纵的动力分为机械式驻车制动器、电子机械式驻车制动器。当驻车时，机械式需要驾驶人拉动手柄、拉杆或踏板，电子机械式需要驾驶人按动按钮而由电动机实现驻车。

2. 机械式驻车制动器

（1）操纵杆形式　有三种类型：手柄型、踏板型、拉杆型。

1）手柄型。驻车手柄位于中控台的后方，如图 3-118 所示，拉起手柄，手柄带动拉索，拉索拉紧两个后轮的驻车制动机构，制动片夹紧制动盘，或者制动蹄张开压紧制动鼓。释放驻车制动时，先按住手柄前的按钮，放下手柄。手柄型主要用于乘用车。

2）踏板型。驻车制动踏板位于驾驶人左脚下方，如图 3-119 所示，踩下踏板，后车轮制动。拉动释放杆，踏板弹起，驻车制动解除，操作更加便捷。踏板型用于高端乘用车。

图 3-118　驻车制动手柄

图 3-119　驻车制动踏板

3）拉杆型。驻车制动拉杆位于驾驶人的前方，如图 3-120 所示，拉出拉杆完成驻车制动，释放时一种是转动拉把，另一种是扳动释放把。拉杆型用于商用车。

（2）驻车制动器　有四种类型：鼓式制动器共用型、盘式制动器共用型、专用驻车制动器型、中央驻车制动器型。

1）盘式制动器共用型如图 3-121 所示，是在盘式制动器的基础上增加驻车制动功能，轮缸中增加柱塞，柱塞后面是摇臂、推杆。拉紧拉索时，拉索拉动拉杆，拉杆拉动摇臂，摇臂给推杆施加力，推杆推动柱塞，柱塞推动活塞，利用浮动钳的特性，两个制动片夹紧制动盘。

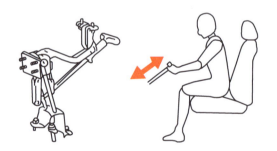
图 3-120　驻车制动拉杆

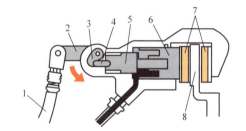
图 3-121　盘式制动器共用型
1—拉索　2—拉杆　3—摇臂　4—推杆　5—柱塞　6—活塞
7—制动片　8—制动盘

2）专用驻车制动器型如图 3-122 所示，在制动盘的中心装有一个鼓式制动器，拉紧拉索时，拉索拉动杠杆，两个制动蹄张开，制动蹄摩擦片压紧制动鼓，使制动鼓不能转动，从而制动车轮。

3）鼓式制动器共用型如图 3-123 所示，拉紧拉索时，拉索拉动杠杆，杠杆对撑杆施加力，两个制动蹄的上部张开，制动蹄摩擦片压紧制动鼓，使制动鼓不能转动，从而制动车轮。撑杆长度可以调整，以此调整摩擦片与制动鼓之间的间隙。

4）中央驻车制动器型如图 3-124 所示，在变速器后端输出轴的位置，装有一个鼓式制动器，制动鼓与输出轴一同转动。拉紧拉索时，两个制动蹄张开，制动蹄摩擦片压紧制动鼓，使传动轴不能转动，从而制动车轮。

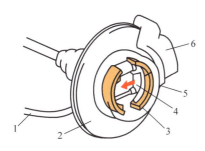

图 3-122 专用驻车制动器型

1—拉索 2—制动盘 3—驻车制动蹄 4—杠杆
5—驻车制动鼓 6—制动钳

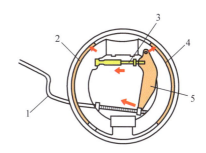

图 3-123 鼓式制动器共用型

1—拉索 2—制动蹄 3—撑杆 4—制动蹄 5—杠杆

3. 电子机械式驻车制动器（EPB）

1）优点。舒适、方便、节约车内空间、简化安装过程、具有自诊断功能、安全性高。

2）组成。EPB 如图 3-125 所示，主要由电子驻车控制单元、驻车制动开关、Auto Hold（自动驻车）开关、执行元件、其他输入信号等组成。

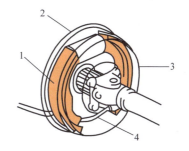

图 3-124 中央驻车制动器型

1—制动蹄 2—驻车制动器背板 3—制动鼓 4—拉索

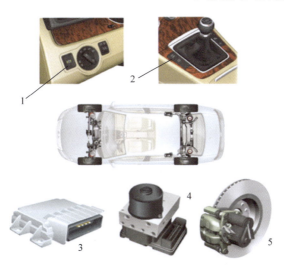

图 3-125 电子机械式驻车制动器

1—驻车制动开关 2—Auto Hold开关 3—电子驻车控制单元 4—ABS控制单元 5—执行元件

3）工作原理。两个后车轮的制动钳上装有驻车制动装置，包括驻车制动电动机、电动机齿轮、同步带、输入齿轮、斜盘、输出齿轮、丝杠、丝杠螺母等，如图 3-126 所示。驻车控制单元对电动机通电，电动机齿轮与电动机一同转动，通过同步带驱动输入齿轮转动，这是第一级减速，传动比是 3。斜盘与输入齿轮一同转动，斜盘上有 51 个齿，输出齿轮有 50 个齿，斜盘与输出齿

轮各有两个齿啮合，如图 3-127 所示。斜盘的齿实际上是跳跃着插入输出齿轮的齿，斜盘转一周，输出齿轮转过一个齿，这是第二级减速，传动比是 50。丝杠与输出齿轮一同转动，促使丝杠螺母轴向移动，丝杠螺母顶住轮缸活塞背面，活塞对制动片施加力，两个制动片夹紧制动盘。每行驶 1000km，在驻车制动没有工作时，驻车控制单元自动调整丝杠螺母与活塞背面的间隙。

图 3-126　电子驻车工作原理　　　　　　　　　图 3-127　斜盘与输出齿轮

1—驻车制动电动机　2—电动机齿轮　3—同步带　4—输入齿轮　5—斜盘　　　1—输入齿轮　2—斜盘
6—输出齿轮　7—丝杠　8—丝杠螺母　9—轮缸活塞　10—制动盘　11—制动片　　3—输出齿轮　4—丝杠

4）操作方法。①按下驻车制动开关，该开关内的警告灯点亮，仪表板上驻车制动警告灯点亮，驻车制动被激活；②再次按下驻车制动开关，驻车制动释放，车辆起步时驻车制动也可以自动释放。③按下 Auto Hold 开关，该开关内的警告灯点亮，车辆在每次停稳后驻车制动自动激活，车辆起步时驻车制动自动释放。

四　液压制动系统

1. 功用与组成

1）功用。液压制动系统是利用制动液作为传力介质，将驾驶人施加到制动踏板上的力传至车轮制动器产生制动作用。

2）组成。液压制动系统主要由制动踏板、真空助力器、制动主缸、制动液管路、制动轮缸、制动液等组成。

2. 双管路布置形式

制动主缸与制动轮缸之间由制动管路连接，制动管路还承载制动液的压力波动。目前乘用车均采用双管路，在使用过程中，如果一条管路发生故障，另一条管路仍能起作用，保证有一定的制动，避免全车无制动，从而保证了制动的可靠性和安全性。对双管路的要求是，当一条管路发生故障时，前、后桥制动力分配的比值最好不变，以提高附着力的利用率，保证汽车具有良好的操纵性和稳定性。双管路布置形式有两种：

1）对角布置。对角线上的两个轮缸是同一管路，如图 3-128 所示，一条管路供给左前、右后轮缸，另一条管路供给右前、左后轮缸，通常用于前轮驱动的汽车。

2）前后布置。前桥轮缸和后桥轮缸分属两条管路，如图 3-129 所示，一条管路供给两个前桥轮缸，另一条管路供给两个后桥轮缸，通常用于后轮驱动的汽车。

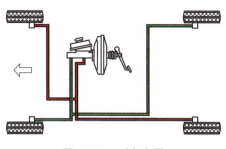

图 3-128 对角布置　　　　　　　　　图 3-129 前后布置

3. 液压制动系统的部件

（1）真空助力器

1）作用。乘用车广泛采用盘式制动器，由于盘式制动器没有助势作用，要求有较大的制动液压，仅靠人的体力已无法完成，真空助力器的作用是增加驾驶人踩下制动踏板的力。真空助力器安装在制动踏板推杆和制动主缸活塞之间，如图 3-130 所示，真空源取自发动机运转后进气歧管内的真空，电动汽车采用单独的真空泵提供真空源。

图 3-130 真空助力器

2）工作原理。如图 3-131 所示，膜片与气室隔板将壳体内分割成前气室和后气室，气室隔板停留位置由前气室与后气室的压力和弹簧力决定。未踩制动踏板时，真空由真空单向阀进入前气室，再经过真空阀进入后气室，由于气室隔板前后真空相等，气室隔板在膜片回位弹簧的作用下保持图中位置。踩下制动踏板时，助力器推杆向前移动，将通往后气室的真空阀关闭，将通往后气室的空气阀打开，气室隔板在前气室的真空作用下向前移动起到助力作用。当助力器推杆停止向前移动，此时通往后气室的真空阀、空气阀均关闭，气室隔板停留在这个位置。当释放制动踏板，助力器推杆向后移动，通往后气室的真空阀打开，空气阀关闭，气室隔板回到原始位置。

（2）制动主缸　制动主缸是将驾驶人踩踏板的力转换成液压的部件，包括一个储存制动液的储液罐和一个可产生液压的油缸。如图 3-132 所示，制动主缸设有前活塞和后活塞，每个活塞形成一个工作腔，每个工作腔供给一条管路的液压。首先是主缸推杆推动后活塞，后工作腔建立压力，液压不仅供给一条管路，还推动前活塞向前，使得前工作腔同时建立压力。如果有一条管路泄漏，则这条管路的活塞会抵住出油口，避免制动液泄漏损失。

（3）制动轮缸　轮缸的功用是将液压转换为机械力。制动轮缸如图 3-133 所示，由制动钳壳体、护圈、活塞、矩形橡胶密封圈、放气螺塞等组成。缸筒的槽中装有矩形橡胶密封圈，密封圈有三个作用：密封、活塞回位、调节制动片间隙。更换制动轮缸时，左、右轮缸不得换装，否则放气螺塞位于下方，系统内的空气总是放不净。

轮缸工作过程如图 3-134 所示，制动时密封圈在活塞摩擦力的作用下产生微量的弹性变形，液压释放后，活塞和制动片依靠密封圈的弹力复位。利用密封圈的弹性变形，可自动调节制动片与制动盘的间隙。

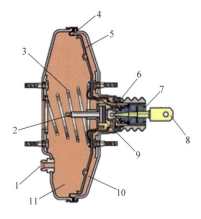
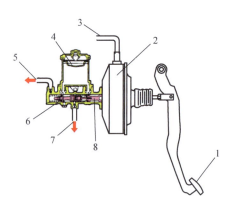

图 3-131 真空助力器工作原理
1—真空单向阀 2—主缸推杆 3—膜片回位弹簧 4—膜片
5—气室隔板 6—空气阀 7—空气滤芯 8—助力器推杆
9—真空阀 10—后气室 11—前气室

图 3-132 制动主缸
1—制动踏板 2—真空助力器 3—真空管 4—储液罐
5—前工作腔液压 6—前活塞 7—后工作腔液压 8—后活塞

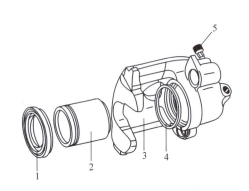
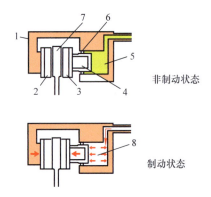

图 3-133 制动轮缸
1—护圈 2—活塞 3—制动钳壳体 4—密封圈 5—放气螺塞

图 3-134 制动轮缸工作过程
1—制动钳 2、3、7—制动片 4—活塞 5—油缸
6—密封圈 8—液压

（4）感载比例分配阀

1）功用。早期汽车未装备 ABS/EBD，汽车制动时后轮如果比前轮提前抱死，会造成车辆甩尾，所以要求后轮缸压力比前轮缸压力低。早期车辆尤其是皮卡以及现在生产的货车，采用机械式感载比例分配阀，英文缩写 SABS，它的功用是感知后桥的载荷，按比例分配前、后轮缸的压力，使得后轮缸压力曲线接近理想曲线，如图 3-135 所示。

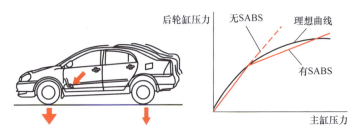

图 3-135 分配阀的作用

2）工作原理。

① 旁通阀作用。如图3-136所示，当前轮缸或后轮缸及油管发生泄漏时，旁通阀杆被液压推向左端或右端，防止制动液流失。

② 分配阀安装位置。如图3-137所示，分配阀固定在车身底板下方，主缸通往轮缸的制动管路之间，弹性臂两端分别连接分配阀和后桥，车辆载荷会带来车身高度的变化，进而带来车身底板与后桥之间距离的变化，弹簧臂把这个距离变化传给感载比例阀。

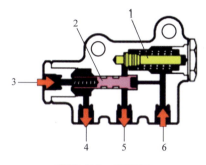

图3-136　旁通阀

1—比例阀　2—旁通阀杆　3—自主缸前工作腔　4—至前轮缸
5—至后轮缸　6—自主缸后工作腔

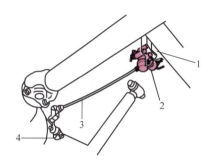

图3-137　分配阀安装位置

1—车身底板　2—感载比例阀　3—弹性臂　4—后桥

③ 工作过程。载荷不同，分配阀与后桥两者之间的距离也不同。分配阀通过弹簧臂检测出后桥载荷，如图3-138所示，载荷小时减小后轮缸液压比例，载荷大时增加后轮缸液压比例。

4. 制动液

对制动液的要求：黏温性好、凝固点低、低温流动性好、沸点高、高温下不产生气阻、使用过程中品质变化小、不引起金属件和橡胶件的腐蚀和变质。我国国标（GB）将制动液分为HZY3、HZY4、HZY5级，分别对应国际上的DOT3、DOT4、DOT5级。制动液级别越高，安全保障性越好，一般低档汽车使用DOT3级制动液，中高档汽车使用DOT4级制动液，高档汽车使用DOT5。如图3-139所示，标识是DOT4/HZY4级制动液。

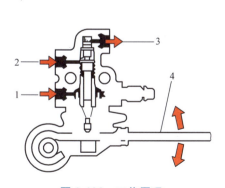

图3-138　工作原理

1—自主缸前工作腔　2—自主缸后工作腔　3—至后轮缸　4—弹性臂

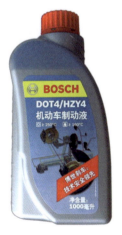

图3-139　DOT4级制动液

第六节 汽车防滑控制系统

汽车防滑控制系统是主动安全装置，用来提高操纵稳定性，由若干子系统组成，子系统由低级功能到高级功能配置如图3-140所示。电子防滑控制子系统包括电子防抱死制动系统（ABS）、制动力分配系统（EBD）、驱动防滑系统（ASR）、电子稳定程序（ESP）、紧急制动系统（BA/EBA）以及坡道起步辅助（HAS）、陡坡缓降控制（HDC）等。

一、防抱死制动系统

1. 作用与组成

1）作用。行车中遇到障碍或突发事件等紧急情况时，要求在很短时间内停车，如果制动强度过大，会使车轮抱死，后轮抱死则发生车辆甩尾，前轮抱死则使车辆失去转向控制。ABS是Anti Lock Braking System的缩写，中文译作防抱死制动系统，它保持滑移率在10%~30%的范围内。ABS的作用：①保持制动时的方向稳定性；②保持制动时转向控制能力；③减少轮胎磨损；④在良好的路面缩短制动距离。

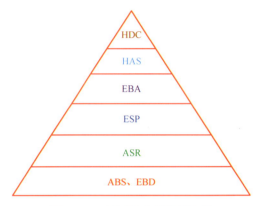

图3-140 子系统由低级到高级

2）组成。由轮速传感器、ABS控制单元、ABS警告灯等组成，如图3-141所示，电子控制单元与液压执行器集成一体，称作电子液压控制单元，俗称ABS泵。

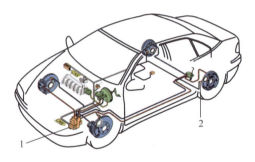

图3-141 ABS的组成
1—ABS控制单元 2—轮速传感器

2. ABS部件

1）车轮转速传感器。简称轮速传感器，功用是检测车轮的转速，转换成电信号输入控制单元。轮速传感器安装在制动盘后面的信号转子附近，有磁感应式和霍尔效应式两种形式。磁感应式如图3-142所示，传感器固定不动，信号转子随车轮转动。

2）电子液压控制单元。如图3-143所示，由电子控制单元与液压控制单元组成，电子控制单元接收轮速传感器、制动踏板开关等信号加以分析计算，输出指令调节各制动轮缸的压力。液压控制单元由液压泵、蓄压器、开关油阀组成，控制主缸与轮缸之间液压管路的通断。

3. ABS的工作过程

ABS在工作期间，反复进行建压、保压、减压、增压四个阶段。

1）建压阶段。在减速制动情况下，ABS不参与工作，如图3-144所示，踩下制动踏板，此时进油阀和出油阀均不通电，进油阀常开，出油阀常闭，制动液从制动主缸进入到制动轮缸。

第三章 汽车的四肢——底盘

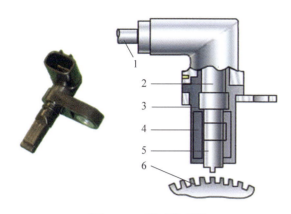

图 3-142 轮速传感器

图 3-143 电子液压控制单元

1—电线 2—永久磁体 3—外壳 4—感应线圈 5—极轴 6—信号转子

2）保压阶段。如果 ABS 控制单元检测到某个车轮即将抱死，如图 3-145 所示，将对该车轮的进油阀通电，使其关闭，此时即使增加制动踏板力，该轮缸的压力也不会再增加。

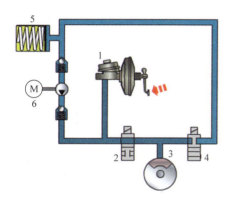

图 3-144 建压阶段

进油阀打开、出油阀关闭

1—制动主缸 2—进油阀 3—制动轮缸 4—出油阀
5—蓄压器 6—液压泵

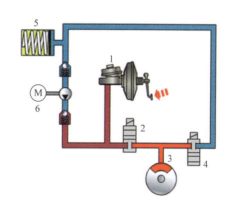

图 3-145 保压阶段

进油阀关闭、出油阀关闭

1—制动主缸 2—进油阀 3—制动轮缸 4—出油阀
5—蓄压器 6—液压泵

3）减压阶段。如果经过保压阶段车轮抱死的现象没有缓解，仍需要减小制动压力，如图 3-146 所示，ABS 控制单元继续对进油阀通电保持关闭，对出油阀通入脉动电流，使出油阀脉动打开，该轮缸的制动液进入蓄压器，同时液压泵工作将制动液经过单向阀泵入制动管路以及制动主缸，这就是驾驶人感觉制动踏板弹脚的原因。这种减压是受控的，以便使车轮滑移率重新回到最佳范围，这时该轮缸的制动压力下降，车轮转速重新提高。

4）增压阶段。如果车轮转速增加超过了最佳滑移范围，如图 3-147 所示，ABS 控制单元中断出油阀电流，出油阀关闭；对进油阀通入脉动电流，进油阀脉动打开。随着制动液在压力作用下流入轮缸，轮缸的压力重新增加。

ABS 控制单元反复进行上述四个循环，根据路面附着力情况，循环次数为 3~20 次/s。

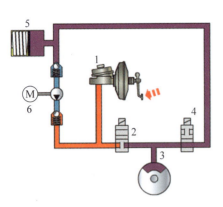

图 3-146　减压阶段

进油阀关闭，出油阀脉动打开

1—制动主缸　2—进油阀　3—制动轮缸　4—出油阀
5—蓄压器　6—液压泵

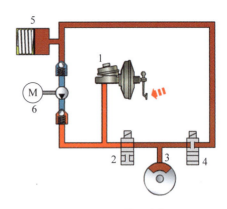

图 3-147　增压阶段

进油阀脉动打开，出油阀关闭

1—制动主缸　2—进油阀　3—制动轮缸　4—出油阀
5—蓄压器　6—液压泵

二、ABS 的扩展功能

汽车传统制动系已经远远不能满足车辆在恶劣环境下安全行驶的需要，随着汽车科技的飞速发展，汽车行驶主动安全装置已从最初的 ABS，发展到 EBD、TCS、ESP、EBA、HDC、HAS 等众多功能。

1. 电子制动力分配（EBD）

1）作用。EBD 是 Electric Brake force Distribution 的缩写。该系统设有 EBD 故障警告灯。在通常情况下，各个车轮与地面的附着条件不同，EBD 的作用是在汽车制动期间，由轮速传感器检测前、后车轮的转动状态，控制单元高速计算出各轮胎与路面间的附着力大小，然后由液压执行器分别调节各轮缸液压。

2）控制策略。EBD 代替了传统的比例分配阀，是在车轮未抱死即 ABS 发挥作用之前工作。如图 3-148 所示，后排座椅没坐乘客，车辆轻载荷时制动，EBD 控制前轮制动力较大，后轮制动力较小。车辆重载荷时制动，EBD 增大后轮制动力。转弯时制动，EBD 增大外侧车轮制动力。

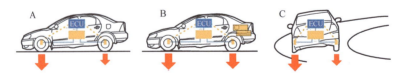

图 3-148　EBD 的作用

A—轻载荷时制动　B—重载荷时制动　C—转弯时制动

2. 驱动防滑控制系统（ASR）

1）作用。ASR 是 Acceleration Slip Regulation 的缩写，有的汽车公司称作 TCS（Traction Control System），中文是："牵引力控制系统"。该系统设有 ASR 开关和 ASR 警告灯。如图 3-149

所示，ASR 的作用是：车辆在较滑路面上确保平稳起步（A）；车辆在加速过程中确保行驶方向稳定（B）；车辆在转弯时加速确保平稳转弯（C）；车辆左、右车轮附着系数不等，确保车辆平稳起步和加速（D）。

2）控制策略。现代汽车为了追求高速性能，发动机比功率都比较高，若汽车在附着系数较小的路面上起步或急加速，FF 车的驱动前轮滑转会发生摆头并失去转向能力，FR 车的驱动后轮滑转会发生甩尾。ASR 防止驱动轮滑转的对策有两个，一是由发动机 ECU 控制发动机输出转矩，二是由 ABS 控制单元对滑转的驱动轮实施制动，使其停止滑转。

3. 电子稳定程序（ESP）

1）作用。ESP 是 Electronic Stability Program 的缩写，有的汽车公司称作 VSA（Vehicle Stability Assist），中文是"车辆稳定性控制"。ESP 的作用：①适时监控驾驶人操控动作、路面反应、汽车运动状态、制动状态等；②主动干预发动机转矩、车轮驱动力、制动力，抑制汽车的前轮或后轮侧滑，抑制汽车转向不足或转向过渡；③事先提醒，当驾驶人操控不当或路面异常时，汽车出现失控现象，ESP 警告灯点亮且蜂鸣器鸣叫以提醒。

2）组成。ESP 大部分元件与 ABS 和 ASR 共用，在原传感器基础上，增加了转向盘转角传感器、横摆角速度传感器、侧向加速度传感器、ESP 警告灯、ESP 开关等，如图 3-150 所示。

3）控制策略。①当汽车在弯道上或湿滑路面高速行驶时，因路面附着力变化无常，FF 车如前轮侧滑出现横向漂移，ESP 将制动力施加到两个非驱动的后轮。FR 车如后轮侧滑出现横向甩尾，ESP 立即将制动力施加到转弯的外前轮。②当高速行驶向右急转向，如出现转向不足，如图 3-151 所示，ESP 立即制动右后轮，抑制转向不足。③当高速行驶向右急转向，如出现转向过度，ESP 立即制动左前轮，抑制转向过度。

4. 紧急制动辅助（EBA）

1）作用。EBA 是 Electronic Brake Assist 的缩写。EBA 的作用是在紧急制动时，该系统自动增加制动力，协助驾驶人制动。如果驾驶人对需要施加比较大的制动力时没有准备，或者驾驶人反应太晚，EBA 通过驾

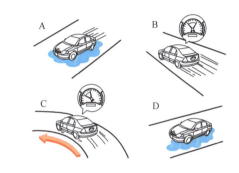

图 3-149　ASR 的作用

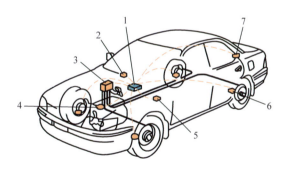

图 3-150　ESP 组成

1—电子控制单元　2—侧向加速度传感器　3—液压控制单元
4—节气门控制单元　5—转向盘转角传感器　6—轮速传感器
7—横摆角速度传感器

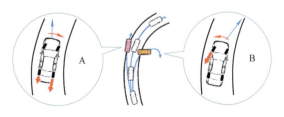

图 3-151　ESP 控制原理

A—转向不足　B—转向过度

驶人踩踏制动踏板的速率来理解驾驶人制动行为，如果它察觉到制动踏板的制动压力恐慌性增加，EBA 会在几毫秒内启动全部制动力，其速度要比大多数驾驶人脚踩制动踏板的速度快得多。EBA 可显著缩短紧急制动距离，如图 3-152 所示，可防止在走走停停的行车中发生与前车追尾事故。

2）制动力比较。如图 3-153 所示，当迅速踩下制动踏板时，ABS 控制单元检测脚踩制动踏板的速率和制动主缸的压力升高率，确定是否需要很强的制动力，如果需要则起动液压泵，随着踩下制动踏板时间的增加，带有 EBA 的制动力曲线是 A，不带有 EBA 的制动力曲线是 B。

图 3-152 防止追尾事故

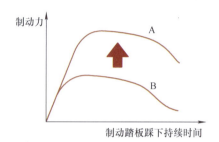

图 3-153 制动力比较

A—带 EBA　B—不带 EBA

5. 坡道起步辅助（HAS）

1）作用。HAS 是 Hill Start Assist 的缩写，作用是在上坡路上驾驶人停车后再次起步，当脚抬开制动踏板，换踏加速踏板时，ABS 控制单元仍保持对四个车轮制动并逐渐减小，最长时间约 2s，可以使驾驶人从容操作而不会出现手忙脚乱，如图 3-154 所示。HAS 适用手动变速器和自动变速器。HAS 与 Auto Hold（自动驻车）的区别是，前者利用行车制动器，后者利用电子机械式驻车制动器。

2）操作。需满足基本条件：①变速杆置于 P 位以外的档位；②加速踏板未踩下；③车辆处于静止状态；④驻车制动未拉起。当脚踩加速踏板，HAC 对制动不是全部解除，而是逐步减小；如果不踩加速踏板，HAC 对制动的控制也会在 2~3s 后结束。

6. 陡坡缓降控制（HDC）

1）作用。HDC 是 Hill Descent Control 的缩写。HDC 的作用是车辆下坡时，驾驶人无需踩制动踏板，车辆实现自动制动功能。

2）操作。在下坡过程中，按下陡坡缓降开关，如图 3-155 所示，仪表上有 HDC 警告灯点亮，此时驾驶人无需踩制动踏板，车辆会自动以低速行驶，并且能够逐个对超过安全转速的车轮施加制动力，从而保证车辆平稳下坡。

图 3-154 坡道起步辅助

图 3-155 陡坡缓降控制

第四章
汽车的神经——电气设备

第一节 基本电气设备

一、蓄电池

1. 功用与分类

汽车电气设备的能量来源是蓄电池和发电机，两者协调共同工作。蓄电池的功用：当发动机停止运转，蓄电池作为电源使用；当发动机运转，用电负载小时发电机对蓄电池充电，用电负载大时两者同时供电；蓄电池吸收过电压，保护电子元器件。蓄电池分为普通铅酸蓄电池、免维护蓄电池、发动机起停使用的蓄电池。

2. 普通铅酸蓄电池

（1）结构　蓄电池由外壳、正极板、隔板、负极板、电解液、正极端子、负极端子、加液塞、密度计等组成，如图4-1所示。外壳多用半透明的工程塑料制成，外壳标有电解液面最低和最高标记。外壳内有6个单格，每个单格产生大约2.1V的电压。每个单格包括若干对正、负极板，正、负极板之间是隔板，称为极板组。正极板上的活性物质是多孔性二氧化铅（PbO_2），负极板上的活性物质是海绵状的纯铅（Pb）。电解液由硫酸与蒸馏水按照一定比例配置而成，充足电时的密度一般为（1.28±0.01）g/cm^3（26℃）。加液塞上设有通气孔，用于在充电过程中排放气体。密度计俗称电眼，用于检查充电状态或者电解液液位。正极端子连接正极电缆，负极端子连接负极电缆。

（2）工作原理　蓄电池的充电和放电通过电解液的化学反应来实现，电解液的变化如图4-2所示。

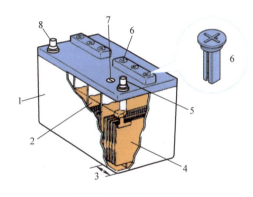

图4-1　普通铅酸蓄电池
1—外壳　2—电解液　3—极板组　4—极板　5—正极端子
6—加液塞　7—密度计　8—负极端子

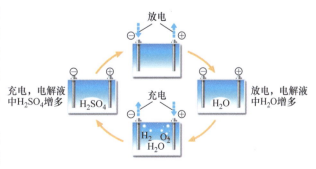

图4-2　电解液的可逆变化

1）放电。电解液中的 H_2SO_4 与正极板的 PbO_2、负极板的 Pb 发生化学反应，正、负极板上生成 $PbSO_4$，同时产生电流。电解液中的硫酸逐渐减少而 H_2O 逐渐增多。

2）充电。电流流入蓄电池，正极板上的 $PbSO_4$ 还原成 PbO_2，负极板上的 $PbSO_4$ 还原成 Pb，电解液中硫酸增加，进而电解液密度增加。在充电过程中当电解液发生化学反应（水电解）时，正极板产生 O_2，负极板产生 H_2，由于水的电解，电解液量减小，因此在使用中应检查电解液面的位置，如减少需要补充蒸馏水。

3. 免维护蓄电池

免维护蓄电池顶部没有加液盖，与普通铅酸蓄电池相比它的电解液的消耗量非常小，在使用过程中无需加蒸馏水。蓄电池由外壳、极板组、电解液、正极桩、负极桩、密度计、通气口组成，正极桩的直径大于负极桩。观看密度计的颜色可判断蓄电池技术状态，绿色表明电量充足，可以继续使用；深绿色或黑色表明电解液密度偏低，应补充充电；无色表明蓄电池已经无法正常工作，应更换，如图 4-3 所示。

4. AGM 与 EFB 蓄电池

1）AGM 蓄电池。AGM 表示采用玻璃纤维隔板的蓄电池，属于贫液型，没有加液孔，适合常温环境下使用，安装在座椅下面或行李舱中，主要用于带有起停系统的汽车。AGM 蓄电池能提供更大的电量，满足汽车更多电气设备的使用，循环充电能力比普通铅酸蓄电池高 3 倍，具有更长的使用寿命，具有更高的电容量稳定性，低温起动更加可靠。AGM 蓄电池使用密度高的硫酸水溶液作为电解液，隔板采用超细玻璃纤维材料，如图 4-4 所示。

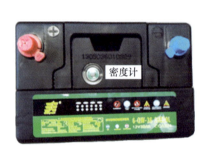

图 4-3 免维护蓄电池

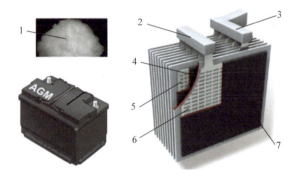

图 4-4 AGM 蓄电池
1、4—隔板 2—正极板联条 3—负极板联条
5—负极板 6—正极板 7—多孔塑胶袋

2）EFB 蓄电池。EFB 表示加强型免维护铅酸蓄电池，它是普通富液电池的升级产品，带有加液孔，耐高温，可安装在发动机舱，主要用于带有起停系统的汽车上。EFB 蓄电池低温起动电流大、自放电小、水损耗低，使用寿命比普通蓄电池提升 3 倍。

5. 蓄电池型号

蓄电池型号由三部分组成：单格数、蓄电池类型、额定容量。第 1 部分，单格数指一个整体壳体内所包含的单格电池数，用阿拉伯数字表示，每一格为 2V。第 2 部分，起动型蓄电池用 "Q" 表示，干荷电蓄电池用 "A" 表示，免维护蓄电池用 "W" 表示。第 3 部分，额定容量。

额定容量（A·h）= 放电电流（A）× 放电时间（h），因额定容量与放电时间有关，放电时间越短容量越低，所以特指 20h 放电率。

以型号"6-QW-45LHD"举例，如图 4-5 所示。6——6 个单格电池，Q——起动用，W——免维护蓄电池，45——额定容量 45A·h，L——改进型，HD——高抗振性。

图 4-5　型号 6-QW-45LHD

二、充电系统

1. 功用与组成

1）充电系统的功用是当发动机运转时，发电机为整个电气设备提供电源，并为蓄电池充电。

2）充电系统由发电机、励磁线路、电能输出线路、充电警告灯等组成，如图 4-6 所示。新生产汽车还包括蓄电池监测模块、发动机 ECU 中的发电机输出功率控制程序。

2. 发电机结构

1）发电机驱动。发电机带轮由曲轴带轮带动的传动带驱动，如图 4-7 所示，发电机将机械能转换为电能。

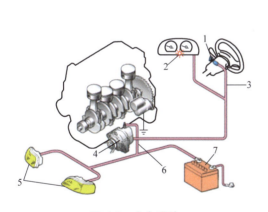

图 4-6　充电系统
1—点火开关　2—充电警告灯　3—励磁线路　4—发电机
5—负载　6—电能输出线路　7—蓄电池

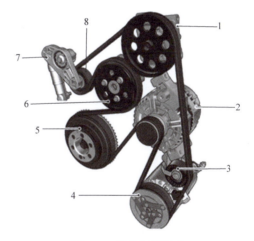

图 4-7　发电机的驱动
1—转向助力泵　2—发电机　3—惰轮　4—制冷压缩机
5—曲轴减振器　6—水泵　7—张紧器　8—张紧轮

2）发电机结构。如图 4-8 所示，发电机主要由带轮、前端盖、转子、定子、整流器、电压调节器、电刷、后端盖、B 端子、励磁端子等组成。

3. 发电机工作原理

发电机工作原理包括发电、整流、电压调节三部分。发电机转动后，电枢线圈产生交流电流，整流器将交流电变为直流电，电压调节器保持输出电压恒定。

（1）发电 实则是一台三相交流发电机，由定子、转子、电刷架、电刷组成。

1）定子又称电枢，功用是产生感应电压，包括定子铁心和三相绕组，定子铁心由相互绝缘的内圆带槽的环状硅钢片叠成，定子槽内置有三相绕组。

2）转子的功用是产生旋转磁场，由转子轴、两块爪形磁极、磁轭、励磁线圈、集电环等组成，励磁线圈绕在磁轭上。

3）电刷装在电刷架中，电刷弹簧对电刷施加力，两块电刷分别与两个集电环接触，励磁电流由正极集电环流过励磁线圈到负极集电环，一块爪形磁极为 N 极，另一块爪形磁极为 S 极，磁力线由 N 极出发穿过定子上

图 4-8 发电机组成

1—前端盖 2—转子 3—后端盖 4—罩盖 5—电刷
6—后挂脚 7—定子 8—集电环 9—前挂脚

的导线回到 S 极。转子旋转后，磁场随之旋转，定子导线切割磁力线，根据电磁感应的右手定则，在定子绕组中产生三相交流电，如图 4-9 所示（图中仅画一相）。

（2）整流 整流器如图 4-10 所示，功用是将电枢三相绕组产生的交流电转变为直流电。按照整流器上安装的整流管数量来分，可分为六管、八管、十一管发电机。

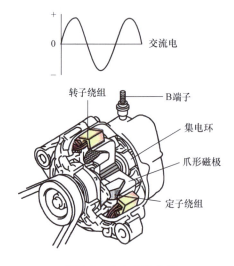

图 4-9 产生交流电势

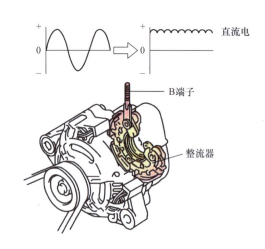

图 4-10 整流器

1）六管发电机。由六只二极整流管组成三相桥式整流电路，与 B 端子连接的三只二极管称正极管，与地连接的三只二极管称负极管。

2）八管发电机。为利用中性点输出的交流电压来增加发电机的输出功率，在不改变发电机结构的情况下，加装两只中性点整流二极管，可提高功率 11%～15%。

3）十一管发电机。在八管发电机的基础上，加装三只小功率二极管，称作励磁二极管，它与三只负极二极管组成三相桥式整流电路，专门用来供给励磁电流，并控制充电警告灯。

（3）电压调节　因转子转速及发电机负载在很大范围内变化，会引起发电机的输出电压有较大变化，所以必须配用电压调节器。如图 4-11 所示，采用集成电路的电压调节器安装在发电机内部，与电刷架制成一体，它保持输出 14V 左右的恒定电压。

4. 充电警告灯

充电警告灯如图 4-12 所示，打开点火开关，充电警告灯点亮，发动机起动后该灯熄灭。当充电系统因某种故障原因不发电时，充电警告灯点亮报警。

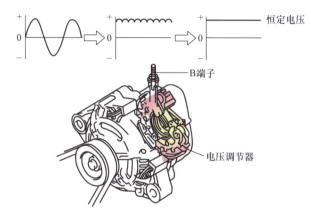

图 4-11　电压调节器

图 4-12　充电警告灯

三 起动系统

1. 功用与组成

1）起动系统的功用是将蓄电池的电能转换为机械能，产生电磁转矩，带动曲轴达到必需的起动转速；发动机进入运转状态后，起动系统结束任务立即停止工作。

2）起动系统如图 4-13 所示，主要由起动机、起动机继电器、控制线路、主电源线路、点火开关等组成。装备自动变速器的车辆必须将变速杆置于 P 位或 N 位才允许起动，目前生产的乘用车，起动系统还受到发动机 ECU、防盗系统 ECU 的控制。

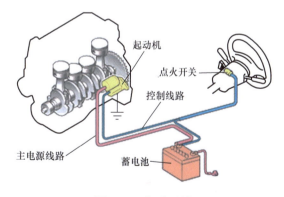

图 4-13　起动系统

2. 起动机形式

起动机安装在气缸体的一侧，如图 4-14 所示，起动机形式有：

1）普通型。小齿轮安装在电枢轴上，与电枢轴同方向旋转，因体积大、转矩小，目前乘用车很少采用。

2）惰轮减速型。在电枢轴和小齿轮之间采用惰轮减速，通过提高电枢轴转速而增加功率，再通过减速增矩，从而做到起动机小型化。

3）行星轮减速型。利用行星轮减速机构来降低小齿轮转速，它比惰轮减速型起动机的结构更紧凑、重量更轻。

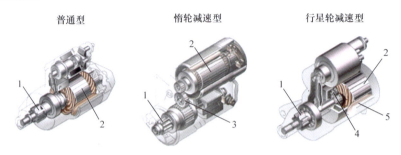

图 4-14　起动机形式

1—小齿轮　2—电枢　3—惰轮　4—行星轮　5—永久磁铁

3. 惰轮减速型起动机

（1）结构　惰轮减速型起动机如图4-15所示，由直流串励式电动机、传动机构和控制装置三部分组成。

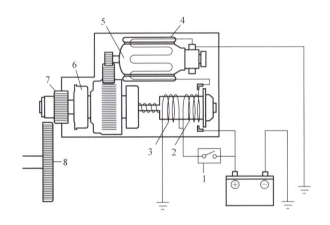

图 4-15　惰轮减速型起动机

1—点火开关　2—吸拉线圈　3—保持线圈　4—励磁绕组　5—电枢　6—单向离合器　7—小齿轮　8—齿圈

1）电动机主要由电枢轴、电枢铁心、电枢绕组、换向器、电刷、磁场铁心、励磁绕组等组成，它的功用是产生转矩。

2）传动机构主要由惰轮、单向离合器、小齿轮等组成，它的功用是传递转矩并且减速增矩。起动机通电转动时，单向离合器接合，小齿轮驱动飞轮齿圈转动；发动机运转后，单向离合器分离，避免发动机的转矩传给起动机，以防止起动机高速旋转而损坏。

3）控制装置主要由吸拉线圈、保持线圈、活动铁心、回位弹簧、接触盘、两个触点等组成，它的功用是推动小齿轮与飞轮齿圈啮合，然后接通电动机电路。吸拉线圈漆包线的线径较大且匝数较少，可以通入较大电流和产生较大电磁力，但只允许瞬间通入电流。保持线圈漆包线的线径较小且匝数较多，通入电流较小和产生较小的电磁力，但允许较长时间通入电流。

（2）起动过程　当点火开关拧到"起动"位置，如图4-16所示，电流通入吸拉线圈和保持线圈，两个线圈属于并联，均产生同方向的磁力线，活动铁心在电磁力作用下推动小齿轮进入齿圈的轮齿。其后接触盘与两个触点接通，电流通过串联的励磁绕组和电枢绕组使电动机旋转。接触盘与两个触点接通后，吸拉线圈两端为正极失去电流，此时保持线圈产生的电磁力维持活动铁心被吸引。发动机起动成功后，为防止起动机被发动机反拖，此时单向离合器分离，防止电枢因高速旋转而损坏。

（3）起动完成　当点火开关从"起动"位置释放，如图4-17所示，此时接触盘仍与两个触点接通，电流通过接触盘、触点流入吸拉线圈和保持线圈，两个线圈属于串联，各自产生的磁力线方向相反而互相抵消，电磁力迅速消失，活动铁心在回位弹簧的作用下迅速回到原始位置，接触盘与两个触点断开，起动机停止转动。

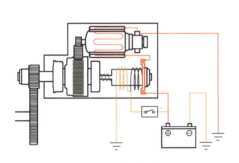

图 4-16　起动过程

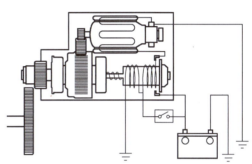

图 4-17　起动完成

4. 行星轮减速型起动机

行星轮减速型起动机的结构如图4-18所示，由直流串励式电动机、传动机构和控制装置三部分组成。电动机主要由永久磁铁、电枢轴、电枢绕组、换向器、电刷等组成。传动机构主要由行星轮排、单向离合器、小齿轮等组成。控制装置主要由吸拉线圈、保持线圈、活动铁心、拨叉等组成。采用永久磁铁代替励磁绕组和铁心，可以节省电能和减小体积，现在汽车上的各种电动机大多采用永久磁铁。

5. 增强型起动机

装有起停系统的发动机，其起动机使用寿命由一般起动机的3.5万次提高到20万次，所采用的结构和材料发生较大变化。如图4-19所示，驱动齿轮的支撑由衬套改为滚针轴承，增加电刷的个数、尺寸，强化拨叉、齿轮强度，采用高寿命的材质，起动时电流最大达到600A左右。

四　照明与信号系统

1. 类型

1）按照灯光作用分为照明灯、信号灯两大类。照明灯为车辆提供外部照明及内部照明，有前照灯、前雾灯、牌照灯、车厢内部灯。信号灯为其他车辆的驾驶人及路上行人提供信号信息，保证汽车安全行驶，汽车照明装置除上面介绍的照明灯外均为信号灯。

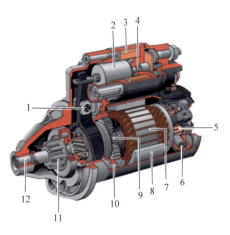

图 4-18　行星轮减速型起动机

图 4-19　增强型起动机

1—拨叉　2—活动铁心　3—电磁开关线圈　4—复位弹簧
5—换向器　6—电刷　7—电枢　8—永久磁铁　9—行星轮
10—齿圈　11—带有单向离合器的小齿轮　12—轴承衬套

2）按照灯具安装位置分为外部灯、内部灯。外部灯有前照灯、日间行车灯、小灯、尾灯、停车灯、转向与危险警告灯、前雾灯、后雾灯、制动灯、倒车灯、牌照灯等。内部灯有仪表照明灯、顶灯、阅读灯、遮阳板梳妆镜灯、杂物箱灯、氛围灯、门灯、踏步灯、行李舱灯等。

2. 外部灯光

（1）前照灯　前照灯俗称大灯或头灯，如图4-20所示。夜间行车时，前照灯的功用是向前方照射光束，确保驾驶人的视野。前照灯分为远光灯和近光灯，远光灯应使驾驶人看清前方150m以内的路段与物体，近光灯应发出非对称光束，避免对方车辆驾驶人眩目而造成交通事故。高档车辆的前照灯装有喷水和刮水装置，当镜面脏污时可进行清洗。对于远、近光分开设置，两侧靠里是远光灯，靠外是近光灯。

图 4-20　前照灯

对于"远近一体"设置，有些车辆设置"四远两近"，两侧靠里是远光灯，靠外是"远近一体"灯。按照是否单独拆装灯泡，前照灯分为封闭式和半封闭式。

1）封闭式前照灯的灯玻璃与反射镜融合为一体形成灯泡，如图4-21所示。反射镜的作用是最大限度地将灯丝发出的光线聚合成强光束，使之照射距离远且明亮。这种灯玻璃称为散光玻璃，靠灯泡的一面有花纹，作用是将反射光进行扩散分配，使之照明均匀。灯里面充有惰性气体，远、近光灯丝焊在反射镜底座上，灯丝制成螺旋状。远光灯丝位于抛物面反射镜的焦点，经反射镜的反射后形成照向车前的光束。近光灯丝位于焦点的上方或前方，遮光罩挡住向前照射的光，经反射镜的反射后形成照向车前下方的光束。此类灯优点是反射镜不受污染、反射效率高、照明效果好、使用寿命长，但是灯丝烧断后，需要更换整个前照灯。

2）半封闭式前照灯灯泡的拆装可以从反射镜的后方进行，优点是维修方便，目前被广泛采用。灯具类型有普通卤钨灯、多反射镜灯、聚光灯、高压气体放电灯（HID）、发光二极管（LED）灯。前两者是利用反射镜反射出光束，用于早期生产的汽车和目前的低档汽车；后三者都是利用凸透镜聚成光束，目前在乘用车上广泛采用。

① 普通卤钨灯如图 4-22 所示，结构特点是散光玻璃与反射镜不可拆开，但可以拆卸更换灯泡，优点是维修方便、维修成本低。

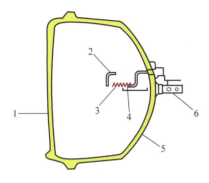

图 4-21　封闭式前照灯

1—散光玻璃　2—遮光罩　3—远光灯丝
4—近光灯丝　5—反射镜　6—端子

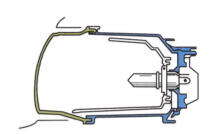

图 4-22　普通卤钨灯

② 多反射镜灯如图 4-23 所示，它具有复杂的混合抛物面反射镜，装用卤钨灯泡，灯泡前方有一个遮光罩，促使光线照射到反射镜上，然后反射出光束。此类灯优点是防眩目效果好。

③ 透镜灯也称聚光灯，如图 4-24 所示，具有椭圆形反射镜和凸透镜，前面是组合灯玻璃罩。为有效利用光源，将灯丝汇聚到一个小的区域，凸透镜将光线折射成朝向前方的光束。此类灯优点是体积小，发光强度高，目前新款乘用车大多采用透镜灯。

 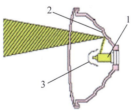

图 4-23　多反射镜灯

1—灯泡　2—混合抛物面反射镜　3—遮光罩

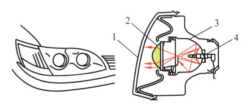

图 4-24　透镜灯

1—组合灯玻璃罩　2—凸透镜　3—椭圆形反射镜　4—灯泡

④ 高压气体放电灯（HID）如图 4-25 所示，因灯内多填充氙气，亦称氙气灯。与普通卤钨灯相比，优点是耗电低、发光强度高，但必须配有控制器和点火器。

（2）前照灯泡　前照灯泡的类型有白炽灯泡、卤钨灯泡、HID 灯泡、LED 灯泡，如图 4-26 所示。

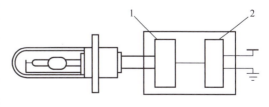

图 4-25　高压气体放电灯

1—点火器　2—控制器

图 4-26　灯泡类型

1—白炽灯泡　2—卤钨灯泡　3—HID灯泡　4—LED灯泡

1）白炽灯泡用于早期生产汽车的前照灯。白炽灯是将灯丝通电加热到白炽状态，利用热辐射发出可见光。灯丝采用熔点高的钨材料，充入低压氮气，灯丝温度高达2000℃。白炽灯优点是成本低、显色性好、光谱连续、使用方便，缺点是能量转换效率很低、抗振性能不好。

2）卤钨灯泡用于目前生产的部分汽车前照灯。卤钨灯是白炽灯的进化版，区别在于灯泡内注入碘或溴等卤素气体，高温下升华的钨丝与卤素进行化学作用，冷却后钨元素重新凝固在钨丝上，避免钨丝变细断裂。卤钨灯与白炽灯相比的优点是使用寿命长、亮度高、穿透力强。由于卤钨灯泡在使用时比普通灯泡温度高，如果机油或润滑脂粘在表面的话，因玻璃温度不均容易破裂；汗渍中的盐可能污染玻璃，因此更换灯泡时应拿住法兰部分，如图4-27所示，禁止手指接触灯泡玻璃。

图 4-27　应拿住法兰

1—可以拿法兰　2—不可拿灯泡玻璃

3）HID灯泡多用于汽车的近光灯。内部充满包括氙气在内的惰性气体混合体，通过23000V高压电流，激活石英管内惰性气体使其发出电弧光，而不依靠灯丝热辐射。氙气灯优点是消耗电能低，发光强度高于卤钨灯2～3倍，使用寿命长，由于灯泡不能聚光，在灯泡前方必须配置透镜。更换灯泡时要小心操作，电极部分有高压。

4）LED灯泡初期用于小灯、尾灯、转向灯、日间行车灯等，目前大量用于前照灯的近光和远光。单只LED的工作电压是2～3.6V，灯泡由数只LED串联和并联而成。优点是耗电量低、亮度高、使用寿命长、长时间使用后亮度衰减小、体积小、抗振好、低压直流驱动。电压波动会导致亮度波动，前照灯的LED灯泡设有驱动电路，以恒流供电保证亮度稳定。

（3）LED矩阵前照灯

1）优点。免除驾驶人手动变换灯光，提供最佳照明，无机械机构。奥迪A8轿车采用LED矩阵前照灯，如图4-28、图4-29所示，远光灯由25个LED发出25个分光束，分光束相互重叠形成矩阵光束，分光束可以单独打开和关闭，自动

图 4-28　矩阵前照灯外部

1—近光灯　2—远光灯　3—转向灯、小灯、日间行车灯　4—日间行车灯

实现多种多样的灯光分布,如图 4-30 所示。

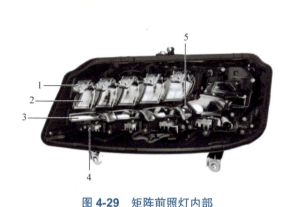

图 4-29　矩阵前照灯内部

1—远光LED模块　2—远光反光罩　3—近光反光罩
4、5—近光LED模块

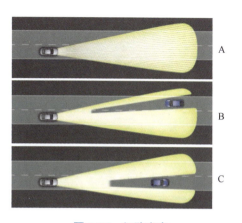

图 4-30　矩阵光束

A—道路无车　B—对面来车　C—同方向前车

2)工作原理。如图 4-31 所示,前风窗的后视镜底座装有摄像头,识别前方车辆发出的是前照灯光还是尾灯光,判断出是迎面来车还是同方向车,再将前方车辆所处方位角度、距离信息送至矩阵前照灯控制单元。控制单元根据摄像头送来的数据、车速、偏转率计算关闭哪些分光束,然后输出点亮指令信号至远光电源模块,电源模块开通或关闭相应的 LED 点亮电流。

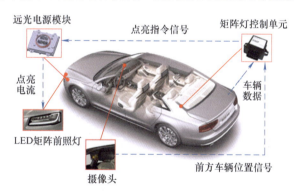

图 4-31　矩阵前照灯工作原理

3)远光灯功能:①识别车辆,选择性打开 LED,防止对面及同方向驾驶人眩目,在高速路行驶光束变窄以适合高速路特点;②摄像头根据导航数据和道路照明情况,识别是出口还是入口,发出的光束呈幕布效果,出口光束从中间向道路外侧调亮,入口光束从外侧向道路中间调亮;③在弯道上行驶,伺服电动机驱动光束向所转方向转移;④夜视摄像头识别行人并以高亮度或低亮度闪烁 3 次,以提醒本车驾驶人和行人,前提是车速高于 60km/h,前方无行驶车辆。

4)近光灯功能:①近光灯有 15 个 LED,发出非对称型光束;②转向时激活所转方向转弯灯;③十字路口激活两侧转弯灯;④白天天气恶劣,近光灯照程减小同时激活两侧转弯灯。

(4)日间行车灯　简称日行灯,装有这种灯的车辆在白天行驶时容易让别人识别出来,它不是照明灯,而是信号灯,采用 LED,如图 4-32 所示。这种灯具使汽车看起来更酷、更炫丽,但最大功效是提供车辆的被辨识性。

（5）小灯、尾灯　小灯又称作前示宽灯、前停车灯，装在汽车前面两侧边缘的角上，标示汽车轮廓，用途是在夜间行车或停车时告知其他车辆，灯光为白色。尾灯如图4-33所示，又称作后示宽灯、后停车灯，装在汽车后面两侧边缘的角上，标示汽车轮廓，用途是在夜间行车或停车时告知其他车辆，灯光为红色。当车辆停放时，点亮道路一侧的小灯和尾灯，给以提示本车在停放，对车辆起到保护作用。

图4-32　日间行车灯

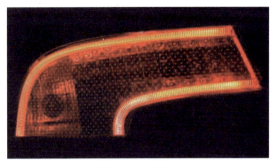

图4-33　尾灯

（6）转向灯、危险警告灯　转向灯又称作方向指示灯，安装在汽车的前后左右四角和车身两侧的倒车镜下方，共六只，灯光为黄色，作用是汽车转弯或变换车道时，转弯一侧的三只转向灯闪烁，向其他车辆的驾驶人和行人表示自己的驾驶意图。转向灯采用拨杆式开关，如图4-34所示，转弯完成后可手动拨回，或转向盘回正时自动拨回。

危险警告灯又称作紧急呼救灯、双闪灯，由转向灯兼用，开启危险警告灯时，六只转向灯同时闪烁，告知附近车辆的驾驶人，本车已准备紧急停车或者在停车后寻求援助。危险警告灯开关如图4-35所示。

图4-34　转向灯拨杆

图4-35　危险警告灯开关

（7）前雾灯、后雾灯　在雨、雾天气能见度较低时，前雾灯用来照明，后雾灯用来提示后方车辆，雾灯光线在雾天穿透性强，可以获得更大的照明范围。前雾灯装有2只，灯光颜色为黄色，如图4-36所示。后雾灯装有两只或一只，灯光颜色为红色，如图4-37所示。只有一只后雾灯的安装在车辆后部左侧。

（8）制动灯　又称作制动信号灯，俗称刹车灯，在汽车后部两侧均装有制动灯，还装有高位制动灯，

图4-36　前雾灯

灯光颜色为红色，用来告知后方车辆本车正在制动。LED 灯泡的制动灯如图 4-38 所示。通常情况下，制动灯与尾灯同在一个组合灯具内，制动灯与尾灯均为红色，但前者比后者灯光亮。

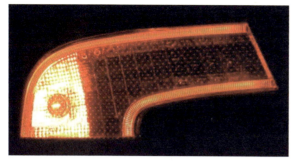 

图 4-37 后雾灯　　　　　　　　　　　图 4-38 制动灯与高位制动灯

（9）倒车灯　汽车后部装有两只或一只，灯光为白色，作用是向其他车辆的驾驶人和行人发出倒车警告，在夜间倒车时还可提供车辆后方照明，只有一只倒车灯的安装在车辆后部右侧。

（10）牌照灯　安装在汽车后部牌照的上方，作用是夜间使牌照文字清晰可见。

（11）一般灯泡

1）灯泡按安装方法分类：卡口灯泡、插口灯泡、双头灯泡，如图 4-39 所示。灯泡还有功率之分，小灯、尾灯用 8W 灯泡，转向灯、制动灯用 21W 灯泡；双头灯泡功率 5W、8W，装在牌照灯内。

2）灯泡按灯丝个数分类：单丝灯泡、双丝灯泡，如图 4-40 所示。单丝灯泡的功率有 5W、8W、21W，双丝灯泡的一个灯丝功率是 5W，另一个灯丝是 21W，因为尾灯与制动灯使用同一个灯泡，5W 灯丝用于尾灯，21W 灯丝用于制动灯。

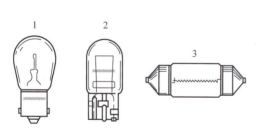 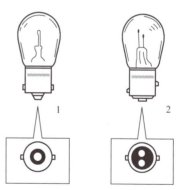

图 4-39 按安装方法分类　　　　　　　　　图 4-40 按灯丝个数分类
1—卡口灯泡 2—插口灯泡 3—双头灯泡　　　1—单丝灯泡 2—双丝灯泡

3. 内部灯光

内部灯光的功用是为车内乘客提供各个位置的照明。

1）仪表照明灯安装在仪表板和中央延长仪表板内，用于照亮仪表板，灯光颜色为白色。

2）顶灯安装在顶篷中央或车内倒车镜上方，是驾驶室的照明灯具，灯光颜色为白色。灯开关通常有三种位置，如图 4-41 所示，"ON" 常亮，"DOOR" 当车门打开时点亮，"OFF" 常灭。有些乘用车为方便夜间收车，顶灯带有延时关闭功能。

3）阅读灯安装在乘客前部或顶部，如图4-42所示，它是一个光束，照明范围较小，光轴方向可调节，乘客看书时不会给驾驶人带来眩目影响。

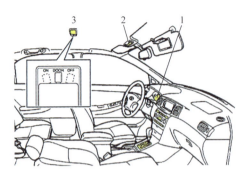

图 4-41　顶灯

1—仪表照明灯　2—顶灯及开关　3—顶灯开关放大

图 4-42　阅读灯

4）遮阳板化妆镜灯是为遮阳板上的化妆镜照明，有些车只是前排乘客侧带有，有些车驾驶人侧和前排乘客侧都带有灯开关与镜子面板联动，只要推开面板，该灯就会点亮。

5）杂物箱灯为杂物箱照明，该灯开关与杂物箱门联动，当打开、关闭杂物箱门时，该灯就会点亮、熄灭。

6）氛围灯分为内饰氛围灯和外饰氛围灯。内饰氛围灯起到装饰作用，通常是红色、蓝色、绿色等，可达32种颜色，如图4-43所示。夜晚时使车厢内绚丽多彩、烘托气氛，让车里的光线活起来，可随车外光的强弱而自动调节强弱，可与车内播放的音频关联。外饰氛围灯包括前格栅氛围灯、侧标牌氛围灯、门把手氛围灯、倒车镜照地灯等。

7）门灯安装在车门内侧下部，如图4-44所示，开启车门时门灯点亮，告示后方车辆的驾驶人和行人，注意避开本车，灯光颜色为红色。

图 4-43　氛围灯

图 4-44　门灯

8）行李舱灯的开关受行李舱盖控制，打开行李舱盖时，该灯自动点亮，方便放置和拿取行李，灯光颜色为白色。

4. 电喇叭

汽车除装有灯光信号，还装有音响信号，电喇叭是汽车音响信号装置。汽车行驶中，驾驶人根据需要和规定按压转向盘上的喇叭按钮，喇叭发出音响信号，引起其他车辆驾驶人和行人注意，保证交通安全。电喇叭按外形分为蜗牛形喇叭（图4-45）、盆形喇叭（图4-46），按发声频率分为高音喇叭、低音喇叭。一对电喇叭包括一个高音喇叭，一个低音喇叭。

图 4-45 蜗牛形喇叭

图 4-46 盆形喇叭

五 仪表系统

1. 功用与组成

1）功用。仪表系统的功用是为驾驶人提供汽车在使用过程中的各种信息，便于了解各系统的工作情况和车辆行驶状况，保证汽车可靠和安全地行驶。

2）组成。仪表系统由组合仪表、传感器、线路、CAN 总线等组成。组合仪表的前面是仪表板，内部有集成电路板、仪表控制单元、仪表、警告灯/指示灯、仪表照明灯等。仪表控制单元接收各传感器和其他控制单元发来的信号，经计算处理再由仪表或警告灯/指示灯做出显示，有些信息通过讯响器发出提示。

3）分类。单个仪表分为指针式、数字式。一般采用指针式，通过指针摆动来指示不断变化的信息。有些车辆采用数字式，通过 LCD 显示屏的数字或条形图显示信息。数字式的优点是清晰，缺点是背光照明效果不好，白天不如夜间明亮。有些数字式显示屏安装在驾驶人右前方，看起来可能不大习惯。仪表板分为局部 LCD 显示屏、全 LCD 显示屏。

2. 仪表

（1）仪表板　早期的车辆采用分立式仪表板，各个仪表均具有单独的表壳。目前生产的车辆均采用组合式仪表板，如图 4-47 所示，采用背光式照明，即照明灯泡装在表盘内部，发出的光透过仪表板透明的刻度线，表针内装有光导纤维而发出亮光。仪表板通常装有转速表、车速表、燃油表、冷却液温度表、里程表显示屏，还装有若干警告灯/指示灯以及液晶显示器。

图 4-47 仪表板

1—转速表　2—车速表　3—里程表　4—燃油表　5—冷却液温度表

1）转速表用来显示发动机的转速，可以根据转速掌握合适的换档时机，单位是 r/min，不允许指针达到红色区域，图 4-47 中的红色区域为 6500r/min 及以上。

2）车速表用来显示车辆的行驶速度，方便驾驶人控制车辆速度，单位是 km/h。

3）里程表以液晶屏显示，用来显示行驶总里程和日里程，单位是 km，设有回零按钮，按下后可使日里程显示回到 0km 而重新计程。

4）燃油表用来显示汽车在行驶过程中燃油量的变化，即油箱内现有燃油与满箱燃油的占比，同时设有油位警告灯，当燃油量减少到警戒位置时，油位警告灯同时点亮警示。

5）冷却液温度表用来显示冷却液的工作温度是否正常，同时设有冷却液温度警告灯，当冷却液温度过高或冷却液罐的液面过低时，冷却液温度警告灯会点亮报警。

（2）行车电脑显示屏　目前生产的汽车大多在仪表板的中央设有行车电脑显示屏，将行车电脑的数据用屏显的方式体现出来。一般行车电脑显示平均油耗、瞬时油耗、室外温度、平均车速、驾驶时间、单次行驶里程等数据。LCD 显示屏根据显示颜色，分为单色（图 4-48）和彩色（图 4-49）两种。LCD 使用两片极化材料，它们之间的液体是水晶溶液，电流通过液体时会使水晶分子重新排列，使光线无法透过它们。因此，每个水晶就像百叶窗，既能允许光线穿过又能挡住光线。

图 4-48　单色显示屏

图 4-49　彩色显示屏

3. 警告灯 / 指示灯

1）功用。随着车辆的电气设备逐渐增多，车辆仪表上显示的信息也越来越多，为便于驾驶人简单明了获得信息，汽车上大量采用警告灯 / 指示灯。目前生产的汽车警告灯 / 指示灯实际是规定的标识及颜色，点亮即为报警或提示。这些灯布置在转速表和车速表之内，也可以布置在之外；可以通过发光二极管（LED）显示，LED 点亮后的光线，透过仪表板上的透明标识；也可以通过液晶屏（LCD）显示。

2）警告灯 / 指示灯举例。某车型的仪表板如图 4-50 所示，在转速表和车速表的刻度盘上均置有各种警告灯 / 指示灯。转速表上有远光指示灯、机油压力警告灯、冷却液温度警告灯、充电警告灯、电动转向警告灯。车速表上有发动机故障警告灯、EPC 警告灯、ABS 警告灯、制动警告灯、车门未关警告灯、安全气囊故障警告灯、燃油警告灯。仪表板上部有左转向指

图 4-50　警告灯和指示灯

第四章 汽车的神经——电气设备

示灯、右转向指示灯。仪表板的中间是液晶显示屏，显示总里程、日里程、燃油表、燃油警告灯、时钟等。

3）警告灯/指示灯标识。常用的警告灯/指示灯的标识与颜色、名称、含义见表4-1。颜色有红色、黄色、绿色、蓝色四种。红色代表严重警告（1级警告），如果发现红色标识点亮，车辆不可行驶，必须停车立即检查。黄色代表提示警告（2级警告），如果发现黄色标识点亮，可以继续行驶，需要到维修厂检查。绿色、蓝色是指示标识，例如转向指示灯是绿色，远光指示灯是蓝色，指示灯点亮代表该功能正在工作。

表 4-1 常用标识的名称及含义

标识与颜色	名称	含义
	机油压力警告灯	机油压力低于正常范围下限
	机油油位警告灯	机油油位低于正常范围下限
	冷却液温度警告灯	冷却液温度高于正常范围上限
	充电警告灯	充电系统不充电
	燃油量警告灯	燃油表指针到达红区时该灯点亮，燃油剩余大约7L，应及时加油
	发动机故障警告灯，红色	发动机系统故障，应立即停车
	发动机故障警告灯，黄色	排放系统故障，可以继续驾驶，需检修
	EPC 警告灯	发动机节气门系统故障
	防盗器故障警告灯	发动机防盗器系统故障
	制动故障警告灯	前制动片厚度低于下限、制动液液位低于下限
	ABS 故障警告灯	ABS 故障，ABS 功能失效，但常规制动可以工作，制动故障警告灯随同点亮
	驻车制动警告灯	拉起驻车制动手柄点亮

手把手 教您学汽车构造与保养 第2版

（续）

标识与颜色	名称	含义
	电子机械驻车制动系统警告灯	电子机械驻车制动系统故障
	安全带警告灯	未系安全带行车时点亮
	车门未关指示灯	有一个或一个以上车门未关
	安全气囊故障警告灯	SRS 安全气囊系统故障
	ASR 警告灯	ASR 系统功能启用或故障时点亮
	车辆稳定系统警告灯	车辆稳定系统功能启用或故障时点亮，丰田称 VSC、大众称 ESP、本田称 VSA
	电动转向故障警告灯	电动转向系统故障
	轮胎气压警告灯	轮胎气压低
	灯光故障警告灯	照明、信号灯泡故障
	发动机舱盖未关警告灯	发动机舱盖未关闭
	行李舱盖未关警告灯	行李舱盖未关
	后风窗加热警告灯	后风窗正在加热
	玻璃清洗液警告灯	缺少玻璃清洗液
	未踩下制动踏板指示灯	移出 P 位之前未踩下制动踏板
	巡航指示灯	巡航系统功能启用或故障时点亮

122

（续）

标识与颜色	名称	含义
	坡道起步警告灯	坡道起步功能启用
	陡坡缓降指示灯	陡坡缓降功能启用
	远光指示灯	前照灯远光已经打开
	前雾灯指示灯	前雾灯已经打开
	后雾灯指示灯	后雾灯已经打开，前照灯与前雾灯打开后才允许后雾灯打开
	左转向指示灯	拨动转向杆向左转弯，该灯闪烁
	右转向指示灯	拨动转向杆向右转弯，该灯闪烁

六 整车电路

整车电路将电气设备各个系统，按照它们各自的工作特性以及相互间的内在联系，通过导线、线束、接地点、接线盒、熔丝盒、插接器、熔丝、断路器、开关、电器等连接起来构成一个整体。整车电路虽因车型而异，但有相同的特点：①单线制；②负极接地；③两个电源（蓄电池与发电机）；④直流并联；⑤支路有过载保护；⑥导线外皮用基色加色线。电路图中元件用图形符号和字母表示，电路图是电气设备之间用导线相互连接的真实反映。

1. 导线

汽车使用的导线，或称电线、电缆，主要有三种类型：低压线、屏蔽线、高压线，如图4-51所示。

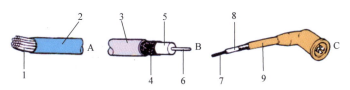

图 4-51 导线类型
A—低压线 B—屏蔽线 C—高压线
1、7—导线 2—绝缘皮 3、9—护套 4—外导线 5、8—绝缘层 6—内导线

1) 低压线是汽车广泛使用的导线,由多股铜质芯软线和绝缘皮构成,低压线标称截面允许的电流值见表4-2。为保证导线具有一定的机械强度,导线截面积不小于$0.5mm^2$,汽车用电线颜色见表4-3。

表4-2 低压线标称截面允许电流值

导线标称截面积 /mm^2	0.5	0.8	1.0	1.5	2.5	3.0	4.0	10	13
允许电流 /A	—	—	11	14	20	22	25	50	60

表4-3 汽车用电线颜色

电线颜色	黑	白	红	绿	黄	棕	蓝	灰	紫	橙
符号	B	W	R	G	Y	Br	Bl	Gr	V	O

2) 屏蔽线可使导电芯免受外部无线电波干扰,由内导线、绝缘层、外导线、护套构成,外导线接地作为屏蔽层,例如用作收音机的天线馈线等。在电控系统中屏蔽线用于传送微弱电流的信号线,例如磁感应轮速传感器信号、爆燃传感器信号等。

3) 高压线用于汽油发动机点火系统次级回路电缆,由导线、一层或两层厚橡胶绝缘层、护套构成,橡胶绝缘层耐压一般在15kV以上。

4) 导线保护件包括塑料波纹管、纤维护套,用来包裹导线制成的线束。使用夹箍绑扎线束,或者将线束绑扎固定在其他零件上,以保护线束免受损坏。

2. 线束

为使繁杂的汽车线路排列整齐、有条不紊、便于拆装、保证绝缘良好、免受因振动而磨损折断导线,除高压线外,均用塑料护套包裹或塑料带缠在一起,称为线束,如图4-52所示。通常分为若干个线束,例如全车主线束、发动机线束、车门线束、安全气囊线束等。线束由导线、插接器、保护元件三部分组成,导线用于传送电流和信号。插接器用于连接电器元件、控制单元、熔丝盒、其他线束等。保护元件用于当元件、导线出现短路故障时,避免线束不被大电流烧毁。

3. 接地点

蓄电池的负极与每个电气设备的负端都连接到车身的金属薄板上,如图4-53所示,作为电流到蓄电池负极的回路,这种做法称为"接地",采用此方法可使导线的数量减少。

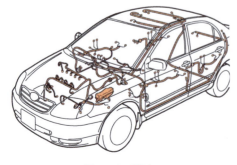

图4-52 线束

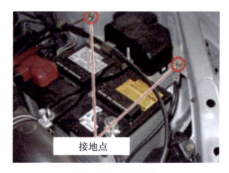

图4-53 接地点

4. 熔丝盒、继电器盒、接线盒

汽车均采用熔丝盒、继电器盒、接线盒等，作用：①熔丝盒集中安装各支路熔丝，方便检修和更换熔丝；②继电器盒集中安装继电器，方便检修，缩短导线长度；③接线盒便于分线束之间的连接。有的车型接线盒，熔丝和继电器都装在上面，如图4-54所示。

5. 插接器

插接器也称作插头、连接器，用于两个线束之间的连接，或者线束与元件之间的连接，如图4-55所示。插接器端子的形状分为插针和插座，元件一侧总是插针，线束一侧总是插座。插接器的端子俗称针或脚，插接器有若干个针脚，为避免相同针脚数的插接器连接错误，插接器采用不同形状或不同颜色。插接器针脚号的规定为，例如"T8d/4"：T8表示共有8个针，d表示同为8针的d号插接器，4表示第4针。

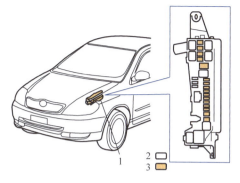

图 4-54 接线盒

1—接线盒　2—继电器　3—熔丝

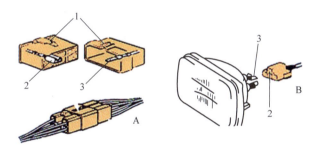

图 4-55 插接器

A—两个线束之间　B—线束与元件之间　1—锁止勾　2—插座　3—插针

6. 电路保护元件

1）熔丝俗称保险丝，安装在电源正极与电器之间。当某条支路的导线或电器因短路或过载出现大电流时，若没有熔丝就会引起发热起火。熔丝作用：电流大于额定电流值时，熔丝熔断实现保护线路。如图4-56所示，熔丝一般有两种类型：①塑料片熔丝，由塑料壳与铝质导电片组成；②大电流熔丝，可保护30A及以上电路。额定电流标在熔丝上，不同额定电流的熔丝对应不同颜色，见表4-4。

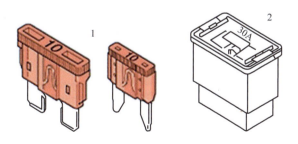

图 4-56 熔丝类型

1—塑料片熔丝　2—大电流熔丝

表4-4 熔丝额定电流对应的塑料片颜色

额定电流 /A	塑料片颜色	额定电流 /A	塑料片颜色
5	黄褐色	20	黄色
7.5	褐色	25	透明色
10	红色	30	绿色
15	蓝色		

2)断路器如图4-57所示,用于保护散热器电动机、后风窗除霜器等大功率负载。当电流大于额定电流时,断路器内的双金属元件发热膨胀,断开电路。如果负载反复接通、断开,双金属元件的温度也会升高而断开电路。与熔丝不同的是,断路器断开后经复位可重复使用,如图4-58所示。复位有两种类型:手动复位型,断路器盖上有一个小孔,将钢丝插进孔往下按就可复位;自动复位型,等待双金属元件热量散去,它可自动复位。

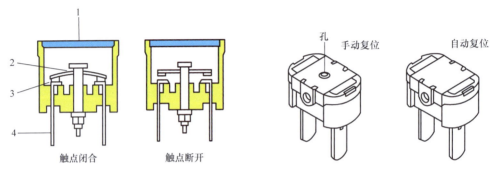

图4-57 断路器　　　　　　　　　图4-58 断路器复位
1—盖　2—双金属元件　3—触点　4—插脚

7. 开关

开关的作用是接通或断开电路。开关按操纵方式可分为手动开关、自动开关。手动开关用手直接操作,包括旋转开关、按键开关、翘板开关、操纵杆开关等。自动开关通过位移、液位、压力、温度、电流等自动操作,例如门灯开关、制动液位开关、机油压力开关、冷却液温度开关等。开关举例如图4-59所示,属于手动开关的是点火开关(旋转)、门锁开关(翘板),属于自动开关的是制动液位开关。

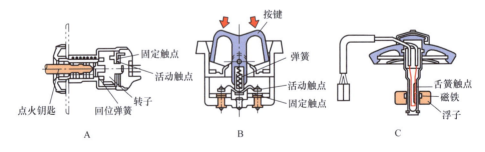

图4-59 开关举例
A—点火开关　B—门锁开关　C—制动液位开关

8. 继电器

继电器的作用是用小电流电路来控制大电流电路，常用的是单触点继电器和双触点继电器。远光灯的单触点继电器如图 4-60 所示，扳动灯光操纵杆，其内的触点闭合，继电器线圈对地形成回路，电磁线圈产生电磁力，触点被吸合，蓄电池正极到前照灯远光灯泡的电路接通。

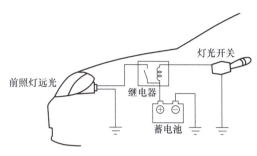

图 4-60　远光灯继电器

1）单触点继电器如图 4-61 所示，由外壳、电磁线圈、固定铁心、活动铁心和触点组成，电磁线圈不通电时触点断开，称常开触点继电器。电磁线圈通电后的电磁力吸引活动铁心向固定铁心移动，触点闭合。

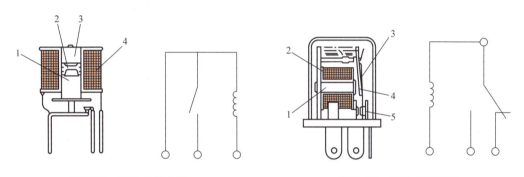

图 4-61　单触点继电器　　　　　　　　图 4-62　双触点继电器

1—活动铁心　2—触点　3—固定铁心　4—电磁线圈　　　1—铁心　2—电磁线圈　3—活动触点臂　4—常开触点　5—常闭触点

2）双触点继电器如图 4-62 所示，有一对常闭触点和一对常开触点，线圈不通电时常闭触点闭合，通电时常开触点闭合。

第二节　辅助电气设备

一、风窗清洁设备

1. 功用与分类

（1）功用　当风窗玻璃附有雨水、灰尘、污垢时，应进行清洗以确保风窗玻璃的清洁度，改善驾驶人的视野，风窗清洁装置的功用：刮除雨水、喷水洗涤。

具体功能：①速度可调，具有低速档和高速档；②间歇，以低速档间歇摆动刮水器臂，有些车间歇时间分几个档可调，有些车间歇时间连续可调；③除雾，每打开开关一次，刮水器摆动一次；④自动停止，在运转中关闭刮水器开关，不管刮水器臂在哪个位置，刮水器臂摆动到风窗最下方位置而停止；⑤喷水，喷水器开关与刮水器开关集成在一起，操作喷水器的同时刮水器摆动。

（2）分类

1）前风窗刮水器如图 4-63 所示，可刮除前风窗玻璃上的雨水、雪、灰尘等，避免驾驶人的视线被遮挡。前刮水器开关具有间歇、空档、低速、高速等几个档位。

2）后风窗刮水器用于 SUV、MPV、旅行车、跨界车等车型，如图 4-64 所示，它安装在后风窗玻璃的上方或者下方，用于驱动后风窗刮水器片，后风窗刮水器一般只有低速档位。

3）自动速度刮水器可以根据雨量的大小自动调整刮水器片的刮水频率，若开启自动刮水功能，需将刮水器开关调到 AUTO 档，如图 4-65 所示。

图 4-63　前风窗刮水器

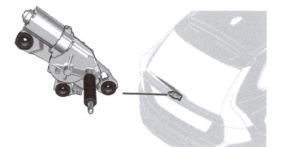

图 4-64　后风窗刮水器

图 4-65　刮水器开关 AUTO 档

2. 风窗清洁设备主要部件

风窗清洁设备由机械机构和电气部件组成，主要有刮水器开关、雨量传感器、刮水器电动机、传动机构、刮水器臂、刮水器片、清洗液罐、喷水泵、喷水嘴、刮水器控制单元等。

1）刮水器开关。刮水器开关位于转向盘的右侧拨杆开关上，它集成在转向盘开关模块中，如图 4-66 所示。扳动刮水器开关，可以激活风窗刮水与喷水功能、前照灯刮水与喷水功能。乘用车将刮水器开关信号送入转向盘控制单元，再由该单元转化为数据总线信号，车身控制单元接收后以 LIN 信号送往刮水器控制单元。

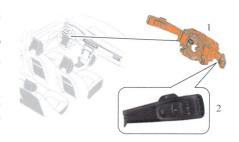

图 4-66　刮水器开关

1—转向盘开关模块　2—刮水器开关

2）雨量传感器。刮水器开关拨到"AUTO"档，当雨量传感器检测到风窗外侧有水膜时，刮水器自动工作。雨量传感器如图 4-67 所示，它安装在车内后视镜的底座上，而后视镜底座粘贴在玻璃上。

雨量传感器由两只发光二极管、一只光电二极管组成，如图 4-68 所示。发光二极管发出光束，如玻璃干燥，光束全部反射到光电二极管，说明无雨。玻璃附有水膜，光束反射到光电二极管的光线弱，水膜越厚则反射光线越弱。光电二极管工作时被加上反向电压，光线强则流过电流大，光线弱则反之。这个电流信号送到车身 ECU，再由车身 ECU 输出指令给刮水器控制单元，用来调节刮水器片的摆动频率。

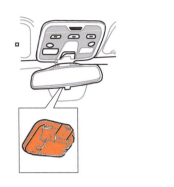

图 4-67　雨量传感器

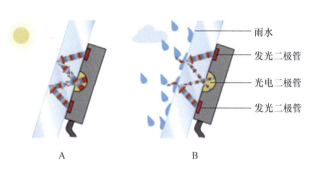

图 4-68　雨量传感器

A—晴天　B—雨天

3）刮水器电动机与传动机构。刮水器电动机与传动机构集成在一起，如图 4-69 所示，安装在风窗玻璃下方的防火墙处。刮水器电动机转动时，经过减速齿轮，输出轴带动曲柄旋转，曲柄带动连杆动作，连杆带动左摇杆摆动，左枢轴促使刮水器臂反复摆动。传动杆将动作传至右摇杆，右枢轴促使刮水器臂反复摆动。

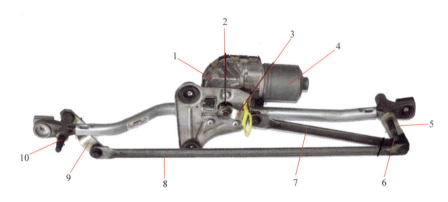

图 4-69　刮水器电动机与传动机构

1—减速齿轮　2—输出轴　3—曲柄　4—刮水器电动机　5—左摇杆　6—左枢轴　7—连杆　8—传动杆　9—右摇杆　10—右枢轴

4）刮水器片。刮水器臂给刮水器片施加一个恒定不变的力使其压紧在玻璃表面，刮水器片刮去玻璃上的水。刮水器片分为普通刮水器片、无骨刮水器片，前者配备在老旧车型上，后者配备在新款车型上。无骨刮水器片采用优质的橡胶材料，刮水效果好，具有静音、防晒、防腐蚀、使用寿命长等特点，如图 4-70 所示。

5）喷水泵。喷水泵安装在清洗液罐的外部下方，如图 4-71 所示，由电动机和水泵组成，电动机转动后送出压力清洗液，通过喷水嘴喷向风窗玻璃。喷水嘴如图 4-72 所示，当喷水嘴被灰尘堵塞后，可以用大头针疏通以及调整水喷到风窗玻璃的位置。

图 4-70　无骨刮水器片

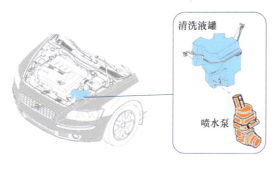

图 4-71　喷水泵

图 4-72　喷水嘴

6）玻璃清洗液俗称玻璃水，可洗涤风窗玻璃上的污垢，当玻璃表面干燥时，清洗液保护刮水器片不受损坏和风窗玻璃表面不被划伤。清洗液在冬季具有防冻作用，冬季加注的清洗液冰点，应低于车辆使用地区的最低气温。图 4-73 所示的清洗液，冰点分别低于 -40℃和 -8℃。

二　中控锁与车辆防盗系统

1. 中控锁

（1）功用

1）中央控制。操作位于驾驶人处的中央门锁按钮 🔒 🔓，四个车门同时解锁或锁住。如果用遥控器，按开门按钮一次只解锁驾驶人车门，按两次解锁四个车门。

图 4-73　玻璃清洗液

2）单独控制。其他三个车门的内饰板上设有门锁按钮 🔒 🔓，可以单独将该车门解锁或锁住。

3）速度控制。当车辆行驶到一定车速时，各个车门自动锁住，防止乘客误拉动车内门把手而导致车门打开。

（2）主要部件　主要由门锁机构、门控开关、中控锁电子模块、遥控器、接收器等部件组成。如果车辆装有车身 BCU/ 舒适系统 ECU，中控锁则受这个控制单元控制。

1）门锁机构安装在左前车门和右前门处，如图 4-74 所示，是前车门锁止的机械机构，内置电动机与位置传感器。

2）门控开关如图 4-75 所示，左前门控开关安装在左前门内饰板上，与全车玻璃升降开关集成一体，通过操作可发出解锁、锁住指令。右前门控开关安装在右前门内饰板上，与右前车门玻璃升降开关集成一体。

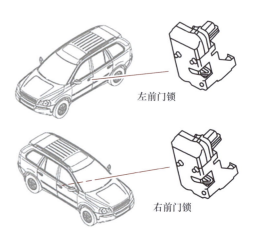

图 4-74　前门锁

3）中控锁电子模块用来监测、控制中控锁，执行各项功能，没有来自该模块的指令，任何车门锁都不能打开或关闭。某车型的电子模块安装在杂物箱上方，如图4-76所示。

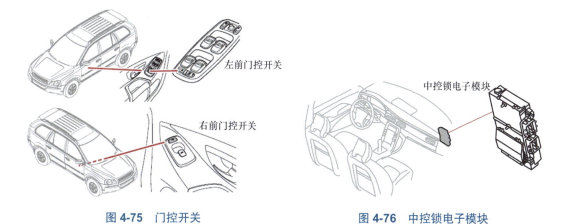

图4-75　门控开关　　　　　　　　　图4-76　中控锁电子模块

4）遥控器如图4-77所示，包括锁车键、解锁键、照明键、行李舱盖键、寻车键。各键功能：①锁车键，按压此键四车门锁止及车窗玻璃关闭，包括天窗关闭；②解锁键，按压此键四车门解锁。③照明键，每按一次遥控器小灯点亮30s。④行李舱键，按压后行李舱盖解锁。⑤寻车键，红色三角形图案，按下后双闪灯闪烁且喇叭鸣响。

5）接收器如图4-78所示，每秒钟大约检查6次来自遥控器的信号，有些车辆具有应答功能，当收到遥控器信号时，车辆的双闪灯闪烁且警报喇叭鸣响。

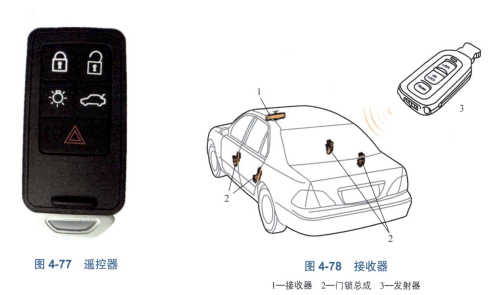

图4-77　遥控器　　　　　　　　　图4-78　接收器
1—接收器　2—门锁总成　3—发射器

2. 无钥匙进入/起动系统

（1）功用　无钥匙进入/起动系统也称作智能钥匙，英文是Kessy，中文译作一键起动系统。该系统利用射频识别技术（RFID），射频是一种高频电磁波。射频识别技术的原理是阅读器与标签之间进行非接触式数据通信，达到识别目标的目的，应用在门禁芯片、汽车钥匙芯片、高速公路收费电子标签等。Kessy 的功用：①无钥匙进入；②无钥匙上锁车门；③无钥匙开启行李舱盖；④感应开启行李舱盖；⑤无钥匙一键起动。

（2）工作原理　全车装有 6 个天线，如图 4-79 所示。两个前车门天线覆盖区域用作车门解锁，后保险杠天线覆盖区域用作行李舱盖解锁，前排天线覆盖区域用作一键起动，后排和行李舱天线覆盖区域用作探测钥匙是否遗留在车内。

驾驶人携带汽车钥匙走到两个前车门大约 1.5m 范围内，这是前门天线覆盖区域。用手握住门把手，门把手内侧的接触式电容传感器感知，天线发出低频无线信号搜索钥匙，钥匙芯片接收信号后被唤醒，发送含有应答器数据的高频无线信号。天线接收高频信号后送至进入及起动许可 ECU，该 ECU 进行密码解密，核实密码正确后允许车门打开。

天线发送的是低频信号，工作频率为 120～134kHz；天线具有线圈，发送的低频信号除金属外，能够穿过任意材料的物品而不降低读识距离。汽车钥匙发送的是高频信号，工作频率为 13.56MHz；钥匙内不具有线圈，是利用感应器的负载电阻接通和断开促使天线上的电压变化。

（3）感应行李舱盖　驾驶人衣服口袋里携带车辆钥匙，走到车辆后部 1.5m 范围内，在后保险杠下方做踢脚动作，如图 4-80 所示。

踢脚动作由两个电容传感器感测，并由行李舱盖电动开启控制单元 J938 读取，如图 4-81 所示。J938 是进入及起动许可控制单元 J965 的 LIN 子控制单元，不带有诊断地址，并由 J965 激活。保险杠下方的踢脚动作，首先开启传感器 G750 的电容增大，随后开启传感器 G760 的电容也增大。当收脚时，G760 的电容恢复至初始值，因为电路设计 G760 放电时间短；随后 G750 的电容恢复至初始值。踢脚动作必须在规定时间内完成，若踢脚动作过慢或过快，则系统不会启动搜索车辆钥匙，行李舱盖不会开启。

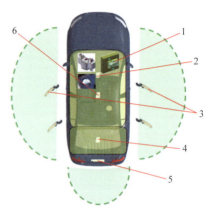

图 4-79　天线

1—进入及起动许可ECU　2—前排天线　3—前车门天线
4—行李舱天线　5—后保险杠天线　6—后排天线

图 4-80　踢脚动作

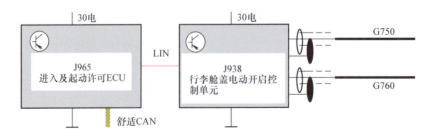

图 4-81　感应行李舱盖原理

3. 车辆防盗系统

（1）功用　车辆防盗系统是在装有中控锁前提下增加的防盗设施，功用是：

1）防盗警戒功能。防盗系统启动警戒后，LED 灯开始闪烁。

2）防盗触发功能。如果防盗系统处于警戒状态，而防盗器电子模块接收到来自一个防盗相关传感器的信号（触发防盗功能的信号），就会开始一个报警周期。

3）防盗解除功能。如果使用遥控钥匙或使用无钥匙进入系统解锁，防盗系统警戒功能自动解除。

（2）主要部件　主要由开闭件的位置开关、LED 警告灯、防盗电子模块、警报喇叭等组成。有些车辆驾驶室内装有监视传感器，警戒后如有物体进入车内会立即报警。

1）位置开关用于触发防盗系统，安装在车门锁块内部，如图 4-82 所示。全车包括四个车门位置开关、发动机舱盖位置开关、行李舱盖或尾门位置开关，即四门两盖开关。

2）LED 警告灯如图 4-83 所示，安装在仪表台上方，也有些车辆安装在驾驶人车窗下方。防盗电子模块控制 LED 警告灯，用遥控器设置警戒后 LED 会不停闪烁。

图 4-82　车门锁块

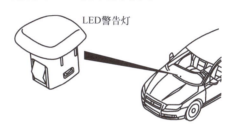

图 4-83　LED 警告灯

3）防盗电子模块。该控制单元安装在乘客侧杂物箱上方，与中控锁控制单元集成在一起，如图 4-84 所示。

4）警报喇叭如图 4-85 所示，当车身受到振动或外力触碰，警报喇叭开始鸣响，但这样会扰民，听起来烦躁。目前新生产车为了不扰民，采用人性化设计，例如手机报警以及卫星定位技术显示被盗车辆的位置。

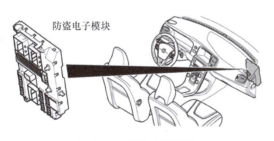

图 4-84　防盗电子模块

图 4-85　警报喇叭

三　电动窗与电动天窗

1. 电动窗

（1）功用　通过操作电动窗开关，使玻璃上升或下降到某一位置，或使玻璃自动升到顶或自动降到底,且具有防夹功能。

（2）主要部件　主要由电动窗开关、儿童保护开关、电动窗机构、电动机、电动机位置传感器、电子模块等组成。

1）电动窗开关。驾驶人电动窗开关与电子模块集成一起,如图4-86所示,安装在车门内饰板上,驾驶人可以操作四个车门玻璃的升降。电动窗开关上设有儿童保护开关,作用是阻止儿童操作玻璃升降。按下儿童保护开关,除可以操作驾驶人侧玻璃升降,其他三个车门玻璃均不能升降操作。

2）电动窗机构。主要由玻璃固定器、升降装置、电动窗电动机等组成,如图4-87所示。玻璃固定器由5条螺栓固定在车门内板上,升降装置由螺栓固定在固定器上,升降装置的关键零件是滑块,滑块连接玻璃,同时在滑道上滑动。

图4-86　电动窗开关

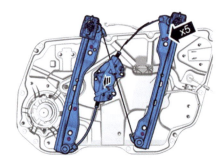

图4-87　电动窗机构

3）电动窗电动机。是车门玻璃升降的动力装置,装有永磁式直流电动机,可以通过改变电流的方向而改变电动机的旋转方向。电动窗电动机安装在车门内板上,如图4-88所示,电动机位置传感器与电动机集成一体,电动窗电子模块也安装在车门内板上。

4）防夹功能。车窗关闭过程中,当玻璃距上极限200mm时,如图4-89所示,如有障碍物妨碍了玻璃的向上运动,电动机立即反方向转动,防止夹住乘客的手或物品。每个车窗玻璃升降电动机装有一个霍尔传感器,如图4-90所示,监控电动机的转动速度,当遇到障碍降低了电动机速度,控制单元立即指令电动机改变旋转方向。

图4-88　电动窗电动机

2. 电动天窗

（1）功用　通过操作天窗开关,其传动机构可将天窗玻璃调节在不同的打开位置,包括倾斜、启闭或停止在某一位置等,改善了车内的乘车环境,增强了驾驶乐趣。

（2）主要部件　主要由机械结构、天窗玻璃、天窗开关、天窗电子模块、天窗电动机、位置传感器等部件组成。

1）机械结构。天窗电动机驱动两条螺旋钢丝轴,两个螺旋钢丝轴驱动天窗左右滑块,滑块推动天窗在滑道中前后移动。天窗通风位置由单独的滑道推动天窗上下动作。全景天窗机械结构如图4-91所示。

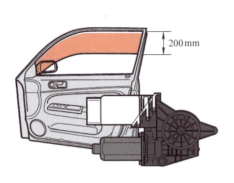

图 4-89　防夹功能

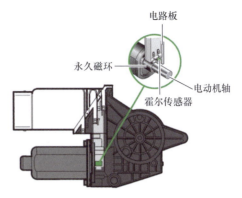

图 4-90　霍尔传感器

2）天窗玻璃有普通天窗、全景天窗之分，全景天窗如图 4-92 所示，具有两块强化玻璃，一块固定，一块可以开启和关闭。

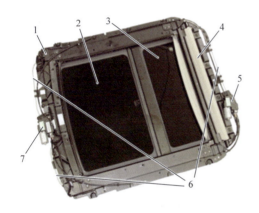

图 4-91　天窗机械结构

1—框架　2—活动玻璃　3—固定玻璃　4—卷轴遮帘
5—卷轴遮帘电动机　6—线束　7—玻璃电动机

图 4-92　全景天窗

3）天窗电子模块如图 4-93 所示。天窗电子模块控制天窗电动机转动，具备防夹保护、校准、传动机构的运动等控制功能。

4）天窗电动机如图 4-94 所示。天窗电动机通过螺栓固定在天窗附近，驱动活动玻璃的开启和关闭。

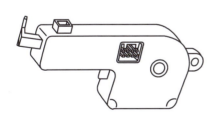

图 4-93　天窗电子模块

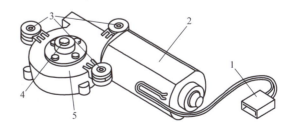

图 4-94　天窗电动机

1—插接器　2—电动机　3—安装孔　4—轴承盖　5—齿轮减速器

四、电动后视镜

1. 车内后视镜

1)手动防眩目后视镜。后方车辆的灯光照射到玻璃片,反射光会给驾驶人带来眩目,手动防眩目后视镜通过位置调节机构改变玻璃片角度,避免眩目。后视镜下方设有调节杆,如图4-95所示,调节杆指向风窗为基本位置;向后拨动调节杆,将后视镜调整为防眩目位置。

2)自动防眩目后视镜。如图4-96所示,通过开关可以打开和关闭防眩目功能,打开防眩目功能时指示灯点亮,根据入射光线的强度自动调整后视镜的亮暗。

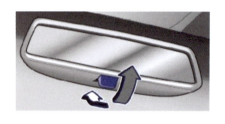

图4-95 手动防眩目后视镜

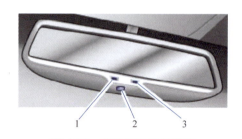

图4-96 自动防眩目后视镜

1—指示灯 2—开关 3—后方光电二极管

该装置组成如图4-97所示,由特殊玻璃镜、两个光电二极管、电子控制器组成。两个光电二极管分别接受前方和后方灯光,将信号送给电子控制器,如果后方灯光亮度大于前方,电子控制器输出电压给导电层,导电层颜色改变,电压越高导电层颜色越深,即使后方光照再强,玻璃片反射到驾驶人眼睛的也是暗光,不耀眼。倒车时,后视镜的防眩功能自动取消。

2. 车外后视镜

车外后视镜也称倒车镜,分为手动和电动。电动倒车镜功能:倒车镜位置调节、倒车镜折合、倒车镜加热。倒车镜主要由镜片位置调节结构、倒车镜调节开关、倒车镜加热开关、驾驶人车门模块、乘客车门模块等部件组成。

1)镜片位置调节结构是指对镜面的调节,以便驾驶人观察路况。如图4-98所示,调节机构主要包括位置调节电动机、折合电动机、调节开关、加热电阻丝、镜片、倒车镜罩壳等。

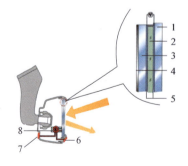

图4-97 防眩目后视镜结构

1、3—玻璃镜 2—电解质 4—银反射层 5—导电层
6—后方光电二极管 7—前方光电二极管 8—电子控制器

图4-98 电动倒车镜

2）位置调节电动机。位置调节电动机可在打开点火开关时进行操作，每个倒车镜有两个用于 X 轴和 Y 轴的调节电动机，如图 4-99 所示。

3）折合电动机的功用是折合倒车镜，避免损坏，如图 4-100 所示，两个前车门模块分别控制两个折合电动机，锁车后倒车镜自动折合。

图 4-99　位置调节电动机

图 4-100　折合电动机

4）倒车镜调节开关如图 4-101 所示，该开关由 L 按钮、R 按钮和调节扳钮组成，利用该开关可进行位置调节和折合控制，L 和 R 按钮用于选择左侧或右侧倒车镜。调节扳钮用于调节镜片位置，同时按住 L 和 R 按钮，启动折合功能，可以使汽车通过狭窄道路。

5）加热电阻丝。在雨雪天气，倒车镜片附有水和雾气，加热电阻丝的功用是省去驾驶人频繁用手擦拭镜片的麻烦，从而降低行车危险。按下倒车镜加热开关，镜片后面的电阻丝迅速将镜面加热，如图 4-102 所示，在几分钟内即可加热至一个固定温度，一般为 35~60℃，镜片表面有热气蒸发，镜面上的水珠因升温蒸发会越变越小，雾气也会慢慢消失，起到除水、除雾的效果。

图 4-101　倒车镜调节开关

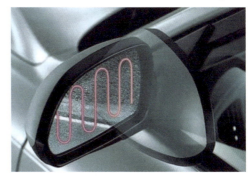

图 4-102　加热电阻丝

五　电动座椅

1. 功能

电动座椅的功能是座椅前后移动调节、座椅前端高度调节、座椅后端高度调节、靠背倾斜角度调节等 8 个自由度调节。高端汽车具有 12 个自由度调节，如图 4-103 所示，可对腰托前后、上下 4 个自由度调节，腰托可以缓解长途驾驶或乘坐的身体疲劳。

2. 主要部件

电动座椅主要由座椅调节开关、座椅电子模块、座椅电动机、电动机位置传感器、座椅机械结构等部件组成。

1) 座椅调节开关。如图 4-104 所示，座椅调节开关与座椅电子模块集成一体，具有座椅前后及高度调节推杆、靠背倾斜调节推杆、腰部支撑调节按钮、座椅位置记忆键。可分别由三位驾驶人根据自己的身高设定座椅和倒车镜位置，然后按下 1~3 中的一个按键做好记忆。驾驶人只需按动自己设定的按键号，就可以自动回到设置位置；使用自己的遥控器解锁车门，座椅也可以自动回到设置位置。

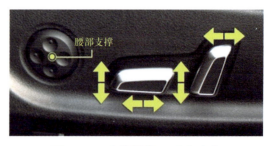

图 4-103　座椅调节 12 个自由度

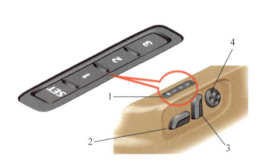

图 4-104　座椅调节开关

1—座椅位置记忆　2—座椅前后及高度调节推杆
3—靠背倾斜调节推杆　4—腰部支撑调节按钮

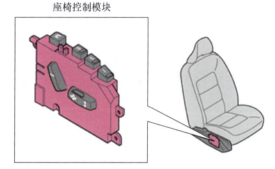

图 4-105　座椅电子模块

2) 座椅电子模块。该模块安装在座椅下方，如图 4-105 所示，电子模块与座椅调节开关集成一体，其功能是操作座椅、座椅位置记忆。

3) 座椅电动机。座椅电动机采用永磁式直流电动机，因为要调节 8 个自由度，所以装有 4 个电动机，每个电动机负责两个自由度，各电动机的位置传感器与电动机集成一体，如图 4-106 所示。

3. 座椅加热

利用座椅内的电加热丝对座椅内部加热，通过热传导将热量传递给乘坐者，改善冬天时因车辆长时间停放后座椅过凉造成的乘坐不舒适。分为前排座椅加热和后排座椅加热，一般在真皮材料座椅配置前排座椅加热，在豪华车和高端配置车配置后排座椅加热，如图 4-107 所示。

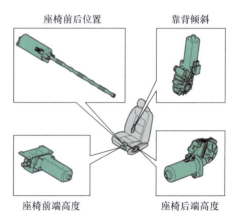

图 4-106　座椅电动机

4. 座椅通风

汽车普通座椅，身体与椅面之间空气不流通，不利于汗液排出，会感到不舒服。座椅通风是坐垫和靠背的发泡物背面装有风扇，风扇将空气吸入后导入通风层，气流再从通风层表面渗透经过加热垫流向座椅套，座椅套是打孔的真皮，空气从孔中流出，如图 4-108 所示。即使长时间乘坐，身体与椅面的接触面也会干爽舒适。

图 4-107　后排座椅加热

图 4-108　座椅通风

六 车载逆变器

1. 功用

车载逆变器的功用是将直流电逆变为交流电并变换电压，可为 220V、150W 以下交流电设备提供电源，例如笔记本电脑适配器，可短时承受 2min 最大功率 300W 用电。该插座位于中央仪表台后部。如图 4-109 所示，该车载逆变器输入电压 DC 10~14.5V，输出电压 AC 220V 50Hz，额定功率 150W。打开点火开关，如果负荷较小（5W 以下）、时间较短（30min 以内），可以直接使用，否则须起动发动机。为安全用电，表面装有盖板，采用安全插座，老款车是两孔插座，新款车是三孔插座。

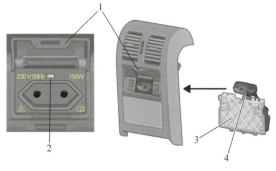

图 4-109　车载逆变器

1—盖板　2—LED指示灯　3—逆变器　4—交流220V插座

插座上 LED 呈绿色表示插座通电，呈红色闪烁表示存在故障，故障原因可能是输出功率长时间超过 150W，或者输出功率短时间超过 300W，此时过热保护器自动切断，待保护器冷却后自动复位。

有些车辆不仅提供 220V 交流电源，在驾驶室或者行李舱还装有 12V 直流插座，可供行车记录仪、12V 电器设备用电；在驾驶室装有无线充电座，可供带有无线充电功能的手机充电。

2. 工作原理

逆变器主要由逆变桥、控制逻辑和滤波电路组成，整个电路分为两大部分。第一部分电路的作用是将蓄电池或发电机提供的 12V 直流电，通过高频 PWM（脉宽调制）开关电源技术转换成30~50kHz、220V的交流电。第二部分电路的作用是利用桥式整流、滤波、脉宽调制及开关功率输出等技术，将交流电进一步转换成50Hz、220V的正弦波交流电。逆变器保护功能有输入直流极性接反保护、输入欠电压保护、输出过电流保护。

第三节　车身电控系统

一、汽车空调系统

1. 功用与分类

（1）汽车空调的功用

1）制冷。压缩机运转，制冷剂流入车厢内的蒸发器，鼓风机风扇送入的空气通过蒸发器被冷却，然后从出风口吹出。

2）加热。发动机冷却液流入车厢内的热交换器，鼓风机风扇送入的空气通过热交换器被加热，然后从出风口吹出。

3）通风。鼓风机工作后使得车厢内空气流通，可以吸入经过过滤的新鲜空气进行外循环，也可以让车厢内的空气内循环。

4）除湿。当空气通过蒸发器时，空气中的水汽冷凝成水从排水口流出，除湿功能使得车内空气变得干燥。

5）净化。一般利用空气过滤器、电气集尘器和阴离子发生器等，使车厢内空气无尘清新。汽车空调箱如图4-110所示。

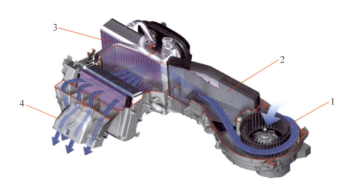

图4-110　空调箱

1—鼓风机　2—蒸发器　3—热交换器　4—出风口

（2）汽车空调的分类　汽车空调按控制方式分为手动空调、半自动空调、自动空调。按车厢内温度调节方式分为整车调节、分区调节，分区又分为两区、三区和四区。按空调箱布置分为前部空调箱、后部空调箱。按加注的制冷剂分为R134a和有些新款汽车采用的HFO1234yf。

（3）汽车空调的组成　一般由制冷系统、加热系统、通风系统、电气控制系统等子系统组成，高档车还装有净化系统。

2. 各部件的功能

（1）制冷系统　制冷系统主要由压缩机、冷凝器、储液干燥罐、膨胀阀、蒸发器、制冷管路等组成，如图 4-111 所示。

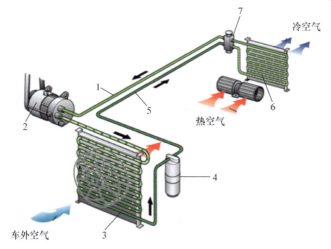

图 4-111　制冷系统组成

1—低压管　2—压缩机　3—冷凝器　4—储液干燥罐　5—高压管　6—蒸发器　7—膨胀阀

1）压缩机。压缩机是制冷系统的动力源，它由曲轴传动带驱动，压缩机将来自蒸发器的低温低压气态制冷剂，压缩成高温高压气态制冷剂，然后进入冷凝器。目前大都采用斜盘式压缩机，如图 4-112 所示，它由带轮、电磁离合器等组成。斜盘式压缩机分为两种类型，固定容积式和自动调节容积式。

① 固定容积式如图 4-113 所示，输入轴带动斜盘旋转，斜盘带动活塞往复运动，吸气时进气阀片打开、排气阀片关闭。压缩时进气阀片关闭，排气阀片打开。空调控制器根据制冷要求，指令电磁离合器接合、断开，用以调节压缩机的输出功率。

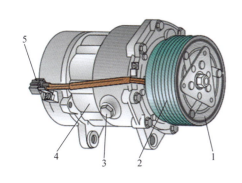

图 4-112　压缩机

1—离合器吸盘　2—带轮　3—加油塞　4—气缸　5—插接器

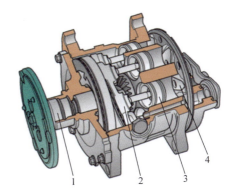

图 4-113　固定容积式压缩机

1—轴　2—斜盘　3—活塞　4—进、排气阀片

② 自调容积式如图 4-114 所示，可以在 5%~100% 之间调节气缸容积，优点是只要开启制冷，压缩机就持续运转，避免因离合器频繁接合、断开带来的发动机振动，目的是提高乘坐舒

适性。自调容积有两种方法，早期生产的压缩机，内部设有机械调节阀，通过感知高、低压力，如果低压较低，则说明流过蒸发器的制冷剂不足，则增加斜盘的角度，也就是增大活塞行程，从而调节制冷功率。目前生产的压缩机，装有压缩机电磁调节阀，空调控制单元改变通往电磁调节阀的占空比电流，实现斜盘角度调节，从而调节制冷功率。

2）冷凝器如图4-115所示，位于散热器的前面，高温高压气态制冷剂进入冷凝器，经外部通风气流散热冷却后，冷凝为高温高压液态制冷剂。

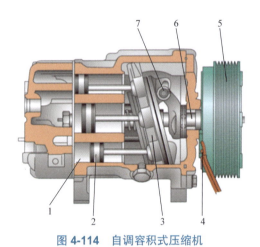

图4-114　自调容积式压缩机

1—气缸　2—活塞　3—斜盘　4—电磁离合器　5—带轮
6—轴　7—调节机构

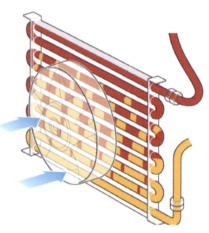

图4-115　冷凝器

3）储液干燥罐如图4-116所示，它位于冷凝器出口至膨胀阀之间，吸收制冷剂中的水分和过滤杂质，并作为制冷剂的储存容器。

4）膨胀阀。常用的H型膨胀阀如图4-117所示，它安装在蒸发器的进口处，高温高压液态制冷剂流经膨胀阀后体积变大，其压力和温度急剧下降，变成低温低压雾状。在膨胀过程中同时进行节流控制，以供给蒸发器最佳数量的制冷剂。

5）蒸发器如图4-118所示，安装在车厢内的空调箱中，低温低压雾状制冷剂流经蒸发器，不断吸收热量，汽化后变成低温低压气态制冷剂，又被压缩机吸入进行制冷循环。

6）制冷剂。汽车空调使用的制冷剂是HFC-134a，如图4-119所示。分子式CH_2FCF_3，沸点-26.5℃（0大气压），冰点-101.6℃（0大气压），无色、无味、无毒、不易燃易爆，但在高温下或遇明火和红热表面时，将分解放出有毒的刺激性气体。对某些橡胶有腐蚀，腐蚀有色金属，如铜、铅，具有一定的吸湿性。HFC-134a与R12不同，它不会破坏臭氧层。

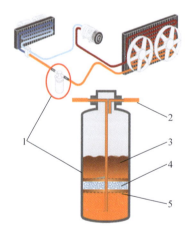

图4-116　储液干燥罐

1—储液干燥罐　2—进液口　3—储液室
4—干燥剂　5—滤网

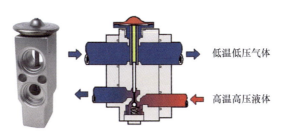

图 4-117　H 型膨胀阀

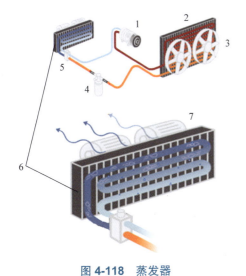

图 4-118　蒸发器

图 4-119　制冷剂 HFC-134a

1—压缩机　2—冷凝器　3—散热风扇　4—储液干燥罐
5—膨胀阀　6—蒸发器　7—鼓风机

（2）加热系统　加热系统如图 4-120 所示，它与发动机冷却系统配合工作，将冷却液的热量传到车厢内。加热系统主要由冷却液管路、热交换器、暖水阀等组成。

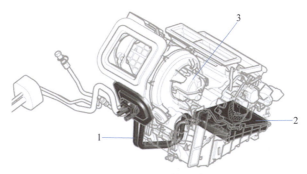

图 4-120　加热系统

1—冷却液管路　2—热交换器　3—鼓风机

（3）通风系统　由于天气情况是变化的，必须改变设定温度和仪表台出风口的气流方向。通风系统主要由鼓风机、风道、温度风门、室内/室外循环风门、除霜/脚部风门、头部风门、出风口等组成。通风系统风道的布置如图 4-121 所示。

3. 手动空调控制装置

（1）手动空调控制面板 控制面板如图4-122所示。

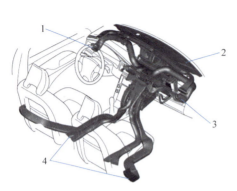

图 4-121 通风风道

1—头部出风口 2—风窗出风口 3—脚部出风口
4—后排出风口

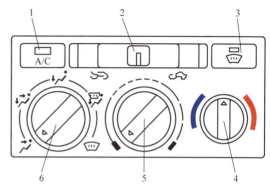

图 4-122 手动空调控制面板

1—A/C开关 2—鼓风机滑动开关 3—后风窗除霜按键
4—温度调节旋钮 5—内/外循环旋钮 6—出风口旋钮

1）A/C按键。按下按钮可使制冷压缩机吸合。

2）鼓风机滑动开关。拨动开关可开启鼓风机和调节鼓风机转速，设有低、中、高速档。

3）出风口旋钮。有五种吹风口选择：头部吹风、脚部/头部吹风、脚部吹风、脚部/前风窗吹风、前风窗吹风。

4）室内/室外空气旋钮。拧动旋钮可选择外部进风、室内循环通风。

5）温度调节旋钮。拧动旋钮可设定温度，此旋钮控制暖水阀开闭和冷热空气混合风门的位置。

（2）打开制冷 如图4-123所示，拨动鼓风机滑动开关选择出风速度，鼓风机转动；按下A/C按钮，压缩机工作。拧动温度调节旋钮到冷区，温度风门与暖水阀同时受拉丝联动；温度风门挡住热交换器，空气完全通过旁通道，暖水阀完全关闭，从出风口吹出凉风。

（3）打开暖气 如图4-124所示，拨动鼓风机滑动开关选择出风速度，鼓风机转动；拧动温度调节旋钮到热区，温度风门与暖水阀同时受拉丝联动；温度风门挡住旁通道，空气完全通过热交换器，暖水阀完全打开，从出风口吹出热风。

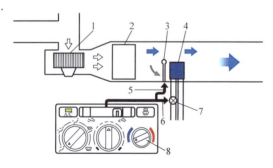

图 4-123 打开制冷

1—鼓风机 2—蒸发器 3—温度风门 4—热交换器 5—温度风门拉丝 6—暖水阀拉丝 7—暖水阀 8—温度调节旋钮

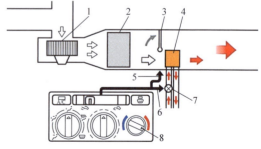

图 4-124 打开暖气

1—鼓风机 2—蒸发器 3—温度风门 4—热交换器 5—温度风门拉丝 6—暖水阀拉丝 7—暖水阀 8—温度调节旋钮

4. 自动空调控制系统

1）如图 4-125 所示，由驾驶人设定室内温度，按下 AUTO（自动）键，控制单元根据传感器检测到室外温度、阳光照射量、冷却液温度、压缩机运转条件、室内温度、设定温度，计算出鼓风机转速、出风温度、出风口位置，实现自动控制。

2）自动空调主要由空调 ECU、传感器和执行器三大部分组成。空调 ECU 与控制面板集成一起。传感器如图 4-126 所示，包括室外温度传感器、新鲜空气温度传感器、阳光传感器、仪表板出风口温度传感器、脚部出风口温度传感器等，还包括五个风门的位置传感器。

执行器包括五个风门伺服电动机，如图 4-127 所示，即新鲜空气风门伺服电动机、内/外循环风门伺服电动机、温度风门伺服电动机、头部风门伺服电动机、除霜/脚部风门伺服电动机；还包括鼓风机控制器、鼓风电动机。

3）自动空调可以执行自动功能，也可以手动设置，当手动设置后自动功能解除。目前生产车辆，驾驶人和前排乘客可以单独设置温度，称作分区温度设置，控制面板如图 4-128 所示。如果一侧的阳光强烈，则控制单元指令这侧出风温度低于另一侧。一些乘用车，后排座位设有出风口，也可以前排、后排温度分别设置。

5. 辅助加热系统

辅助加热系统全称是辅助冷却液加热系统，功用是冬季出车前加热驾驶室和融化风窗冰霜，乘员进入车内就能感受到温暖的环境。可用三种方式开启辅助加热：加热按钮、MFA 编程、遥控器。大众汽车的辅助加热器安装在发动机舱右侧的保险杠后面，如图 4-129 所示。

辅助加热器结构如图 4-130 所示，风扇转动将空气由进口吸进燃烧室，喷油嘴喷出柴油，空气与柴油的混合气被火花塞点燃生成火焰。冷却液管路从燃烧室穿过，冷却

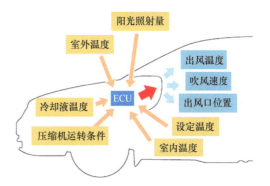

图 4-125 自动空调系统

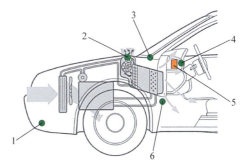

图 4-126 自动空调传感器

1—室外温度传感器 2—新鲜空气温度传感器 3—阳光传感器
4—仪表板出风口温度传感器 5—空调ECU
6—脚部出风口温度传感器

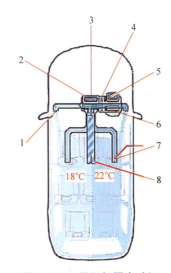

图 4-127 风门伺服电动机

1—头部出风口 2—头部风门伺服电动机
3—除霜/脚部风门伺服电动机 4—温度风门伺服电动机
5—新鲜空气风门伺服电动机 6—内/外循环风门伺服电动机
7—后部脚出风口 8—后部中央出风口

液被火焰加热,再被循环水泵送到冷却系统;空调加热系统工作,将热风吹向驾驶室和风窗玻璃。

图 4-128　分区设置温度面板

图 4-129　辅助加热器

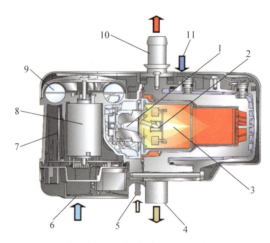

图 4-130　辅助加热器结构

1—喷油嘴　2—火花塞　3—燃烧火焰　4—燃烧废气出口　5—柴油进油管　6—空气进口　7—控制单元
8—风扇电动机　9—风扇　10—冷却液出口　11—冷却液进口

二、安全气囊

1. 功用与类型

（1）气囊的功用　当汽车发生碰撞时,安全气囊迅速在乘员与汽车内部构件之间产生一个充满气体的气垫,让乘员"扑"在气垫上,通过气囊的阻尼排气等过程吸收乘员的动能,使猛烈的碰撞得以减缓,以保护乘员的头部和胸部,如图 4-131 所示。

图 4-131　气囊的保护作用

（2）气囊的类型　经过数十年的发展，气囊已演变出各种不同的类型：转向盘气囊、前排乘客气囊、驾驶人座椅侧气囊、前排乘客座椅侧气囊、后排乘客气囊、侧气帘、膝部气囊等，如图4-132所示。

图4-132　气囊类型

1）正面气囊。车辆碰撞后，为了提高对人员的身体保护，目前车辆驾驶人侧和前排乘客侧安全气囊已成为标准配置，如图4-133所示。驾驶人安全气囊安装在转向盘上，气体发生器底部有插头连接，前排乘客安全气囊安装在杂物箱上方的仪表台中。

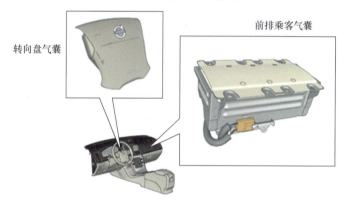

图4-133　正面气囊

2）座椅侧气囊。安装在座椅靠背侧面的气囊如图4-134所示，当汽车受到后部冲击时，能够减轻或避免乘员靠近车门侧的身体伤害。

3）侧气帘。安装在顶盖边梁下面贯穿前后，如图4-135所示。受车身内部安装的横向加速度传感器控制，当横向加速度大于正常值，且达到危险值时就会引爆展开气囊，并且在车辆发生倾覆时，能够对乘员提供保护。

图4-134　座椅侧气囊

1—驾驶人侧气囊　2—前排乘客侧气囊

4）膝部气囊。安装在乘员腿前方，如图4-136所示，用来降低乘员在二次碰撞中车内饰对乘员膝部的伤害。高端乘用车装有驾驶人、前排乘客、后排乘客膝部安全气囊。

图 4-135 侧气帘

1—左侧气帘 2—右侧气帘

图 4-136 膝部气囊

1—膝部气囊

2. 气囊系统的组成

安全气囊系统主要由气囊控制单元、碰撞传感器、气囊组件、螺旋电缆、气囊线束、气囊警告灯等组成，如图 4-137 所示。

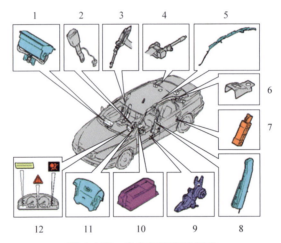

图 4-137 安全气囊系统组成

1—前排乘客气囊 2—安全带未系传感器 3—前排燃爆式安全带 4—后排燃爆式安全带 5—侧气帘 6—座椅占用传感器 7、9—门锁 8—侧气囊 10—气囊控制单元 11—转向盘气囊 12—气囊警告灯

1）气囊控制单元。气囊控制单元根据传感器相关信息，分析是否发出气囊引爆指令。气囊控制单元安装在中央扶手箱下方，如图 4-138 所示。

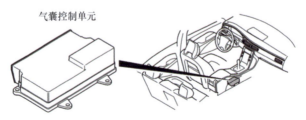

图 4-138 气囊控制单元

2）碰撞传感器。车辆碰撞后，该传感器将碰撞信号送往控制单元。车辆前部、侧面安装有碰撞传感器，如图4-139所示。

3）气囊组件。主要由引爆器、气体发生剂、气囊及外壳组成，如图4-140所示。控制单元对引爆器电阻通电，引爆器内有少量的炸药，炸药爆炸产生的热量引燃点火药粉，再引燃气体发生剂。气体发生剂一般是叠氮化钠固体片，高档车也采用硝酸铵粉末，发生剂产生大量气体对气囊充气。气囊由尼龙编织物制成，气囊急剧膨胀，撕破转向盘上的装饰罩冲向驾驶人，使驾驶人头部和胸部压在充满气体的气囊上，缓冲对驾驶人的冲击，气囊中的气体随之放出。

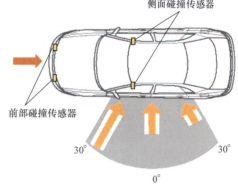

图4-139　碰撞传感器

4）螺旋电缆。如图4-141所示，因为气囊组件要随同转向盘转动，螺旋电缆位于线束插头与引爆器插头之间，保证导线与引爆电阻良好的连接，而且还负责喇叭按钮的导电回路。

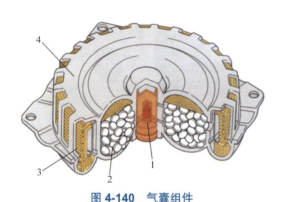

图4-140　气囊组件

1—引爆器　2—气体发生剂　3—气囊　4—外壳

图4-141　螺旋电缆

5）气囊线束。为了保证安全，车辆设计时将气囊线束与其他线束分开。气囊线束采用黄色或橘红色护套，如图4-142所示，规定气囊线束不允许维修，如有问题需要更换整体气囊线束。

6）安全气囊警告灯。如图4-143所示，打开点火开关，安全气囊警告灯大约点亮2s，这时系统正在自检，自检完成后若无故障，警告灯熄灭。如果点亮后不熄灭，则安全气囊系统存在故障，须用诊断仪查询故障码。

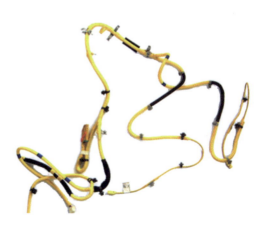

图4-142　气囊线束

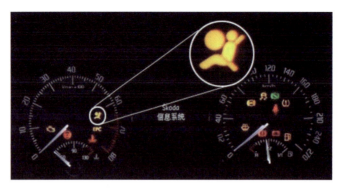

图 4-143 安全气囊警告灯

3. 气囊的引爆过程

1）气囊引爆条件。引爆是有条件的，例如正面气囊，一是必须前方发生碰撞，撞击力方向在车辆对称面两侧 30°以内。二是气囊触发与否取决于撞车时汽车的减速度与控制单元设定的减速度，若撞车时汽车的减速度小于控制单元设定的基准值，即使碰撞后车辆损坏严重，系统也不会触发安全气囊。

2）气囊引爆过程。发生碰撞时，开始对气囊充气，气囊压力上升的速率取决于碰撞类型，一般气囊有两个膨胀阶段，第一阶段充气迅速，第二阶段充气放缓。气囊控制单元计算汽车碰撞时刻的减速度，在几毫秒内评估碰撞的类型。车辆以 56km/h 速度正面撞击物体，气囊工作过程分时图如图 4-144 所示。

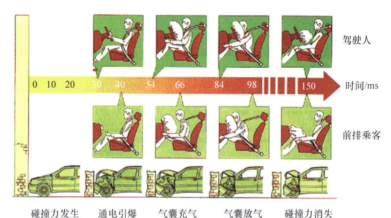

图 4-144 气囊工作过程分时图

三 车载网络系统

1. 车载网络的优点

一辆汽车不管有多少块控制单元，不管信息容量有多大，每块控制单元都引出两条线接在两个节点上，这两条导线就称作数据总线。以前各控制单元之间好比有许多人骑着自行车来来往往，现在这些人乘坐公共汽车，公共汽车可以运输大量乘客，故数据总线也称作 CAN-BUS 线。它的优点：

1）将传感器信号线减至最少，使更多的传感器信号进行高速数据传递。

2）可以减少控制单元插脚数量，节省控制单元有限空间。

3）如果控制单元需要增加功能，只需软件升级即可。

4）各控制单元之间高速传送信息，信息共享。

5）各控制单元对所连接的总线进行实时监测，如出现故障则会存储故障码。

6）采用同一总线协议的控制单元，虽然生产厂家不同，各控制单元之间可以进行数据交换。

2. 车载网络分类

目前乘用车广泛采用的网络类型有 LIN 网络、CAN 网络、FlexRay 总线、MOST 总线。

1）LIN 网络。LIN 网络的传送速率是 9.6kbit/s，属于 A 类。LIN 是一种低成本、高效率的汽车网络协议，作为 CAN 总线的辅助网络被大量使用，主要用于车身系统的控制，例如车身控制单元作为主控模块，刮水器 LIN 控制器作为从控模块。LIN 的每一帧完整信息称为框架，框架包含标题域和信息域，如图 4-145 所示。

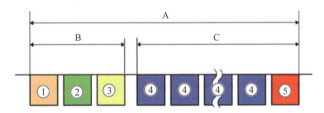

图 4-145　LIN 的一帧信息

A—框架　B—标题域　C—信息域　1—同步中断　2—同步栏位　3—标识栏位　4—数据信息　5—校验总和

2）CAN 网络。车辆上的 CAN 网络有两种：中速 CAN 和高速 CAN，属于 B 类。中速 CAN 的传送速率是 125kbit/s，主要用于传输舒适系统的信息；高速 CAN 的传送速率是 500kbit/s，主要用于传输发动机、ABS、变速器等动力系统的信息。CAN 网络好比在开电话会议，如图 4-146 所示，一人讲话所有人都在听，如听到有关自己的信息就要记录下来。

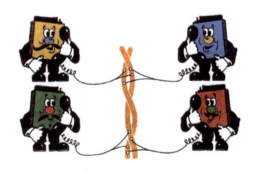

图 4-146　CAN 网络传输

3）FlexRay 总线。FlexRay 联盟是一个研发企业联合组织，成立于 2000 年，FlexRay 总线可以实现更快的数据传输速率、更强的实时控制和更高的容错运算，比如动态控制、车距控制和图像处理功能。FlexRay 总线特点：双线式总线系统、时间控制式数据传输（时间触发）、数据传输速率最高 10Mbit/s，属于 C 类。FlexRay 总线波形如图 4-147 所示。

4）MOST 总线。MOST 的传送速率是 24Mbit/s，属于 D 类，主要用于信息娱乐系统的信息传播。MOST 总线最大的特点是各个模块构成一个环形网络，如图 4-148 所示。

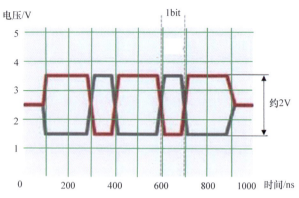

图 4-147 FlexRay 总线波形

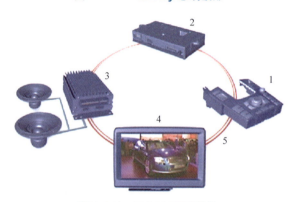

图 4-148 MOST 环形网络

1—操作控制单元　2—TV调谐器　3—音响系统控制单元　4—显示屏　5—MOST总线

3. 网关

由于汽车上装备的驱动、舒适、信息娱乐等总线系统的发送速率不同,如要对几个系统进行统一管理、信息共享,需要安装一个称作网关服务器的芯片。网关可以是单独的部件,也可以集成在某个控制单元内,如图 4-149 所示,网关集成在车身控制单元(BCU)内部。网关第一个作用是在各总线系统及诊断仪之间做"翻译"工作,第二个作用是对总线运行进行监视,如果总线或网络内的控制单元出现故障,网关就会存储故障吗。

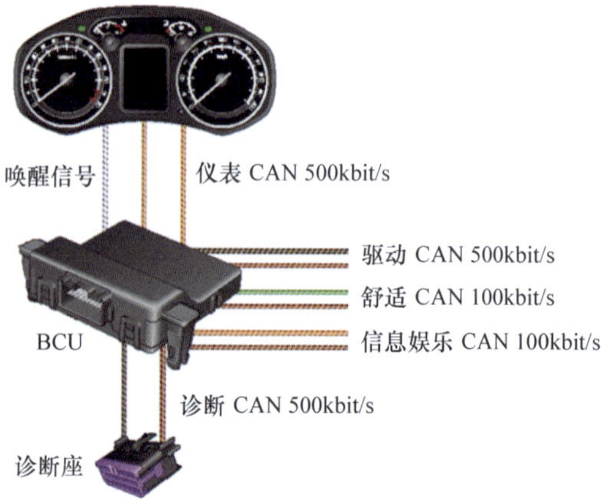

图 4-149 网关(集成在 BCU)

4. 全车网络

全车网络如图 4-150 所示,包括驱动 CAN 系统、舒适 CAN 系统、信息娱乐 CAN 系统、诊断 CAN、仪表 CAN。为维修方便起见,保留发动机控制单元、变速器控制单元的 K 诊断线。

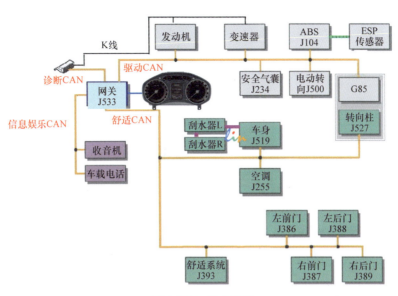

图 4-150 全车网络

四 胎压监测系统

1. 功用与形式

1）功用。轮胎压力监测系统（TPMS）的功用是当轮胎气压不正常时发出警告，让驾驶人及时获得轮胎压力的信息，提醒驾驶人及时对轮胎充气。轮胎的压力正常，可以获得良好的燃料经济性、行驶平顺性，并防止轮胎爆裂。

2）类型。①间接式，利用车轮转速传感器，根据四个车轮的转速差来判断胎压是否正常；②直接式，每条轮胎里面装有胎压传感器，在汽车静止或者行驶中对胎压和温度实时监测，并对轮胎欠压、过压、高温的不正常情况报警，避免因胎压不正常引发交通事故，确保行车安全。

2. 直接式胎压监测系统

直接式胎压监测系统主要由胎压传感器、胎压信号接收器、胎压电子模块、液晶屏等组成。

图 4-151 胎压传感器

1）胎压传感器。每个车轮有一个胎压传感器，如图 4-151 所示，安装在轮辋内部，与轮胎充气阀集成一体，装有长寿命电池，利用无线发射器将压力信息发送到胎压信号接收器。

2）胎压信号接收器。如图 4-152 所示，每个车轮罩下方安装一个或者安装一个总接收器，用来接收胎压传感器发出的无线电信号，然后将信号送给胎压电子模块。

3）胎压电子模块收到四条轮胎的压力、温度信号，经信号转变和计算，输出信号给仪表控制单元。各种车型的安装位置不统一。

4）液晶屏显示胎压界面，如图4-153所示，显示四条轮胎的压力、温度，如果出现异常，仪表板上的轮胎压力警告灯点亮。

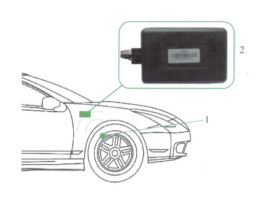

图 4-152　胎压信号接收器

1—胎压传感器　2—胎压信号接收器

图 4-153　直接式胎压监测

3. 间接式胎压监测系统

它是ABS的一个软件扩展功能。某条轮胎气压降低，汽车重量使该轮胎滚动半径变小，导致转速比其他车轮快，电子模块比较各车轮的转速差，达到监视胎压的目的，如图4-154所示。该系统的缺点是，如果四条轮胎同时气压降低就会导致监测失效，有些车型不能具体指示哪一条轮胎气压不足。汽车过弯路时外侧轮速大于内侧轮速，轮胎在沙地或冰雪路面打滑，某条轮胎转动速度加快，会导致系统误报，所以这种监测方法有局限性。

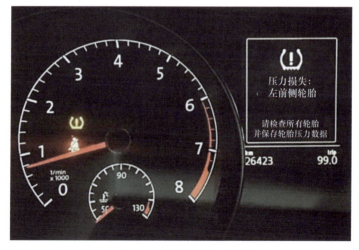

图 4-154　间接式胎压监测

第四节 驾驶辅助系统

一 预备知识

1）国际汽车工程师学会于 2014 年发布，自动驾驶技术分为 L0 至 L5 共六个级别：L0—非自动化，L1—辅助驾驶，L2—部分自动化，L3—有条件的自动驾驶，L4—高度自动化，L5—全自动化。汽车装备的各种驾驶辅助装置，就是为了迈向 L5 级。

2）测距传感器的工作原理是利用机械波、电磁波进行测距。机械波，由机械振动产生，只能在空气中传播。①声波，人耳能听到频率为 20Hz~20kHz，如扬声器、蜂鸣器发出的声音。②超声波，频率高于 20kHz，人耳听不到，方向性好，反射能力强，用于前/后驻车、泊车辅助、涉水深度传感器；安装在保险杠等处，从外面可以看到。

电磁波具有电磁辐射特性，在空气和真空中传播，频率由低到高排列：无线电波-微波-红外线-可见光-紫外线……①无线电波，频率为 300kHz~300MHz，用于胎压传感器、汽车钥匙。②微波，频率为 300MHz~3000GHz，包括分米、厘米、毫米、亚毫米波段，穿透性强，用于 ACC、盲点监测、倒车车侧传感器；安装在车标或保险杆里面，从外面看不到。③红外线，用于汽车烤漆和测温仪。④可见光，人眼感知频率为 380~750THz。⑤紫外线，用于汽车空调杀菌。

二 自适应巡航系统（ACC）

ACC 装备在中高档及以上乘用车中。ACC 是巡航系统（CCS）的升级版，设有单独的 ACC 控制单元，是一种智能化的自动控制系统，属于自动驾驶技术的 L2 级。帕萨特前车标后面装有雷达传感器（图 4-155），频率 76.5GHz，有效探测范围 150m，水平视角 12°，垂直视角 ±4°，车速范围 30 ~ 210km/h，通过多普勒效应进行速度比较。

图 4-155 雷达传感器

传感器持续扫描前方道路，轮速传感器提供车速信号，本车与前车之间的距离过小时，ACC 控制单元通知发动机、制动控制单元，降低发动机输出功率，适当采取车轮制动，依据驾驶人的设定自动控制跟车距离。当前方车辆突然紧急制动，ACC 控制单元发出声光信号，通知驾驶人立即踩制动踏板。本车与前车之间增加到安全距离时，ACC 控制单元按设定的车速巡航。

ACC 系统激活，组合仪表显示"主动状态"或"被动状态"，主动状态是指系统监测前方移动物体的相对速度，依据驾驶人设定的安全距离自动控制车距。被动状态是指系统监测前方移动物体的相对速度，不进行车距控制，必须由驾驶人控制车距。ACC 由主动状态转为被动状态的条件：按"巡航取消"键，踩制动踏板，长时间踩加速踏板，ABS、ESP、TCS 功能介入工作。

三、集成式自适应巡航系统（IACC）

IACC 装备在新款乘用车上，例如长安 CS75，该车是 A+ 级 SUV。IACC 采用多传感器融合技术，融合毫米波雷达、多功能摄像头和导航地图（与高德合作），可感知道路环境，通过发动机、制动、转向控制系统，自动加速、减速及转向，将车辆保持在车道内或跟随前方目标车轨迹自动驾驶。IACC 激活后，有以下功能：

1）单车道辅助驾驶，车辆自动保持在车道内行驶。

2）偏离车道辅助驾驶，车速在 65km/h 以上，车辆即将偏离车道时，仪表发出纠偏提示，并自动将车辆纠正车道内。

3）交通拥堵辅助驾驶，堵车情况下，车辆自动保持在车道内行驶或跟随前车行驶。

4）弯道辅助，摄像头识别出前方弯道，如果当前车速过高，自动减速进入弯道，出弯道后自动加速到设定车速。

5）预警辅助，高速行驶时距前车距离过近，提醒驾驶人注意车距；与前车存在碰撞危险，警示驾驶人采取制动；碰撞即将发生且驾驶人未制动，车辆主动制动。

6）语音设定巡航速度，也可以手动设定。

7）智能限速辅助，巡航车速大于识别到的限速标志牌，IACC 自动将标志牌限速设定为巡航速度。

8）IACC 增加"L2 级自动驾驶"键（图 4-156）。

图 4-156　L2 级自动驾驶键

四、预碰撞安全系统

预碰撞安全系统大众汽车公司命名为 Front Assist，中文意思是前部辅助系统，俗称"碰撞报警/主动刹车"。该系统与 ACC 协调工作，ACC 在巡航状态或关闭状态该系统均工作，可防止碰撞前车，将制动距离缩至最短。前车标后面的雷达传感器，监测前方移动和静止目标的距离，分步完成预处理车辆、警告驾驶人、主动制动干预。设有两个子系统，液压制动辅助系统（HBA）、自动部分制动（ATB）。

（1）预处理车辆　车速在 5～210 km/h，系统感知碰撞危险性略高，HBA 预充制动液压力，并自动降低触发阈值。

（2）警告驾驶人　车速在 30～210 km/h，感知碰撞危险性较高，分两步警告驾驶人：①预警告，发出警告音及图标；②主警告，发出制动耸车警告。

（3）主动制动干预　车速在 5～210km/h，感知碰撞危险性最高，如果驾驶人未采取制动：① HBA 预充制动液压力升高；② ATB 自动制动，车速 < 30km/h 执行"城市紧急制动"，车速 > 30km/h 执行"自动部分制动"。

1）城市紧急制动（图 4-157）：①感知碰撞危险性略高，HBA 预充制动液压力，执行"较高敏感度"阈值，不发出警告；②感知危险性较高，HBA 切换到"高灵敏度"阈值；③感知危险性最高，ATB 以 6.0m/s² 减速度制动，此时驾驶人必须紧急制动，否则会发生碰撞事故。

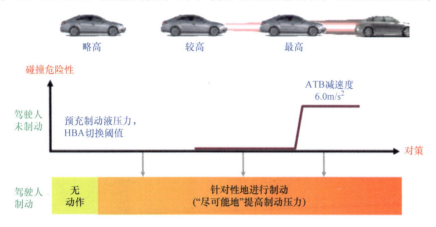

图 4-157　城市紧急制动

2）自动部分制动（图 4-158）：①感知碰撞危险性略高，发出图像及声音警告，HBA 预充制动液压力，切换至"较高敏感度"；②感知危险性较高，如果驾驶人未制动，发出短时制动耸车警告，切换至"高敏感度"；③感知危险性最高，如果驾驶人仍未制动，ATB 以 1.0m/s² 减速度制动。④如果驾驶人仍然置之不理，ATB 以 3.5m/s² 减速度制动，此时驾驶人必须紧急制动，否则发生碰撞事故。

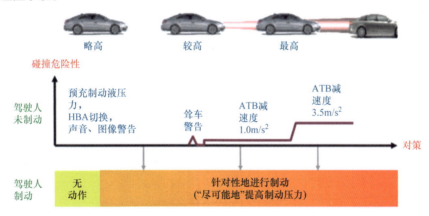

图 4-158　自动部分制动

五　车道偏离系统

车道偏离系统的功用是行车中识别偏离车道，通过显示屏、蜂鸣音、转向盘振动发出报警，适用于长途及疲劳驾驶。有些车型只进行警示，有些车型通过助力电动机自动修正行驶方向。大众 CC 车道偏离系统（图 4-159）主要由安装在后视镜底座的摄像头和偏离预警控制单元、电动助力转向控制单元、助力电动机、转向柱控制单元、转向盘、组合仪表组成。

摄像头扫描道路前方 20~60m 范围，每秒钟拍摄 25 帧图像，当车辆轻微偏离车道，如

图 4-160 所示，液晶屏显示"道路辅助，请控制转向"，蜂鸣器发出锣音，转向盘振动（奥迪车有此功能），该系统通过转向系统自动修正行驶方向。

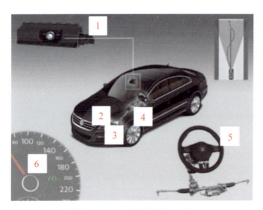

图 4-159 车道偏离系统

图 4-160 车道偏离报警

1—摄像头和偏离预警控制单元　2—电动助力转向控制单元
3—助力电动机　4—转向柱控制单元　5—转向盘　6—组合仪表

工作原理：

1）识别车道线，摄像头拍摄前方路面，根据标线与路面的灰阶对比值确定标记点。

2）计算车道，弯道半径 > 250m 自动切换为被动模式。被动模式只是监测，主动模式为监测、报警、修正。

3）偏离修正：①未开转向灯出现偏离，系统认为是客观偏离，转向盘修正力矩 < 3N·m，修正时间 < 100s；如偏离过大，说明驾驶人忘开转向灯而变换车道。②开转向灯出现偏离，系统认为是主观偏离，由主动模式自动切换为被动模式，变道完成后自动恢复主动模式。

4）主动模式条件：车速 < 65km/h，道路宽 2.45~4.60m，摄像头视野清晰必须能够识别出道路边界，车道标志线虚长不超过实长两倍。

5）车道偏离指示灯有三种状态，关闭偏离开关指示灯熄灭，打开偏离开关处于主动模式为绿色，处于被动模式为黄色（图 4-161）。

6）转向盘振动，转向盘上装有振动电动机，握住转向盘的双手感觉到振动。

7）如果车道偏离功能与 ACC 功能同时启用，ACC 功能优先。

图 4-161 车道偏离指示灯

六　并线辅助系统

1）并线辅助系统沃尔沃命名为 BLIS，中文意思是盲点信息系统。车身两侧后部装有雷达传感器，探测车外后视镜盲区内的车辆（图 4-162），驾驶人在变换车道时，BLIS 提醒驾驶人注意盲区内同方向行驶的车辆，在多车道、大交通流量的道路上最能发挥作用。

BLIS 主要由盲点监测开关、摄像机模块、雷达模块、盲点监测警告灯等组成。盲点监测开关（图 4-163）集成在中控台控制面板上，盲点监测开关信号首先进入自动空调控制单元，再由其发送到 CAN 总线。

图 4-162　BLIS 监测范围

图 4-163　盲点监测开关

摄像机模块与电动后视镜集成在一起（图 4-164），摄像机模块对拍摄的照片进行处理，同时通过 LIN 线获取车速信号，识别本车是否正在超越其他车辆，或被其他车辆超越。

两个雷达模块安装在后保险杠两侧的内部（图 4-165），当雷达传感器探测到物体时，通过盲点监测警告灯警示驾驶人。

图 4-164　摄像机模块

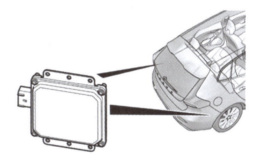

图 4-165　雷达模块

两个盲点监测 LED 警告灯安装在两个前门三角窗（图 4-166）上，若盲区内有车辆，LED 点亮呈橘黄色并闪烁。

2）奥迪汽车公司命名为 Audi Side Assist，中文意思是侧向辅助系统。两个倒车镜分别装有频率为 24kHz 的超声波传感器（图 4-167），监测汽车侧后方 70m 范围内的情况。车速 > 60km/h，侧向辅助系统激活，当检测到盲区内有汽车出现，系统进入"提示"阶段，倒车镜上的 LED 黄色灯点亮。LED 点亮不会干扰驾驶人，因为驾驶人直视倒车镜才能看到 LED。

图 4-166　盲点监测警告灯

驾驶人打开转向灯准备变换车道，当检测到盲区内有汽车出现时，LED 亮度增强并增加闪烁频率，系统进入"警示"阶段，驾驶人不会忽视，因为驾驶人只要观察倒车镜，就能看到 LED 闪烁。警告灯的亮度随环境亮度而变化，也可以通过多媒体交互系统（MMI）设置 LED 灯亮度。

七 疲劳驾驶识别系统（MKE）

1）车速为 65~200km/h 时，MKE 监控驾驶人的驾驶动作和车辆行驶中的相关信息，分析驾驶人的疲劳程度，当判断驾驶人出现疲劳，液晶屏显示"咖啡"标识（图 4-168），同时发出一声"锣音"。

图 4-167　警告灯点亮

图 4-168　"咖啡"标识

下列情况 MKE 将疲劳估计值复位：关闭点火开关、驾驶人解开安全带且打开驾驶人侧车门、停车时间＞15min、长时间低速行驶。如果紧接着快速行驶，MKE 重新计算行驶状况。下列情况 MKE 功能受限：车速＜65km/h、车速＞200km/h、恶劣天气、运动风格驾驶。

MKE 程序集成在网关，如图 4-169 所示，ESP 控制单元、电动助力转向控制单元通过驱动 CAN 将信号送至网关。MKE 根据转向角传感器、加速踏板位置传感器、横向加速度传感器信号，分析驾驶人的动作特征。驾驶人清醒时总是以较小的幅度操纵转向盘，疲劳时开始握着转向盘不动，突然以大的幅度操纵转向盘。当驾驶动作经常中断，意味着驾驶人疲劳程度增加，MKE 发出指令到仪表控制单元，提示报警。

图 4-169　MKE

1—带MKE程序的网关　2—ESP控制单元　3—转向角传感器　4—电动助力转向控制单元　5—仪表控制单元

2）MKE 在比亚迪汽车公司被命名为 BAWS，中文含义是疲劳驾驶预警系统。工作原理是基于驾驶人生理图像反应，利用驾驶人面部特征、眼部信号、头部运动性等推断驾驶人的疲劳状态，进行报警提示，给予主动智能安全保障。

该系统主要由摄像头、BAWS 模块、蜂鸣器、近红外 LED 等组成，摄像头安装在转向柱上方，摄像范围是驾驶人的面部，进行实时监控，近红外 LED 照明增强摄像清晰度。图像处理如图 4-170 所示，车辆行驶过程中，驾驶人闭眼时间或没有目视前方的时间，如果超过设定的安全阈值，BAWS 经过运算，向蜂鸣器送入音频信号，蜂鸣器发出警示音。

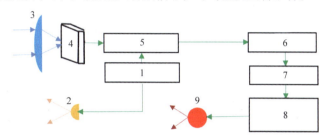

图 4-170　图像处理框图

1—电源电路　2—LED 照明　3—镜头　4—CMO 图像传感器　5—图像采集电路　6—视频解码电路　7—运算器　8—音频信号电路　9—蜂鸣器

八　倒车雷达

倒车雷达的功用是发出蜂鸣音，告知驾驶人后部障碍物的情况，解除倒车时看不见车后障碍物的困扰。雷达利用微波探测目标，频率范围为 300MHz~300GHz。倒车雷达只是一种习惯叫法，其传感器并非利用微波检测，而是利用频率高于 20kHz 的超声波，一般探测距离 0.2 ~ 2m。后保险杠装有 4 个超声波传感器，如图 4-171 所示，俗称探头，有些车辆只装有 2 个。

倒车雷达由超声波传感器、控制器、显示器、蜂鸣器等组成。工作原理如图 4-172 所示，超声波传感器包括发射器和接收器，用来发射超声波和接收超声波，将接收的信号送给控制器。控制器对信号进行处理，计算出车体与障碍物之间的距离及方位，当汽车距离障碍物达到危险距离时，蜂鸣器和显示器提醒驾驶人。倒车雷达的缺点是对于过细的物体无法识别。

图 4-171　超声波传感器

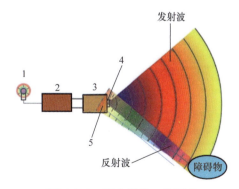

图 4-172　倒车雷达工作原理

1—蜂鸣器　2—控制器　3—超声波传感器　4—发射器　5—接收器

九、前/后驻车雷达

在前、后保险杆上装有超声波传感器,作用是向前泊车、慢速行驶或倒车时,探测汽车前后方障碍物,提供障碍物距离、方位、区域等信息,适时报警,消除因视线看不到而引起的碰撞、刮蹭等事故。前保险杠一般装有2个、4个或6个超声波传感器,侧面的超声波传感器以大约45°角辐射(图4-173),上下左右搜寻目标,液晶屏上显示障碍物的远近(图4-174)。前驻车雷达的优点是能探测驾驶人从车内不能看见的障碍物,例如花坛、小宠物等。

图4-173 前雷达传感器

图4-174 液晶屏显示

十、倒车车侧预警系统

倒车车侧预警系统英文缩写RCTA,全称Rear Cross Traffic Alert,中文含义是后方横向来车警示系统。在后保险杆两侧安装雷达传感器,扫描左后方和右后方20m范围内的横向来车及行人,如图4-175所示。如果发现障碍物,点亮A柱或倒车镜的警告灯,同时发出蜂鸣警示音。该系统与倒车雷达区别是,该系统利用毫米微波,雷达传感器安装在后保险杠内的防撞梁上,从车外面看不到;而倒车雷达采用超声波传感器,安装在后保险杠上,从车外面能看到。

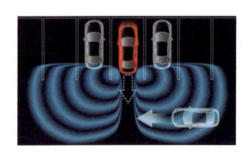

图4-175 倒车车侧预警范围

十一、倒车影像

倒车影像的英文是Vehicle Backup Camera,又称倒车可视系统。当挂入倒车档时,该系统会自动接通位于车尾的高清晰摄像头,将车后状况显示在液晶屏上,夜间通过红外线或LED补光使影像更加清楚,如图4-176所示。

系统主要由倒车影像开关、摄像头、电子模块、显示器等组成。倒车影像与倒车雷达相比,车后小的物体也能清晰可见。但是,如果习惯观察倒车镜,则蜂鸣音提示更方便些,所以高档乘用车将倒车雷达与倒车影像均作为标配。倒车影像与倒车雷达开关如图4-177所示。

图 4-176 倒车影像

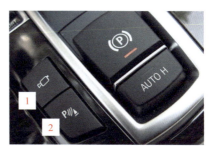

图 4-177 倒车影像与倒车雷达开关
1—倒车影像开关 2—倒车雷达开关

大众汽车的摄像头，安装在汽车后部可翻转的 VW 车标内，如图 4-178 所示，分辨率 250k 像素，广角镜头水平方向范围 100°、垂直方向范围 100°。

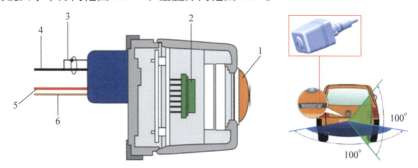

图 4-178 摄像头
1—镜头 2—信息处理器 3—屏蔽线 4—视频线 5—电源+ 6—电源-

十一、360°全景影像

倒车雷达对车辆后面的石头、大坑等不能识别，单个摄像头只能看到车辆正后方影像，无法同时看到车身四周情况，存在视角盲区，由此 360°全景影像诞生。它的优点是能看清车辆周围的 360°全景，如图 4-179 所示，屏幕中左画面是 360°全景，右画面是车辆后方影像。

车身周围安装能覆盖周边所有视场范围的 4 个广角摄像头，将同一时刻采集到的 4 路视频影像，处理成一幅车辆周边 360°的车身俯视图，在中控屏上显示。它有别于分割的图像，可彻底消灭车辆周围的视觉盲点，让驾驶人实时在车内监视车辆前、后、左、右视频画面，避免意外事件发生。同时配备前/后驻车雷达，避免因看不到车后和左右两边的情况而发生刮碰，并可以通过画面的指示调整入库、倒库的角度，帮助驾驶人安全轻松停泊车辆。

图 4-179 360°全景影像

十二 泊车辅助系统

功用：倒车时驾驶人不用操纵转向盘，只需控制加速踏板和制动踏板，该系统自动控制车辆倒入泊车位。主要组成：泊车辅助开关、泊车辅助控制单元、前保险杠4个传感器、后保险杠4个传感器、左侧及右侧传感器、轮速传感器、电动助力转向器、ESP控制单元、蜂鸣器等（图4-180）。

图4-180 泊车辅助系统

1—自动泊车开关 2—后保险杠传感器 3—右侧传感器 4—轮速传感器 5—前保险杠传感器 6—电动助力转向器 7—左侧传感器 8—ESP控制单元 9—泊车辅助控制单元 10—蜂鸣器 11—转向开关

1）泊车准备。必须开启ESP，倒车过程中如驾驶人未及时踩制动，ESP有辅助制动作用，避免碰撞。按下自动泊车开关（图4-181），开关指示灯随之点亮。左置转向盘的汽车默认停在道路右侧，如需要停在道路左侧，打开左转向灯，即可切换成停在道路左侧。

图4-181 自动泊车开关

2）平行泊车。驾驶人控制车速低于30km/h向前行驶，距路边车辆大约1m，泊车辅助控制单元接收前、后保险杠及侧面超声波传感器信号，测量目标泊车位的空间大小（图4-182）。如果空间允许发出蜂鸣音，驾驶人停车，观察液晶屏确认目标泊车位。驾驶人挂入倒档，轻缓踩加速踏板，泊车辅助控制单元对转向控制单元发出信号，助力电动机工作，汽车倒入泊车位（图4-183）。

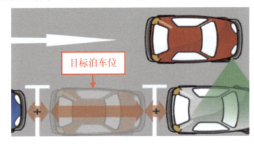

图4-182 寻找目标泊车位

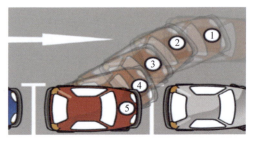

图4-183 平行倒入泊车位

3）垂直泊车。汽车停到目标泊车位前方大约45°位置（图4-184），驾驶人观察液晶屏确认目标泊车位，挂入倒档，轻缓踩加速踏板，泊车辅助控制单元对转向控制系统发出信号，助力电动机操纵转向倒入泊车位。

4）倒车过程中。下列情况泊车辅助自动关闭：①车速 > 7km/h；②挂入倒档后未在180s内完成泊车；③驾驶人作用在转向盘上的力矩 > 5N·m；④移出倒车档；⑤关闭ESP；⑥ESP介入工作；⑦关闭自动泊车开关。

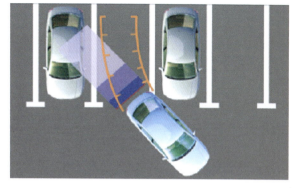

图4-184　垂直倒入泊车位

第五节　信息娱乐系统

以沃尔沃汽车举例，信息娱乐系统具有收音/电视、音频视频播放、电话、导航、远程协助等功能。沃尔沃XC90中控屏如图4-185所示。采用Android平台，与谷歌合作，将应用程序嵌入该系统，通过Google Play商店下载应用程序，与智能手机一样实时自动更新，语音识别控制，方便驾驶人操作。信息娱乐系统主要由音响/电视系统、电话系统、导航系统、远程协助系统、人机接口、包括中控屏在内的多平台显示、语音识别系统等组成。

图4-185　沃尔沃XC90中控屏

一、音响系统

音响系统主要包括音响/电视控制单元、音频视频播放主机、功率放大器、扬声器、显示屏等。

1）播放主机。目前使用的播放主机有CD碟盒、CD/MP3碟盒、CD/DVD/MP5碟盒。CD碟盒在20世纪90年代装备在汽车上，是播放音频的主机，有单碟和多碟盒，前者安装在中控台，后者安装在行李舱或者后排扶手箱。CD/MP3碟盒是在多碟盒技术数码化以后，针对原车CD接口开发的数码碟盒。CD/DVD/MP5碟盒是播放音频、视频的主机。CD、DVD是将数据存储在光盘轨道中极小的凹槽内，通过光驱的激光束进行读取工作。

2）功率放大器。沃尔沃XC90和V90搭载英国宝华韦健音响，频率响应121Hz~15.7kHz。功率放大器为12通道D类，D类工作原理基于开关晶体管。每个通道独立输出120W功率，一共1400W，一个通道包含高音和中音两个扬声器，低音通道只有一个低音扬声器。

3）扬声器。沃尔沃 XC90 一共装有 19 个扬声器，如图 4-186 所示，仪表台通道位于仪表台中央，装有高音、中音两个扬声器；每个车门有两个通道，内饰板上方通道装有高音、中音扬声器，内饰板下方低音通道装有 6.5in 低音扬声器；左后通道与右后通道位于后部车顶两侧，分别装有高音、中音扬声器；重低音通道位于行李舱右侧，装有 10in 超薄重低音扬声器。

图 4-186　沃尔沃 XC90 扬声器

二　电话系统

1）车载电话。一般具有接打电话、收发短信、来电显示、上网、数字拨号、通讯录、通话管理、设置日期和时间等功能，需要插入 SIM 卡。与手机不同的是使用增强信号的外置天线，采用较大的拨号键盘。

2）蓝牙电话。可解放持手机的手，保证行车安全，手机与车载电话系统配对，通过多功能转向盘的按键或语音、手势操作手机。当电话接入时，车上的音响系统会通过扬声器／传声器进行话音传输。蓝牙电话一般由蓝牙免提控制器、支持蓝牙的手机、中控屏等组成。

三　导航系统

1）导航地图可为驾驶人提供准确的位置信息，便于驾驶人便捷地到达目的地，如图 4-187 所示。汽车内置天线，接收环绕地球的 GPS 或北斗至少 3 颗卫星信号，将收到的信息与储存的电子地图结合，确定汽车在电子地图中的准确位置。再由中控屏显示最佳行车路线和其他相关信息。导航系统有一张 SD 卡，将它取出，使用 PC 在网上找到所用的导航系统，下载最新地图版本到 SD 卡。新款沃尔沃采用 Android 操作系统，取代沃尔沃以前的定制系统，该操作系统使用 Google Maps 之类的应用程序，通过 4G 连接互联网，与智能手机一样即时下载地图，提供实时交通信息。

图 4-187　导航地图

2）导航路况信息显示。具有联网功能的汽车，装载第三方导航系统（如高德），实时显示路况拥堵、顺畅程度，便于驾驶人更好地选择行驶路线，避免拥堵，更快地到达目的地。在导航地图上，绿色表示畅通，黄色表示拥堵，红色表示严重拥堵，蓝色表示无数据。

实时路况信息获取原理：①利用路面环形感应线圈监测设备；②利用道路的摄像头，记录道路车辆情况；③超声波监测器；④高速路口监控设备；这四项数据均掌握在公安交管部门；⑤GPS浮动车技术，根据车辆移动情况判断道路拥堵、顺畅情况；⑥移动网络手机信息数据；⑦人工参与的适时路况播报、通过手机软件等上传路况信息。

四 远程协助系统

主要功能有：①提供道路拥堵警告，提供可选择的行车路线，便于驾驶人轻松快捷地到达目的地；②车保姆（自检、诊断），包括远程起动发动机及空调，了解汽车实时状态、行车日志等，APP控制远程锁车/解锁、维修保养提示和联网预约保养；③车警察（安全、防护），包括防盗警报、被盗车辆追踪、远程车辆制动、远程车门解锁等；④车医生（救援），随身管家VOC在救援方面根据情况的严重性，设置三种应对机制，"碰撞自动求救""紧急救援服务""道路救援服务"，针对这三种情况保持24h通话畅通；⑤车秘书（个性化尊贵服务），VOC提供I-CALL服务，车主可在车内请求后台服务人员以语音形式提供目的地查询并远程输入到车内，以及股票、天气、酒店和机票预订等随车服务。

五 中控屏

中央控制屏是目前中档及以上乘用车的标配，其屏幕尺寸由最早的6in发展到现在的17in，有横屏、竖屏、多屏等，多屏布置在仪表台顶部、仪表台中部、延伸仪表台。屏幕种类由最早的普通液晶屏，发展到触摸液晶屏，基本取代了中控台实体按键（图4-188）。

六 抬头显示器（HUD）

HUD也称平视显示系统，它将虚拟图像直接投射到前风窗玻璃上，直接显示在驾驶人的视野中（图4-189）。它可以显示当前车速、当前路段限速、自适应巡航控制、车道偏离、导航指示等各类警告信息，可使驾驶人在不低头的情况下迅速了解行驶信息，增加行车安全性。

图4-188 中控屏

图4-189 HUD虚拟图像

第五章
汽车的骨骼和皮肤——车身

第一节 车身概述

一、车身的功用

1）承载空间。汽车车身承载驾驶人、乘客和货物，应对驾驶人提供便利的工作条件，对乘员提供舒适的乘坐条件，能够提供足够的空间运载货物并且装卸方便，如图 5-1 所示。

2）消除外界的影响。车身保护乘客和货物免受汽车行驶时的振动、噪声、废气的侵袭以及外界恶劣气候的影响，如图 5-2 所示。

图 5-1 承载空间大　　　　　　　图 5-2 免受外界影响

3）宽阔的视野。驾驶人在行车过程中，需要宽阔的视野，如图 5-3 所示。车身在设计过程中要注意减少盲区，一般说乘用车的后门外侧 30°范围区域，由于在反光镜的视界以外，我们称为盲区。

4）坚固美观。一旦遇到交通事故，框架结构件可以最有效地保护乘客，车身及附件美观给人带来赏心悦目的感觉，内部装饰恰到好处给乘客带来舒适享受。

二、车身的分类

图 5-3 宽阔的视野

1. 按车身承载分类

1）承载式车身。指在前、后桥之间未设有起承载作用的独立车架，而整个车身是一个整体，车身直接承受从地面传来的力和动力系统传来的力，轿车和小型客车采用此类，如图5-4所示。承载式车身加强车头、侧围、车尾、底板等部位，将发动机、变速器、前后悬架等总成安装在车身上设计要求的位置。

图 5-4　承载式车身

2）非承载式车身。指有车架的车身，车架也称大梁，车身安装在车架上，车身和车架可以分开，施加于汽车上的力基本都由车架承受，越野车和货车采用此类。由纵梁、横梁构成一个矩形刚性车架，如图5-5所示，车架承载着整个车体，发动机、变速器、悬架和车身都安装在车架上，车架通过前、后悬架与车轮连接。

2. 按车身形状分类

汽车车身是一件精致的综合艺术品，车身形状繁多，按形状特点可分为三厢车、两厢车、单厢车。

图 5-5　矩形刚性车架

1）三厢车。具有三个舱室，发动机舱、乘员舱和行李舱各自分开，除跑车外均为4门，如图5-6所示。近年有些车型为降低风阻将后风窗倾斜增大，但仍属于三厢车，称作短背三厢车。

2）两厢车。具有两个舱室，即发动机舱和乘员舱，而行李舱与乘员舱合成一体，也称溜背车，如图5-7所示。在后部安装可以掀开的后门，没有货舱和室内的隔离，后座椅靠背能够向前放倒，后部形成大的行李舱。

图 5-6　三厢车

图 5-7　两厢车

旅行车以三厢车为基础，把三厢车的行李舱加高到与车顶平齐，用来增加行李空间，行李舱与乘员舱合成一体，由此变为两厢车，如图5-8所示。

运动多功能车（SUV）亦属于两厢车型，如图5-9所示。

图 5-8　旅行车

图 5-9　SUV

3）单厢车。具有一个舱室，发动机底置，乘员舱与行李舱合成一体，小型客车如图5-10所示。其使用空间大，适于运载较多的乘客和大量的行李，多用途车（MPV）也属于单厢车型。

图 5-10　单厢车

三　安全车身

1. 安全结构车身

1）车身材料。乘用车以安全著称，车身设计时首要考虑行车安全性，目前车辆都设有安全结构车身，按照碰撞的强度对不同部位采用不同强度的钢材，如图5-11所示。现代汽车为实现车身轻量化，车身采用高强度钢和超高强度钢的比例越来越高。

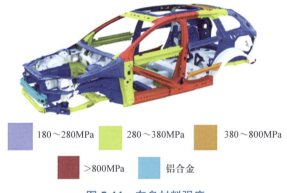

图 5-11　车身材料强度

2）吸能设计。目前车辆设计以安全为目标，具有吸能设计，如图5-12所示，碰撞后的前、后车身变形区和驾驶室的高刚度区能有效地吸收和分解碰撞能量，使驾驶室变形减小到最低程度。

3）车门防撞梁。车门防撞梁是一种强化材料，放置在门板与内饰板之间，如图5-13所示，确保侧面撞击时车门的强度。

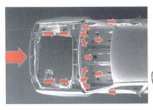 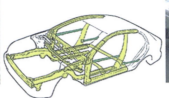 

前方碰撞的能量分解　　　　　　　　　　　　　　　　侧面碰撞的能量分解

图 5-12　车身吸能设计

车门防撞梁

图 5-13　车门防撞梁

2. 轮距和轴距

如图 5-14 所示，长的轮距（两侧车轮中心平面之间的距离）和长的轴距（即前后车轮中心平面之间的距离），可以提高操纵稳定性。操纵稳定性包括纵向稳定性和横向稳定性，纵向稳定性避免纵向翻倾，横向稳定性避免横向翻倾。

3. 碰撞的类型

汽车在使用过程中，碰撞是难免的，常见的碰撞类型有以下几种。

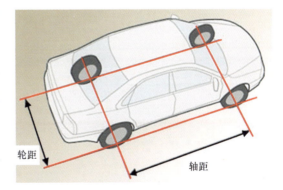

图 5-14　轮距和轴距

1）前部碰撞。前部碰撞是指汽车向前行驶时迅速出现减速度，如图 5-15 所示。前部碰撞力达到一定程度会激活安全气囊和燃爆式安全带，激活的决定性因素是车辆的速度和减速度，以及驾驶人或乘客向前冲的速度。

2）侧面碰撞。侧面碰撞可能产生最严重的人身伤害事故，这是由于侧面"碰撞挤压区"的空间较少，如图5-16所示。

图5-15　前部碰撞

图5-16　侧面碰撞

3）尾部碰撞。尾部碰撞通常发生在低速时被追尾，如图5-17所示，这一类型碰撞仍然会导致严重的人身伤害，通常损害头颈部。尾部碰撞中，燃油箱损坏的风险很大，在特别严重的追尾事故中可能导致燃油溢出，同时有着火的风险。

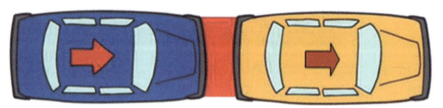

图5-17　尾部碰撞

第二节　车身结构

一、汽车是怎样造成的

汽车整车生产厂拥有四大分厂：冲压分厂、焊装分厂、涂装分厂和总装分厂。除这四大工艺厂房，还要配套动力站、油料库、试车跑道、成品车停放区、技术中心、管理中心、生活区等各项辅助设施。

1）冲压分厂。冲压分厂首先将整卷的钢板开卷、压平，然后依照冲压件的形状，剪裁成大小不等的钢板，分类码放，以便各自有不同的用途，如图5-18所示。

第五章 汽车的骨骼和皮肤——车身

 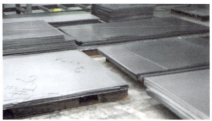

图 5-18　钢板剪裁

冲压分厂拥有全自动化生产线，可对钢板进行清洗、涂油、冲压。新建成的冲压分厂将冲压生产线设计成全封闭，以隔绝噪声，如图 5-19 所示。

2）焊装分厂。拥有数百台焊装机器人，进行车身总成、地板总成、侧围总成等全自动化焊装，以低能耗、高品质为制造目标，如图 5-20 所示。焊接设备保证钢板在 1536.5℃ 的最佳焊接温度。冷金属焊接，能够在焊接过程中精密地控制弧焊的温度，镀锌板的烧蚀可以减少 90% 以上。激光焊接，可加强车身框架强度，提高车身装配精度，提高车身安全性。

图 5-19　全封闭冲压生产线　　　　　图 5-20　焊装流水线

3）涂装分厂。保证车身外表面、内表面的电泳底漆膜厚均匀，外表面膜厚达到 $20\mu m \pm 2\mu m$；内表面达到 $16\mu m \pm 2\mu m$。目前大多采用水性免中涂工艺，在保证车身防腐性能和油漆外观质量的同时，减少污染物排放，降低能耗。喷涂车身底部涂胶（UBC）、车身色漆与清漆的过程中，门、盖的开启与关闭均由机器人操作。喷涂机器人如图 5-21 所示。

图 5-21　喷涂机器人

4）总装分厂。主装配线由电装、内装、底盘1、底盘2，外装、复合线等衔接而成，分装配线由前悬、后悬、轮胎、仪表台、前端模块、车门、顶篷等组成。主装配线与分装配线全部采用低噪声的摩擦输送方式，如图 5-22 所示。

最后是整车检测线，检测四轮定位采用非接触式激光测量仪，如图 5-23 所示，有非常高的

173

精度。还使用先进设备检测制动力、校准车速表、前照灯的光束。

图 5-22　总装流水线

图 5-23　四轮定位

360°淋雨房如图 5-24 所示，房间内布满喷头，即使车辆底部的轨道也带有喷头，喷雨强度达到 100mL/h 大暴雨级别，国家标准暴雨级别是 50mL/h，如果密封条有问题，立刻便能发现。

试车跑道包括扭曲路、波浪路、凸井盖路、凹井盖路、搓板路、普通坏路、卵石路、小石块波浪路等特殊路段，如图 5-25 所示，可检测汽车各种性能及行驶风噪、胎噪等。

图 5-24　360°淋雨房

图 5-25　试车跑道

5）碰撞试验。汽车碰撞试验有两种标准，第一种是国家强制标准，在国家指定的检测中心完成试验并达标后，车辆才允许上市销售。第二种是第三方试验标准，C-NCAP 是其中的一种，全称是 China-New Car Assessment Program，中文含义是"中国新车评价规程"，测定机构是中国汽车技术研究中心。该中心在市场上购买车辆，按照比国家标准更加严苛的规定对车辆进行碰撞试验，如图 5-26 所示，对结果进行评级，用以指导消费。汽车生产厂也可以委托该中心做 C-NCAP 试验。

图 5-26　C-NCAP 碰撞试验

二　白车身

白车身是指完成拼装焊接，但是尚未涂装的车体及四门两盖，如图 5-27 所示。白车身由三部分组成：框架结构件、饰板覆盖件、开闭件。

图 5-27　白车身

1. 框架结构件

1）框架结构件一般指纵梁、支柱、车底板、底边梁、顶盖边梁等，是车身承载能力的基础，对保证车身所要求的结构强度和刚度非常重要，是支撑覆盖件和安装开闭件的骨架。车身侧围的支柱有 A 柱、B 柱、C 柱，如图 5-28 所示，支柱是支撑车辆结构强度的主要部分。A 柱在发动机舱和驾驶舱之间，左右倒车镜的上方；B 柱在驾驶舱的前座和后座之间，安全带在 B 柱上；C 柱在后风窗的两侧，上端与顶盖边梁衔接，旅行车和 SUV 还设有 D 柱。

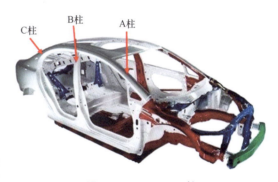

图 5-28　A、B、C 柱

2）GB/T 30323—2013《二手车鉴定评估技术规范》对车身结构的 13 个部位进行评估，如图 5-29 所示，如有变形、扭曲、更换、烧焊、皱褶，则认定为事故车。

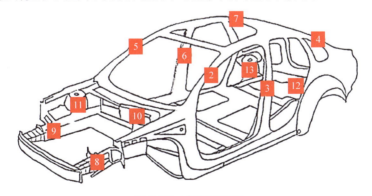

图 5-29　车身结构件

1—车体左右对称性（图中未标注）　2—左A柱　3—左B柱　4—左C柱　5—右A柱　6—右B柱　7—右C柱　8—左前纵梁　9—右前纵梁　10—左前减振器悬置部位　11—右前减振器悬置部位　12—左后减振器悬置部位　13—右后减振器悬置部位

2. 饰板覆盖件

饰板覆盖件是覆盖在车身表面的板件，包裹车身骨架，主要功能是封闭车身、外观造型以及提高车身结构强度和刚度,覆盖件包括前翼子板、顶盖、后翼子板、后围板等。

3. 开闭件

发动机舱盖、车门、行李舱盖或尾门、顶窗、加油盖、充电插座盖均属于开闭件,图5-30所示为SUV的尾门。

三 车身附件

图5-30 SUV尾门

车身附件在增加车辆观赏性的同时,还能够给驾驶人和乘客提供乘坐的方便性和舒适性,以及更高的安全性。

(1)车窗玻璃 车窗玻璃是车辆的重要部件,它保证车辆的安全和舒适,除要求透明以外,玻璃碰到物体时还应具有保护乘客的作用。车窗玻璃种类如图5-31所示。

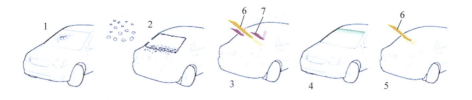

图5-31 玻璃种类

1—夹层玻璃 2—钢化玻璃 3—防紫外线玻璃 4—有色玻璃 5—吸收红外线玻璃 6—太阳光 7—紫外线

1)夹层玻璃。将一层透明薄膜夹在两层普通玻璃中间并压在一起,薄膜具有减弱紫外线和粘接作用,当外部物体例如飞来的石块击中玻璃,薄膜能防止玻璃碎片散落。夹层玻璃用于前风窗。

2)钢化玻璃。将普通玻璃加热后再快速冷却,玻璃具有增强的抗冲击性,强度是普通玻璃的四倍。虽然钢化玻璃在遭受强烈碰撞时也会破碎,但它会破碎成很小颗粒,以便最大限度地减小伤害。

3)防紫外线玻璃。可以减少90%~95%的紫外线,用于门窗玻璃和后风窗玻璃。

4)有色玻璃。整个玻璃是绿色或青铜色,带有遮光带的玻璃用作前风窗玻璃,这种玻璃只有上方带色,并且边缘部分逐渐变淡以美化外观。

5)吸收红外线玻璃。这种玻璃包含少量的镍、铁、钴等金属材料,这些材料吸收阳光中的红外线,降低了由于阳光照射车内而导致的温度升高。

(2)后风窗加热电阻丝 后风窗是单层钢化玻璃,玻璃的驾驶室侧印刷有一条条规则的线,如图5-32所示,为红色或其他颜色,这是加热电阻丝,经插片与线束连接,有些车辆后风窗上还设有收音机天线。遇雨、雪、雾天气时,驾驶人打开仪表台上的除霜/雾开关,电阻丝通电加热,玻璃温度升高,附着在玻璃上的霜或雾受热融化,融化成水珠流下或成雾气状挥发,让驾驶人能够清晰辨别后方行车状况及倒车时安全操作。有些新型乘用车,前风窗玻璃采用镀膜

第五章　汽车的骨骼和皮肤——车身

加热，冬季可以除冰除霜，夏季实现热反射功能。

（3）保险杠　保险杠具有安全保护、装饰车辆以及改善车辆的空气动力学特性等作用。安全上，汽车发生低速碰撞事故时能起到缓冲作用，保护前后车体；在与行人发生事故时可以起到一定保护行人的作用。外观上具有装饰性，成为装饰轿车外形的重要部件。汽车保险杠还有一定的空气动力学作用。保险杠材质为塑料，后面是泡沫吸能缓冲材料，再后面是铝合金加强梁，如图 5-33 所示，可有效减小低速碰撞对行人的伤害。

图 5-32　后风窗电热丝

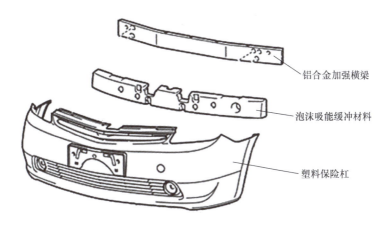

图 5-33　吸能保险杠

（4）行李架　行李架能够给车主提供更多的载物空间，便于外出旅行和作业，有些汽车在出厂时就已经安装了行李架，如图 5-34 所示。行李架要符合空气动力学设计，实现最小的风噪和空气阻力。

（5）尾翼　一些两厢车、MPV 尾门的上方装有鸭尾状的尾翼，如图 5-35 所示。它可以将车顶上的气流顺畅地传导至车后，

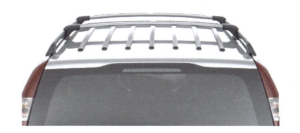

图 5-34　行李架

利用该气流将后风窗的灰尘清除掉，避免灰尘影响驾驶人的后视野。尾翼是扰流板的一种，可减少汽车尾部的升力，如果车辆尾部升力过大，汽车容易出现甩尾，但安装尾翼会增加风阻。

（6）鲨鱼鳍天线　在这种天线设计出来之前，收音机的天线安装在翼子板或车顶后部，手动伸缩不方便，电动伸缩容易损坏，当伸出后遇到物体或受外力更容易损坏。鲨鱼鳍天线如图 5-36 所示，不仅小巧美观，因采用接收范围更广的设计，增强了收音机接收信号，还具有一定释放静电的作用。

图 5-35　尾翼

图 5-36　鲨鱼鳍天线

（7）油箱盖锁　有两种类型：①油箱盖机械锁，早期生产车和低档车采用，钥匙插入锁芯开锁，再用手逆时针将油箱盖拧出。②油箱盖门电磁阀，油箱盖门装有电磁阀，用来控制锁销，驾驶室设有油箱盖门开启按钮，按下按钮电磁阀通电后产生电磁力释放锁销，如图 5-37 所示，油箱盖门跳开，用手逆时针拧出油箱盖即可。高档车油箱盖门锁由中控门锁控制。

图 5-37　油箱盖门

四、车门

1. 车门锁

1）机械门锁。车辆在行驶中因振动或受冲击时，门锁可以防止车门自行打开。锁销设有三个位置：门打开位、半锁紧位、全锁紧位，如图 5-38 所示。门打开位的锁舌与锁销不接触，半锁紧位的锁舌受力翻转与锁销半锁紧，俗称一道锁，为保证安全，车门已经不能打开。继续关门，锁舌进一步翻转与锁销全锁紧。

2）装有电动机的门锁。如果是轻轻关门，如图 5-39 所示，车门控制器感知到车门处于半锁紧位，此时指令电动机转动，通过齿轮减速，促使锁舌进一步翻转，完成门锁的全锁紧位。同样，如果车门控制器检测到行李舱盖是半锁紧位，则会起动行李舱盖电动机，将行李舱盖完全锁紧。

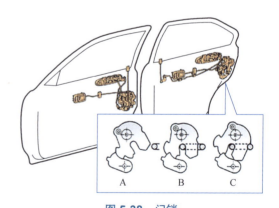

图 5-38　门锁

A—门打开位　B—半锁紧位　C—全锁紧位

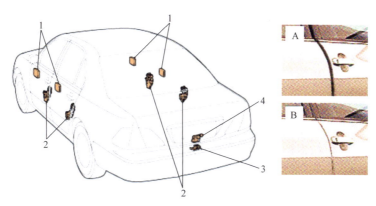

图 5-39 传感器检测车门的位置

1—车门控制器 2—门锁总成 3—行李舱锁撞销 4—行李舱锁电动机 A—车门半锁紧位 B—车门全锁紧位

2. 电动侧滑门

电动侧滑门多作为中高端 MPV 的标配，车门自动滑开可以方便后排乘客进出车厢，如图 5-40 所示。操纵的方法包括：①拉车门外把手，车门打开，再拉车门内把手，车门关闭；②用遥控钥匙控制电动侧滑门；③用顶篷开关控制电动侧滑门；④用 B 柱按键控制电动侧滑门；⑤用驾驶人处的中控门锁开关操作。车门关闭至二级锁之后，电动机转动会把车门慢慢拉紧至上锁。电动侧滑门在运行中遇到阻力，电动机停止运转并反向转动打开车门，防止伤害乘客。利用儿童保护锁，可以限制从车内开启车门。

图 5-40 电动侧滑门

3. 电吸车门

1）优点。有些高档乘用车具有电吸车门，优点是：①关闭车门时不需很大的力，关门动作轻快；②不会发出很大撞击声响；③不用担心车门没有完全关闭；④保护车门不受损伤。

2）吸合过程。车门边缘装有电磁线圈，如图 5-41 所示，电磁线圈也可以装在门框内。当车门关到与门框距离较近时，车门传感器发送信号给车门控制器，该控制器对电磁线圈通电，产生的电磁力将车门自动吸合。

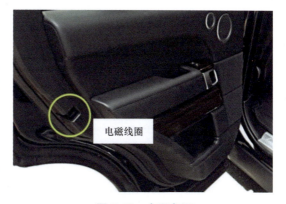

图 5-41 电吸车门

4. 鸥翼车门

鸥翼车门已经有 60 多年历史，但如今依旧用于豪华跑车，特斯拉 Model X 的后门也采用该结构，如图 5-42 所示。车门打开时像海鸥的翅膀一样立于整车顶部，铰链布置在顶篷中间纵梁上，车门的上部是车顶的一部分，相比传统形式的车门更便于乘客进出和放置行李。鸥翼车门有两条铰链，一条在车门与车身交界处，另一条则在车门处。车门与车身之间有两个扭转弹簧，通过弹簧施加力，达到车门上旋打开的目的。有两台控制车门升降的电动控制装置，能够根据空间的要求控制车门打开的程度。可以通过触摸屏命令内部铰链装置将车门打开，然后扭转弹簧将车门向上移动，之后第二套铰链控制车门下部打开。

5. 电动尾门

（1）功能 由于SUV的尾门较重、打开后位置较高，电动尾门的功能是以电动方式开启和关闭尾门，给使用者带来便捷，有些制造商称之为电动行李舱。

图 5-42 鸥翼车门

（2）主要部件 电动尾门装置主要由尾门电子模块、尾门解锁开关、尾门电动机、尾门把手开关、尾门关闭开关、尾门关闭电动机等组成。

1）尾门电子模块。如图5-43所示，尾门电子模块位于尾门里侧，尾门内板上，该模块用于控制尾门的自动开闭功能。

2）尾门解锁开关。如图5-44所示，尾门解锁开关一般安装在仪表台上，与灯开关模块集成，用于尾门解锁。

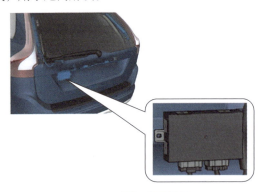

图 5-43 尾门电子模块

图 5-44 尾门解锁开关

3）尾门电动机。如图5-45所示，左侧和右侧尾门开启/关闭电动机位于行李舱盖左侧和右侧的垂直沟槽内，用于在电动方式下开启和关闭尾门。

4）尾门把手开关。如图5-46所示，尾门把手开关也就是车身外部的尾门开启开关，位于尾门外侧把手中央，在尾门电子模块允许尾门打开的情况下（按压遥控器的尾门解锁按钮，或者按压仪表台上的尾门解锁开

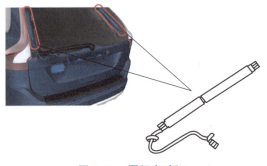

图 5-45 尾门电动机

关），再按压尾门把手开关，尾门电动机运转，尾门被电动开启。

5）尾门关闭开关。如图5-47所示，该开关位于尾门下缘上，只有在尾门打开状态下才能看到并且操作该开关，按压此开关，尾门电动机运转，尾门被电动关闭。

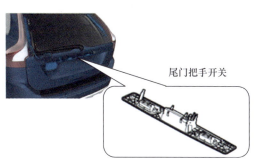

图5-46　尾门把手开关

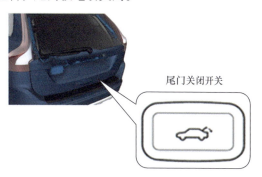

图5-47　尾门关闭开关

6）尾门关闭电动机。如图5-48所示，尾门关闭电动机位于尾门锁定装置旁边，当尾门关闭时，尾门关闭电动机将尾门拉入最后一段行程，并实现尾门锁止。

五、车厢附件

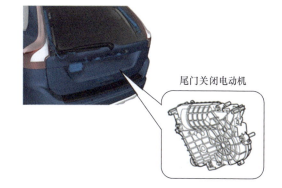

图5-48　尾门关闭电动机

1. 仪表台

仪表台位于驾驶舱内，驾驶人面前，如图5-49所示，用来安装仪表板、中控屏、空调面板、开关、电器装置、出风口、杂物箱等。

图5-49　仪表台

2. 副仪表台

副仪表台亦称延伸仪表台，或称中央仪表台，如图5-50所示。为了避免仪表台上的仪表过分拥挤，仪表台中部向下延伸而成为仪表台的补充空间，在副仪表台上可以安装部分开关、收音机、烟灰缸、杂物箱等。

3. 座椅与头枕

1）座椅的功用。座椅是汽车的必需品，手动调节的座椅如图 5-51 所示。座椅的功用是支承乘客，缓冲路面的冲击，确保乘客舒适并使长途驾驶疲劳降到最低程度。座椅还具有保护作用，当汽车以 50km/h 的速度行驶中突然发生紧急制动、前部碰撞、车尾被追，车内的物体会产生 30~40 倍自身重量的冲击力，汽车座椅与安全带配合固定乘客。常用面料材质：①织物座椅，摩擦力大使得坐上去平稳，透气性好，乘坐舒服；②真皮座椅，美观上档次，容易打理，高端车采用；③化学合成人造皮，或称人造革，价格比真皮低。

2）后排座椅放倒。如图 5-52 所示，轿车将后排座椅放倒，可以增加行李舱空间，易于放置大件或超长的物件。SUV、MPV、旅行车将第 2、第 3 排座椅放倒，可获得一张很平整的床，长度超过成人的身高，在长途旅行停车时可以睡觉休息。常见放倒比例有：①后排座椅靠背是一个整体，只能同时放倒；② 4/6 放倒，左侧座椅占 4/10，中间和右侧座椅占 6/10；③ 4/2/4 放倒，左侧和右侧座椅分别占 4/10，中间座椅占 2/10。有些车辆前排乘客座椅也能放倒，可以装载更长的物件。

图 5-50　副仪表台

图 5-51　座椅

1—头枕　2—靠背　3—腰部支撑　4—坐垫

图 5-52　后排座椅放倒

A—紧凑型三厢车　B—SUV放倒2、3排

3）头枕的功用。头枕功用是保护乘员在车尾受到碰撞的情况下，头部不受到撞击。使用头枕调节器来调节头枕的位置以适应驾驶人的形体和姿态。有些车辆头枕只能上、下调节，有些车辆头枕既能上、下调节，也能前、后调节。

4）安全头枕。安全头枕是被动安全装置，当汽车被追尾时，人的头部会由于惯性向后猛冲一下，这时的头枕被激活向前移动，给出一个向前的缓冲力，保护头部以下颈椎的安全，如图5-53所示。

4. 安全带

1）普通安全带。当突然制动或发生碰撞时，由于具有很强的惯性力，乘客身体向

图 5-53　安全头枕

前移动，安全带可适当地把乘客身体固定在座椅上，防止乘客碰撞方向盘、前风窗玻璃。安全带类型有两点式和三点式，如图5-54所示。两点式只能固定乘客的腰部，不固定上半身，用于后排座椅的中间座位。在两点固定基础上，增加一根斜跨到肩部的固定上半身的带子，因有三处固定点，故称三点式，用于后排中间座位以外的所有座位。大多数车辆带有安全带扣开关，与座椅占位传感器配合，当感知坐垫上有乘客而安全带未系时，安全带未系警告灯点亮并发出声响提示。

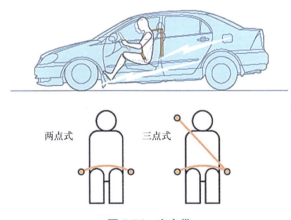

图 5-54　安全带

2）燃爆式安全带。燃爆式安全带如图5-55所示，当车辆与前方物体发生碰撞时，安全带立即回卷，避免驾驶人、乘客身体向前冲而发生碰撞伤害。主要由爆炸装置、小齿轮、大齿轮、齿条等组成，爆炸装置引爆时小齿轮逆时针旋转，带动大齿轮顺时针旋转，促使齿条向上移动，同时向上拉动安全带。引爆后与普通安全带一样拉住乘客，当碰撞强度很强，但不足以引爆安全气囊的情况下，安全带爆炸装置也会触发。

3）气囊式安全带，如图5-56所示，安全带预留一个空气袋，并装有类似安全气囊的感知装置，而就在安全带产生束缚动作时，此气囊也会引爆并同时充气，产生弹性的空间，安全带

紧束乘客以减轻伤害。

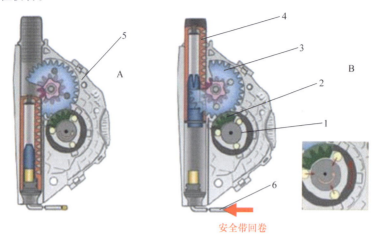

安全带回卷

图 5-55 燃爆式安全带

A—燃爆前 B—燃爆时 1—爆炸装置 2—小齿轮 3—大齿轮 4—齿条 5—壳体 6—安全带

5. 汽车天窗

车内空气污染严重影响驾乘者的健康，特别是汽车在经历一段时间的密闭后，车厢内充斥着装饰用品中苯、甲醛等有害气体。天窗利用负压换气原理，能够有效地使车内空气流通，增加新鲜空气的进入，为驾乘者带来健康、舒适的享受。全景天窗如图 5-57 所示，其光线充足、视野开阔，可用于移动摄影、摄像。

六 内部装饰

1) 转向盘。现代汽车转向盘操纵方便、手感好、安全性高，碰撞时能对驾驶人起到保护作用。真皮转向盘是指用真皮包裹装饰转向盘，与其他材质相比，真皮提升内饰档次、改善手感、冬天不凉、不易打滑。

转向盘两侧或者下方设置一些功能键，如图 5-58 所示，包括音响控制、电话控制、定速巡航、行车电脑设置、换档等开关，称作多功能转向盘。驾驶人直接

图 5-56 气囊式安全带

图 5-57 全景天窗

在转向盘上操控电子设备，不用寻找中控台上的各类按钮，可以更专心地注视前方，大大提高行车的安全性。很多车辆将转向盘下部切平，称作"D"形转向盘，目的有四个：①视觉冲击，感觉正在驾驶跑车；②符合人体工程学；③腾出腿部空间；④向前行驶容易定位转向盘。

2）变速杆。变速杆需要与手的摩擦感觉良好，使驾驶人没有生涩的感觉，便于操纵，如图5-59所示。

图5-58　多功能转向盘

图5-59　变速杆

3）地毯。地毯是一种视觉美观、脚踩舒适、隔声、防振的内部装饰，如图5-60所示。

4）水杯座。水杯座的形状如同两个不同尺寸的杯子形状，可以放入一个大杯、一个小杯，为车内人员提供便利，材料一般采用塑料，如图5-61所示。

图5-60　地毯

图5-61　水杯座

5）行李舱垫。行李舱垫的下方是备胎和随车工具，上方可放置物品，采用防水材料，材料主要为纺织品或合成塑料，如图5-62所示。

图5-62　行李舱垫

第三节 车身涂装

涂装分厂首先对白车身进行漆前处理,再经过电泳底漆、中涂漆、面漆、清漆等工艺完成涂装。涂料是涂在车身表面的一种膜,作用是美化车身外观,保护车身钢板免遭锈蚀、阳光直射、灰尘和淋雨。

一、车身防腐

1)漆前处理。冲压板件通过点焊、气体保护焊、激光焊、胶粘等连接形式组合成白车身,钢板和空气中的水结合会产生腐蚀,漆前处理包括脱脂、除锈、表调、磷化、水洗、钝化。

2)镀锌。为了提升车身耐蚀性,现在许多制造商在喷漆前通过电解过程,使车身附着一层均匀的锌涂层,锌是一种具有极强抗腐蚀性能的金属,锌与空气接触产生氧化层,这个氧化层可保护钢板免受腐蚀。

二、车身表面喷涂

1. 电泳底漆

底漆用来防止钢板锈蚀,电泳底漆在全封闭循环系统中运行,涂料利用率可达95%左右。电泳涂料以水溶性或水分散性离子型聚合物为成膜物,被涂工件可以是阳极也可以作为阴极。

2. 喷涂面漆

车身表面喷涂包括中涂漆、面漆、清漆。中涂漆承上启下,可增强涂层间的附着力,面漆具有各种鲜艳的颜色和光泽,清漆用来保护面漆,各涂层的固化需要在烤漆房中加温。车身制造过程中,涂装分厂对白车身的涂膜在流水线上高温烘烤,因为白车身只有钢板,温度达130℃以上。

汽车修补漆涂膜烘烤温度在55~60℃,温度提高会损坏汽车的电子装备、内饰。如果修补的时候用原厂漆喷涂,达不到交联成膜的温度,油漆干不了。汽车修理厂修复漆面损伤使用汽车修补漆,其颜色和性能与原厂漆相差不多。如图5-63所示,漆工技师正在喷烤漆房内喷涂面漆。

面漆分为三种类型,如图5-64所示,为纯色漆、金属色漆、珍珠云母漆。珍珠云母漆的光反射最好,金属色漆次之,纯色漆又次之。

图5-63 喷涂面漆

第五章 汽车的骨骼和皮肤——车身

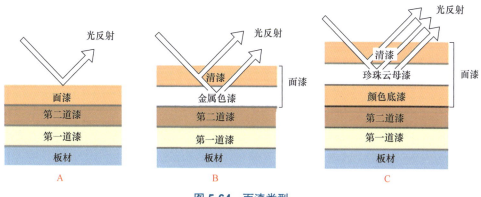

图 5-64 面漆类型

A—纯色漆 B—金属色漆 C—珍珠云母漆

1）纯色漆。最简单的颜色漆，红色就是红色，白色就是白色，没有添加金属粉末，没有金属的闪光感。它的特点是成本低、工艺简单，但是光泽度不太好，表面硬度也不高。纯色漆使用很早，在早期生产车、目前生产的低档车上采用。纯色漆涂装工艺：第一道漆、第二道漆、面漆。

2）金属色漆。漆中掺入金属粉末（如铝粉、铜粉），太阳光照射在漆膜上发出反射光，像金属在闪闪发光，因此称作金属漆，也叫银粉漆。金属色漆的特点是颜色丰富、很有层次感、附着力强、硬度高、不易被划伤、抗氧化、抗腐蚀能力强。金属色漆涂装工艺：第一道漆、第二道漆、金属色漆、清漆。清洗车辆时需小心，因为透明层稍有划伤就很明显。

3）珍珠云母漆。是金属漆的一种，区别在于透明漆添加了云母颗粒，太阳光照射在漆膜上经过多次折射，最终反射出的光束产生多彩的效果，三种漆中价格最贵。珍珠云母漆涂装工艺：第一道漆、第二道漆、颜色底漆、珍珠云母漆、清漆。

3. 水性漆

水性漆相比油性漆，在施工中可大幅度减少有机溶剂的排放量，可以减少溶剂用量达 2/3 之多。此外水性漆还具有漆面流平性好、无波纹感、漆面色彩鲜艳、漆面硬度高、抗刮伤性能优秀、耐候性极佳等优点，因此越来越广泛地应用在汽车涂层工艺上。

4. 车身底部

汽车在行驶中，车身底部经常受到泥沙、碎石和污水等撞击和冲刷，涂层受损后导致钢板锈蚀。一般的涂料很容易受损，从而失去对车身底部钢板的防护能力，使这些部位很快腐蚀。车身底部涂胶（UBC）有两种，一种是 PVC 抗石击车底涂料，一般保证湿膜厚度在 1.0~2.0mm。另一种是丙烯酸抗石击车底涂料，是以丙烯酸树脂粉为主要成膜物，配合专用的聚氨酯型附着力促进剂，其他成分与 PVC 抗石击车底涂料大同小异。其特点是比 PVC 抗石击车底涂料更环保，受热或燃烧时不会分解出有害气体。

第六章
车要七分养——保养基本知识

汽车在路上行驶，难免会有磨损，需要定期检查和保养，因此车主把爱车送到店里做保养（图 6-1）。我们先从保养基本知识说起。

图 6-1 汽车保养

第一节 定期保养

1）定期保养的作用。避免今后可能发生较大的故障，延长车辆的使用寿命，让车主得到经济安全的驾驶享受。车辆是否定期保养的对比，如图 6-2 所示。

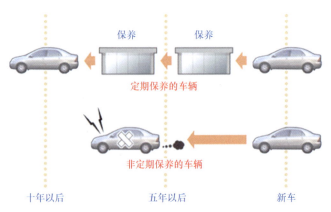

图 6-2 是否定期保养对比

2）保养周期规定。每个汽车品牌均根据行驶里程及上次保养至现在的时间来规定保养周期，例如某品牌规定某个级别保养周期为 5000km 或 12 个月，达到其中一项应保养车辆

（图 6-3）。

3）定期保养项目，每家汽车制造商都规定各自的定期（常规）保养项目，如图 6-4 所示，其中用 R、C、I 表示保养操作的代号，R 表示更换，C 表示清洗，I 表示检查调整。

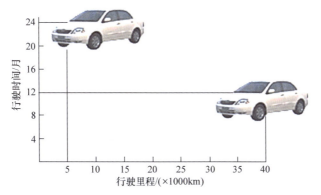

图 6-3　达到其中一项应保养车辆

比亚迪汽车 BYD AUTO 一路同驰骋

比亚迪汽车常规保养项目公示板

保养项目	保养间隔(先到为准)	3000 km	8000 km	13000 km	18000 km	23000 km	28000 km	33000 km	38000 km	43000 km	48000 km	53000 km	58000 km	63000 km	68000 km	73000 km
		强保	3个月	6个月	9个月	12个月	15个月	18个月	21个月	24个月	27个月	30个月	33个月	36个月	39个月	42个月
更换	更换机油及机油滤清器总成	R	R	R	R	R	R	R	R	R	R	R	R	R	R	R
	更换燃油滤清器			R		R		R		R		R		R		R
	更换滤器滤芯		C	R	C	R	C	R	C	R	C	R	C	R	C	R
	更换手动就速器齿轮油		R				R				R				R	
	更换火花塞				I	R			I	R			I	R		
	空调空气滤网		C	R	C	R	C	R	C	R	C	R	C	R	C	R
	更换制动液	I	I	I	I	R	I	I	I	R	I	I	I	R	I	I
	更换助力转向液	I	I	I	I	R	I	I	I	R	I	I	I	R	I	I
	更换防冻液	I	I	I	I	R	I	I	I	R	I	I	I	R	I	I
	更换多楔带			I		I		I		R		I		I		I
轮胎	四轮换位			R		R		R		R		R		R		R
	四轮制动保养			I		I		I		I		I		I		I
清洗调整	清洗喷油嘴				C				C				C			
	清洗节气门				C				C				C			
	清洗燃油泵					C				C				C		
	四轮定位			I		I		I		I		I		I		I
检查项目	制动系统和管路检查	I	I	I	I	I	I	I	I	I	I	I	I	I	I	I
	空调系统和管路检查	I	I	I	I	I	I	I	I	I	I	I	I	I	I	I
	燃油系统和管路检查	I	I	I	I	I	I	I	I	I	I	I	I	I	I	I
	冷却系统和管路、卡箍检查	I	I	I	I	I	I	I	I	I	I	I	I	R	I	I
	转向系统和管路检查	I	I	I	I	I	I	I	I	I	I	I	I	I	I	I
	各球头、衬套、防尘罩检查	I	I	I	I	I	I	I	I	I	I	I	I	R	I	I
	底盘各螺母螺栓检查	I	I	I	I	I	I	I	I	I	I	I	I	I	I	I
	各密封圈、悬置检查	I	I	I	I	I	I	I	I	I	I	I	I	I	I	I
	悬架系统检查	I	I	I	I	I	I	I	I	I	I	I	I	I	I	I
	发动机及变速器渗漏检查	I	I	I	I	I	I	I	I	I	I	I	I	I	I	I
	传感器渗漏检查	I	I	I	I	I	I	I	I	I	I	I	I	I	I	I
	蓄电池性能检查	I	I	I	I	I	I	I	I	I	I	I	I	R	I	I
	发动机触线束接对、磨损检查	I	I	I	I	I	I	I	I	I	I	I	I	I	I	I
	全车外灯光检查	I	I	I	I	I	I	I	I	I	I	I	I	I	I	I
	全车内灯光检查	I	I	I	I	I	I	I	I	I	I	I	I	I	I	I
	发电机传动带及各轮轴承检查	I		I		I		I		I		I		I		I
	正时带及附件							I		I		I	I	R		
	制动摩擦块检查			I	I	I	I	I	I	I	I	I	I	I	I	I

图 6-4　定期保养项目

第二节　发动机保养要点

发动机是车辆产生动力的部分，发动机出现故障，车辆就会停止运行，因此发动机保养是必要的。

1. 机油

1）机油失效的影响。机油具有润滑作用、冷却作用、清洗作用、密封作用、防锈作用。机油使用后会变质，或者因化学变化即使没有使用也会变质，由于机油溶解了发动机中的污垢，它会变脏直到颜色变黑。如果长期不换机油，变质的机油导致润滑不良，发动机出现不正常磨损、性能降低（图6-5）。

新机油　　　　　　使用过的机油

图6-5　新旧机油对照

2）机油消耗的原因。发动机工作完全正常的情况下也会有机油消耗，如图6-6所示，这是因为活塞环与气缸之间有机油泄漏，气门油封也有机油泄漏损失，此外曲轴箱通风也会损失少量机油，因机油会随曲轴箱废气进入气缸燃烧。汽油发动机一般每5000~10000km或1年，柴油发动机每5000km或6个月更换机油，随车型不同而异。另外当汽车行驶条件差，例如颠簸尘土、总是高速、总是短途，应适当缩短更换机油间隔，如图6-7所示。

3）机油的选择。一般是更换汽车制造商的原厂机油，车主如要自行选择机油，必须符合维修手册规定的SAE黏度等级（图6-8）和API品质等级（图6-9），SL级别以上还有更高的SM级、SN级。

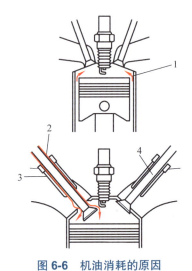

图6-6　机油消耗的原因

1—活塞环泄漏　2—气门油封泄漏
3—气门导管　4—气门杆

A　　　　　　　B　　　　　　　C

图6-7　行驶条件差

A—颠簸尘土　B—总是高速　C—总是短途

壳牌机油的品质系列如图6-10所示，HX是汽油机油系列代号，后面的数字越大则等级越高，包装桶颜色可区分品质，例如红色桶，可称为红壳或红喜力。HX3——红壳，级别低的矿物质油；HX5——黄壳，级别高的矿物质油；HX6——黄壳，级别低的半合成机油；HX7——蓝壳，级别高的半合成机油；HX8——灰壳，全合成机油。

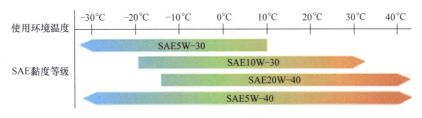

图 6-8　SAE 黏度等级

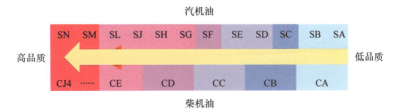

图 6-9　API 品质等级

| HX3 | HX5 | HX6 | HX7 | HX8 |

图 6-10　壳牌机油

2. 机油滤清器

机油滤清器俗称机滤芯，作用是清除机油中的炭、油污和金属颗粒。如果没有定期更换机油滤清器，机油可能出现阻塞而不流过滤芯，内部的旁通阀开启，脏的机油送入发动机润滑部位，导致发动机非正常磨损甚至大修（图 6-11）。因为不能通过目视观察滤芯脏污程度，应按照行驶里程或者时间来更换，并且与机油同时更换，不同品牌为 5000~10000km 或 1 年。

3. 空气滤清器

其作用是过滤灰尘、砂土等，清洁进入发动机的空气。如果空气滤清器堵塞，由于进入发动机的空气数量减少，发动机的输出功率降低，燃油经济性变差，若没有更换空气滤清器，会带来不良后果

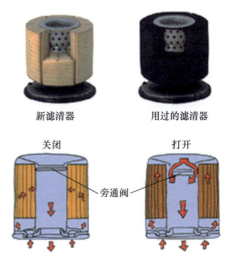

图 6-11　新旧机油滤清器对照

（图6-12）。应依据行驶里程或时间清洁或更换空气滤清器，汽油机一般每2万km，间隔随车型不同而异。当行驶在沙地或尘土飞扬的地区，清洁或更换滤芯的间隔就要变短。

新空气滤芯　　　　　　旧空气滤芯

图6-12　新旧空气滤清器对照

4. 燃油滤清器

作用是过滤燃油中的杂质，如果燃油滤清器堵塞，燃油通过数量就会减少，例如高速需要大量燃油时，功率输出降低。应依据行驶里程或时间更换，汽油机一般每3万~4万km，柴油机每2万km或2年，因车型不同而规定不同。如果使用不纯净的燃油，应缩短更换间隔（图6-13）。

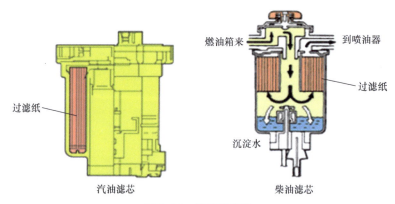

图6-13　燃油滤清器

5. 冷却系统

冷却系统使发动机的冷却液温度保持恒定，加热的冷却液通过升高空气的温度来调节车厢的气温。如果冷却液泄漏，不仅导致过热，而且损害发动机本身。一般每5000km~1万km或1年检查冷却系统。节温器可安装在气缸体的出水口或回水口，图6-14所示为安装位置在回水口。

1）散热器盖。作用是保持冷却液恒压，使得冷却液沸点保持在100℃以上，由于冷却液和空气之间的温差更大而提高了冷却效能。图6-15所示为半封闭型冷却系的散热器盖，压力阀在高压下会打开，将冷却液送入储液罐；真空阀在低压下打开，将冷却液从储液罐吸出回到散热器。检查散热器盖的压力阀和真空阀的开启压力很重要，如果散热器盖不能正常工作，将导致冷却系过热，造成发动机损坏。一般每4万km或2年检测散热器盖的压力。

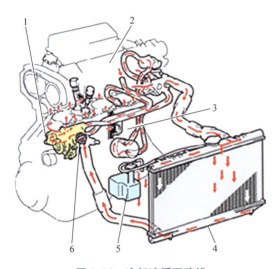

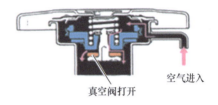

图 6-14 冷却液循环路线
1—水泵 2—气缸盖 3—气缸体 4—节温器
5—储液罐 6—散热器

图 6-15 散热器盖的工作情况

2) 冷却液。功用是冷却发动机，提高沸点，降低冰点，防止金属部件生锈。乙二醇的沸点是 197.3℃，但是密度高不便于流动，需与水按比例混合使用。如果冷却液变质，防锈作用降低，导致散热器、管路、软管等损坏。应根据行驶里程或时间更换冷却液，每 3 万 ~4 万 km 或 2 年，因车型不同而异（图 6-16）。冷却液有普通型和长效型，添加不同颜色以示区分。冷却液是乙二醇与水的混合液，冷却液密度对应冰点，如果密度不合适，会使冷却液结冰，可根据当地冬季最低气温来选择合适的冷却液密度。

图 6-16 新旧冷却液对照

6. 传动带

现代汽车均采用多楔形传动带，亦称多 V 带，驱动所有附属机械装置，例如交流发电机、动力转向泵、水泵。如果传动带损坏，交流发电机停止运转导致蓄电池电能放尽，水泵停止运转导致发动机过热抛锚（图 6-17）。应根据行驶里程或时间更换传动带，一般每 8 万 ~10 万 km，应参照保养项目单进行，间隔随车型不同而异。

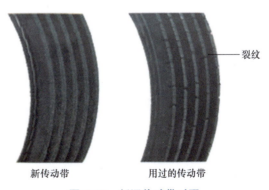

图 6-17 新旧传动带对照

7. 正时带/正时链条

正时带亦称同步带，它将曲轴的旋转运动传递到凸轮轴，目的是保证气门正常工作。由于发动机的热量，橡胶会变硬，可能导致裂纹或者正时带断裂（图6-18）。如果正时带断裂，气门正时将不再同步进行，会造成发动机停止运转，活塞与气门碰撞，气门杆被撞弯。应根据行驶里程对正时带进行更换，一般每8万~10万km，随车型不同而异。目前大部分发动机采用正时链条，正时链条不需要定期更换，只有损坏及噪声过大才更换。

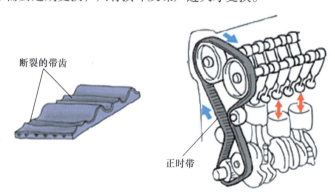

图6-18 正时带损坏情况

8. 气门间隙

由于气门杆会受热膨胀，正确的气门间隙可保证气门完全关闭（图6-19）。气门间隙过大，会导致发动机出现挺杆噪声；气门间隙过小，会导致发动机轻微振动等。一般规定汽油机每4万km，柴油机每2万km检查/调整气门间隙，因车型不同而异。现今发动机大多采用液压挺柱，不需要检查和调整气门间隙。

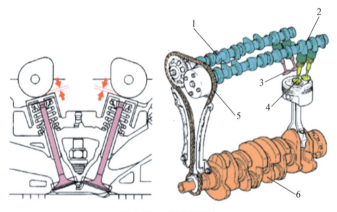

图6-19 气门间隙
1—进气凸轮轴 2—排气凸轮轴 3—进气门 4—排气门 5—正时链条 6—曲轴

9. 蓄电池

蓄电池的功能是对起动机和电气设备供电，并具有将机械能转换为化学能储存的功能。如图6-20所示，普通蓄电池的电解液位过低而使极板损坏，会导致放电及充电能力降低，造成发动机不能起动。蓄电池有正、负极端子，如果与水接触，两个端子形成电气连接而发生短路。

现今大多使用免维护电池，不需要补充电解液，一般每1万km或1年用蓄电池检测仪检查蓄电池性能状态。

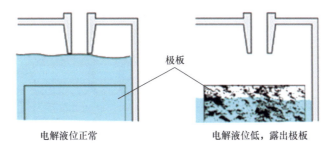

图 6-20　蓄电池损坏情况

10. 火花塞

火花塞发出火花点燃压缩的空气燃油混合气。火花塞电极烧蚀会使间隙增大，电极附有积炭会使火花能量下降，导致发动机燃油经济性变差，输出动力下降（图6-21）。应根据行驶里程进行更换，也可以通过目视检查其状态。因车型不同，按照维修手册规定检查或更换火花塞，一般每1万km或1年拆卸检查，每2万~4万km更换。铂金、铱金火花塞的电极间隙不需要调整，一般每10万km更换。

图 6-21　火花塞电极烧蚀

11. 排放控制装置

汽车有害排放物是指曲轴箱窜气、燃油箱蒸发物和尾气排放物。

1）曲轴箱强制通风阀（PCV阀）。PCV阀是排放控制装置之一（图6-22），如果PCV阀堵塞，由活塞环和气缸壁之间进入到曲轴箱的窜气含有未燃烧的气体（HC），窜气不能吸入进气歧管而直接排放到大气。另外，废气与机油混合，会使机油变质。一般每2万km或1年检查PCV阀。

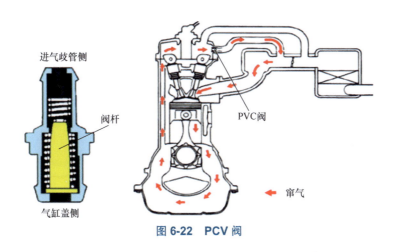

图 6-22　PCV阀

2）燃油箱盖。如果燃油箱盖的耐汽油橡胶垫圈损坏（图6-23），燃油蒸气就会蒸发到空气中，燃油蒸气含有大量有毒的HC；如果真空阀损坏，空气不能进入燃油箱，在燃油箱中形成真空会造成油箱凹陷。一般每4万km或2年进行检查。

3）活性炭罐。该装置吸附燃油箱的汽油蒸气，防止飘逸到大气中（图6-24），如果活性炭罐泄漏，汽油蒸气会直接排放到大气中。每4万km或2年进行检查。

4）尾气排放物。汽油机有害排放物主要是CO、HC、NO_x，柴油机有害排放物主要是SO_2、微粒和烟灰。这些排放物的生成直接与发动机的燃烧过程有关，在每次保养和维修时应检测尾气排放（图6-25）。

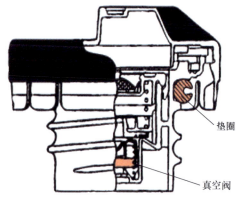

图6-23 燃油箱盖

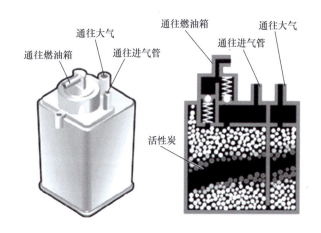

图6-24 活性炭罐

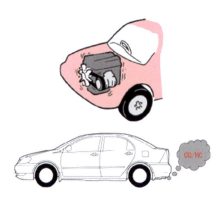

图6-25 尾气排放

第三节 传动系保养要点

传动系将发动机飞轮的力矩转换为车轮力矩，如果传动系的零部件发生故障就不能正常地行驶，因此对传动系进行维护是必要的。

1. 离合器踏板

合适的离合器踏板自由行程和有效行程，对于离合器正常工作是必要的，否则离合器不能正常分离或打滑（图6-26）。

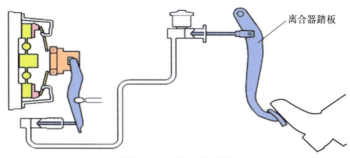

图 6-26　离合器踏板

2. 手动变速器油

手动变速器油/差速器油亦称齿轮油，随着使用会出现氧化和变质，如果不更换油则会形成氧化剂加速各种零件的磨损（图 6-27）。齿轮油的泄漏就像发动机油泄漏一样，随着行驶里程的增加而油量减少。应根据行驶里程或时间，进行检查和更换。变速器油/差速器油，每 2 万 km 或 1 年检查，每 4 万 km 或 4 年更换，应参照维修手册进行，由于车型或使用条件不同而异。有些车型规定手动变速器油永久使用，但也需每 1 万 km 检查是否泄漏和油质，视情况添加或更换。手动变速器油/差速器油按照 SAE 黏度和 API 等级进行分类。如果没有加注规定型号的齿轮油或加注量不足，就会对内部零件造成损害，应参照维修手册选择齿轮油型号。

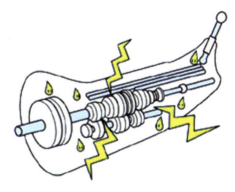

图 6-27　齿轮油变质损坏变速器

3. 自动变速器油

亦称 ATF，它会随着使用而变质，如果不更换 ATF，会造成换档时的冲击变大、变速器发出异常噪声、燃油经济性变差。如果 ATF 油位降低，这是由 ATF 泄漏引起的，应当更换油封或衬垫。应根据行驶里程和时间进行检查/更换，一般每 2 万 km 或 1 年检查，每 4 万 km 或 4 年更换，应参考维修手册规定进行（图 6-28）。

　　新ATF　　　　　　用过的ATF

图 6-28　ATF 新旧对照

第四节　行驶系保养要点

1. 车轮轴承

车轮轴承的类型主要有两种，径向推力球轴承和锥形滚柱轴承，如图 6-29 所示。

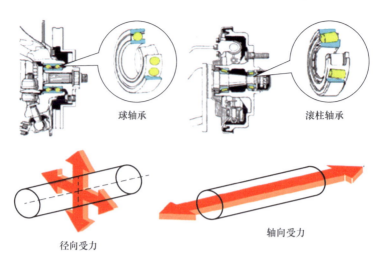

图 6-29 车轮轴承

1）径向推力球轴承能承受径向负荷和单方向的轴向负荷，所以需要两个轴承组合起来支撑车桥，应预紧到规定力矩。

2）锥形滚柱轴承能承受径向和轴向负荷，由两个轴承组合支撑车桥，应预紧到规定力矩。如果轴承预紧力过大，就会没有间隙，造成转动阻力加大；如果轴承预紧力过小，轴承会松旷。这两种情况均会造成轴承损坏，紧固方法是：使用力矩扳手紧固到规定的力矩。新型车采用双列径向推力球轴承，不需要调整预紧力，只需按照规定力矩拧紧轮轴螺母。

2. 球头销

球头销的作用是在垂直方向和水平方向支承负荷，安装在麦弗逊式独立悬架的下控制臂外侧（图 6-30）。当球头销座磨损会使间隙增大，如果间隙过大，由于球头销不能很好支承负荷，会改变车轮的定位角度。一般每 2 万 km 或 1 年检查球头销。

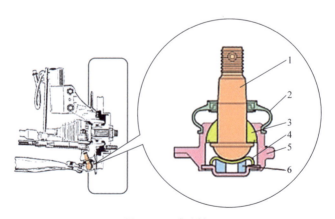

图 6-30 球头销
1—销柱 2—防尘套 3—球 4—球头座 5—外壳 6—橡胶垫

3. 轮胎

轮胎检查项目有胎面异物、胎纹深度、轮胎气压、异常磨损，一般每行驶 1 万 km 或 6 个月检查轮胎。

1）胎面异物。当轮胎接触路面时，小石子嵌入沟槽，玻璃、铁钉或金属颗粒扎入轮胎，橡胶老化使胎面出现裂纹，这些情况有损轮胎寿命或带来隐患，应清理和检查。

2）轮胎花纹。磨损后沟槽消失，导致极易滑动，当高速行驶在潮湿的路面时，由于不能排水，会在水面滑动（滑水效应），造成车辆失控。花纹深度小于3.0mm应更换轮胎，花纹深度达到1.6mm，磨损标记会与胎面平齐，这是轮胎磨损极限，必须更换轮胎（图6-31）。

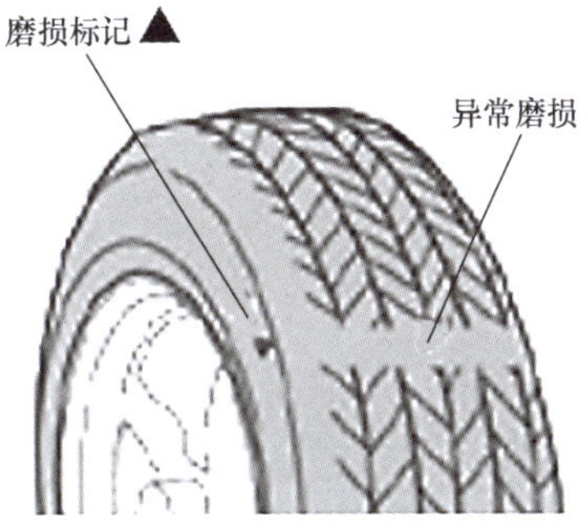

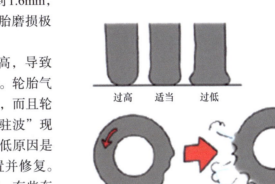

图 6-31 磨损标记

3）轮胎气压。轮胎气压过高，导致胎冠中央异常磨损，还容易爆胎。轮胎气压过低，不仅导致胎冠两侧磨损，而且轮胎转动变形不能及时恢复出现"驻波"现象，轮胎发热造成爆裂。气压过低原因是轮胎或气门漏气，查找漏气位置并修复。应按照维修手册规定的气压充气，有些车辆按照载荷不同规定不同的气压范围，还要检查备胎气压（图6-32）。

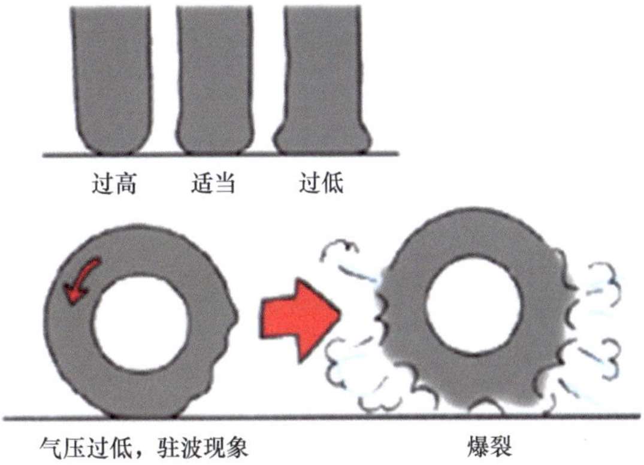

图 6-32 胎压不正确的危害

4）异常磨损。胎面异常磨损包括胎冠两侧磨损、中间磨损、羽状磨损、单侧磨损、胎肩磨损。存在任何一种异常磨损，可能是轮胎气压不正确，也可能是车轮定位也有问题，应首先排除故障原因，更换的新轮胎应符合汽车生产厂家规定的型号，轮胎型号印在轮胎的侧面，应按照顺序紧固（图6-33）。

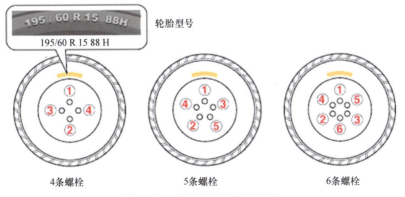

图 6-33 轮胎型号及紧固顺序

4. 轮胎换位

因为施加在前胎和后胎上的负荷不同，前轮驱动车的前胎还要具有转向、驱动作用，所以前后轮胎磨损程度不同。每行驶 1 万 km 进行轮胎换位，换位方法参照维修手册，图 6-34 是几种换位方法。

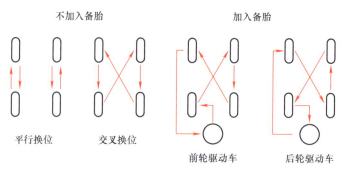

图 6-34　轮胎换位

第五节　转向系保养要点

1. 转向机构

应检查转向盘的自由行程，转向器是否漏油、转向拉杆是否弯曲、断裂或松旷。如果发现问题，应当进行调整、紧固或更换，一般每 2 万 km 或 1 年检查转向机构。图 6-35 所示为右转向拉杆弯曲，当直线行驶时两个车轮的轨迹不平行，当向左转弯时右轮转向过度，显而易见造成轮胎异常磨损。

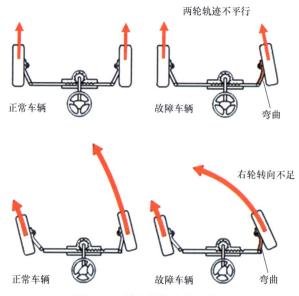

图 6-35　转向拉杆弯曲的危害

2. 动力转向液

一些车型规定加注 ATF，型号为 DEXRON Ⅱ 或 DEXRON Ⅲ；也有些车型规定加注专用液压油。应根据行驶里程或时间进行检查，一般为 1 万 km 或 6 个月。如发现动力转向液变白、含有泡沫、液位下降，这是空气混入液体后的现象，可能是管路存在裂纹并且进入空气（图 6-36）。注意在检查和使用中，不得保持转向盘在极限位置 10s 以上，这是因为不转向时转向液在系统内循环，转向过程中油液不循环，油压推动活塞产生辅助力；如果转向盘转到极限，转向液不循环，油压持久升高，可能破坏转向系统。

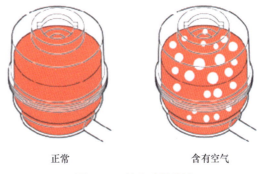

正常　　　　含有空气

图 6-36　转向液储液罐

3. 加注润滑脂

轿车悬架的球节大都采用橡胶球头销，而有些越野车采用金属球头销、衬套，加注润滑脂非常重要（图 6-37）。润滑脂在使用中受热、混入灰尘或水导致变质，变质后造成润滑部位锈蚀、衬套很快磨损，最终产生松旷现象。不同型号润滑脂具有不同特性，例如耐热性、耐水性以及机械稳定性，不同润滑脂用于不同的部位，因此一定要使用规定型号的润滑脂。

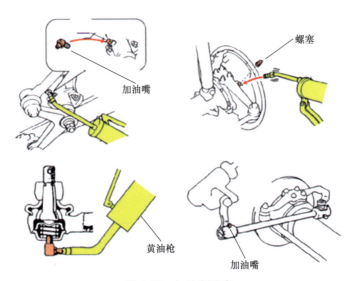

图 6-37　加注润滑脂

第六节　制动系保养要点

1. 制动踏板

制动系的作用是使运动中的车辆减速或停车，或防止停放着的车辆发生移动。为获得合适的制动力，需要正确的制动踏板行程，这样踩制动踏板时不会"拖延"，未踩制动踏板时不会"卡滞"。检查项目如图 6-38 所示：①踏板活动是否顺畅；②踏板高度；③踏板自由行程；④踏板行程余量；⑤制动助力器的功能。一般每 1 万 km 或 6 个月进行检查。

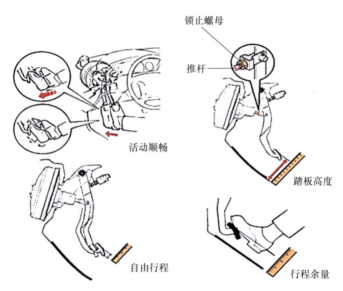

图 6-38　检查离合器踏板

2. 盘式制动器

当盘式制动器的制动片磨损后，制动盘和制动片的衬板直接接触，导致制动失灵和制动盘损坏。通过目视和测量检查制动盘和制动片，一般每 1 万 km 或 6 个月检查一次，当制动片厚度磨损至 2mm 时必须更换。制动片磨损传感器安装在摩擦片上，当传感器接触到制动盘时，形成导电回路，制动片警告灯点亮，通知驾驶员制动片的磨损已经达到极限，必须立即更换（图 6-39）。

3. 鼓式制动器

一些早期生产车辆采用鼓式制动器，当制动蹄片磨损后，由于制动蹄片与制动鼓之间的间隙变大（图 6-40），使制动力下降；甚至制动蹄片直接接触到制动鼓，会损害制动鼓。在滑动部分涂润滑脂很重要，如果滑动部分生锈，制动蹄片会工作不顺畅。应根据行驶里程或时间进行检查／更换，通过目视和测量检查制动蹄片，一般每 2 万 km 或 1 年进行检查，当制动蹄片的剩余厚度小于 1.0mm 时，必须更换。

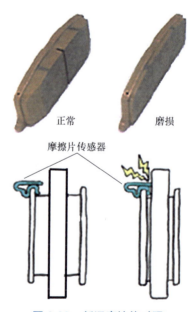

图 6-39　新旧摩擦片对照

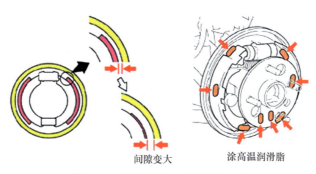

图 6-40 间隙变大和涂高温润滑脂

4. 制动液

制动液具有吸水性，可以吸收空气中的湿气，从而降低沸点。制动时制动液温度升高，水沸腾变成气泡，气泡吸收制动液压力，使制动效能下降（图 6-41）。湿气还会使主缸、轮缸锈蚀，制动液在密封圈处泄漏。还要检查制动液位，制动液位下降的原因：①制动片和制动盘磨损；②制动液从液压制动系统中泄漏。一般每 1 万 km 或 6 个月进行检查，每 4 万 km 或 2 年进行更换。

5. 制动管路

检查制动管是否泄漏，检查制动软管是否老化和损坏，例如裂纹和鼓包（图 6-42），如果制动管路存在泄漏故障，制动器不能工作。检查发现任何问题，应立即更换损坏管路，一般每 2 万 km 或 1 年进行检查。

图 6-41 新旧制动液

6. 驻车制动

驻车制动调整不正确：①当驻车手柄拉起太高时，驻车制动效能很低；②当驻车手柄拉起太低时，有可能制动器未完全释放（图 6-43）。一般拉起两三个棘齿为正常，但各车型规定不同，每 1 万 km 或 6 个月检查驻车制动。

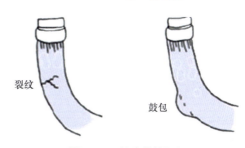

图 6-42 制动软管损坏

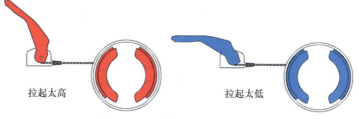

图 6-43 驻车手柄拉起不正常

第七节　电气设备保养要点

汽车装用大量电气设备，使车辆运行更安全、内部更舒适。如果电气设备发生故障，可能驾车时很危险，因此需要进行维护。电气设备维护重点项目：照明灯和信号灯、警告灯、刮水器和喷水器、空调系统。

1. 照明灯和信号灯

照明灯的作用是为行驶照明，使驾驶员了解周围环境以确保安全，有些用于车厢内部照明；信号灯的作用是提示本车的行驶意图。随着使用时间的延长，灯丝会烧断，如果转向信号灯灯丝烧断，变换车道或者转向时就变得危险。如果制动灯丝烧断，存在被追尾的危险。当一对灯泡中的一只烧断，建议同时将另外一只也换掉，因为另外一只灯泡也达到了使用寿命。灯泡随功率不同和安装位置不同而异，应更换规定型号的灯泡，一般每1万km或6个月检查车灯。

常用灯泡类型如图6-44所示，前照灯泡有白炽灯泡、卤素灯泡和高压气体放电（HID）灯泡，转向信号灯用单丝卡口灯泡（12V、21W），有些制动灯与尾灯共用双丝卡口灯泡（12V、21W/5W），车厢内部照明灯和牌照灯一般采用双头灯泡。

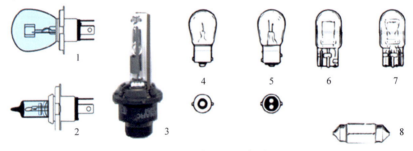

图6-44　常用灯泡类型

1—白炽灯泡　2—卤素灯泡　3—HID灯泡　4—单丝卡口灯泡　5—双丝卡口灯泡　6—单丝插口灯泡
7—双丝插口灯泡　8—双头灯泡

2. 警告灯

当某个系统存在故障，该系统的警告灯就会点亮或闪烁，以便帮助驾驶员安全驾驶。警告灯的颜色根据紧急或重要的程度分为红色和黄色，如图6-45所示，保养车辆时需检查警告灯是否正常。

图6-45　警告灯

1—制动系统警告灯　2—安全带警告灯　3—充电警告灯　4—发动机故障警告灯　5—燃油警告灯　6—机油警告灯
7—ABS警告灯　8—车门未关警告灯　9—安全气囊警告灯

3. 刮水器和喷水器

刮水器工作时刮水片滑过风窗玻璃表面，刮去表面的水分。橡胶材质的刮水片随着使用时间增加会逐渐磨损、老化和断裂（图6-46）。由于黏附在风窗玻璃上的细沙或灰尘颗粒侵入橡胶件，在其上产生划痕时，也会在风窗玻璃上留下刮痕。喷水器用的普通清洗液，当大气温度低于0℃以下会结冰，冬季应添加冰点低的清洗液。一般每1万km或6个月检查刮水器和喷水器。

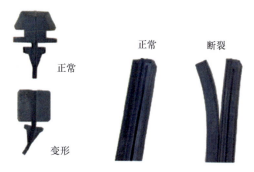

图 6-46　刮水片断裂

4. 空调系统

制冷效能是通过将制冷剂反复地由气态变成液态，液态变成气态而排放或吸收热量获得的（图6-47）。如果制冷剂泄漏，会导致制冷效能降低，每2万km或1年检查空调系统。现今汽车取消了玻璃观察孔，可采用高、低侧压力表或回收制冷剂称重的方法判断制冷剂量是否正常。

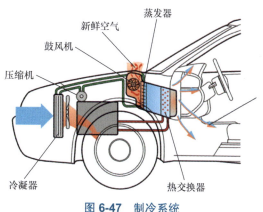

图 6-47　制冷系统

第八节　保养流程

1. 检查类型

定期保养车辆，主要检查车辆安全可靠运行全部的功能，检查类型分为以下五种（图6-48）。

1）操作检查：发动机、传动系、行驶系、转向系、制动系、刮水器等。

2）目视检查：灯光、轮胎、车身外观等。

3）定期更换：机油、机油滤清器、空气滤清器、燃油滤清器、冷却液等。

4）紧固检查：悬架、排气管、车轮等。

5）液位检查：机油位、冷却液位、制动液位、动力转向液位等。

2. 提高工作效率

4S店常采用单人保养和双人保养的方式，下面介绍如何提高保养工作效率。

1）缩短车辆周围的工作路径：①将尽可能多的工作集中在同一地点，并一次做完。②围绕车辆的行走路线，应始于驾驶员座位，终于工作结束地点。③工具、仪器和更换部件应提前准备并放置在易于拿取的地方。

2）改善工作时的姿势，站姿是操作的基础（图6-49），所以尽可能地减少蹲姿或弯腰。

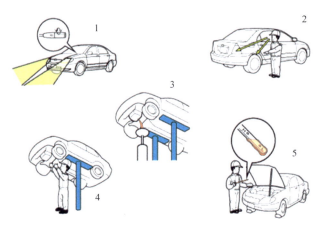

图6-48 检查类型

1—操作检查 2—目视检查 3—定期更换 4—紧固检查 5—液位检查

3）限制空闲时间，把事情组合起来做，比如排放机油和发动机预热时做其他工作。

4）减少车辆举升次数，车辆在某一位置时集中工作，能在相同位置做的工作一定在相同位置做。

3. 举升位置

车辆驶入举升机工位后，需合理设计车辆举起次数。九举升位单人保养法，举升位置是四个，即地面、低位、中位、高位，举升次数是两上两下。有些汽修厂对保养车辆设计一升一降，优点是可提高工作效率，缺点是在发动机运转后不能检查发动机放油塞、机油滤清器等是否存在泄漏。图6-50是九举升位的顺序，下面介绍每个位置的大概工作。

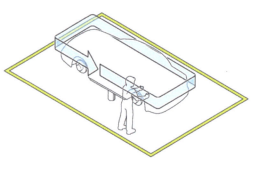

图6-49 基本工作姿势

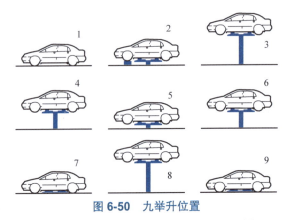

图6-50 九举升位置

1、7、9—地面 2、5—低位 3、8—高位 4、6—中位

1）举升位置1（地面）。车辆驶入举升机工位，由驾驶员座椅开始逆时针围绕车辆，检查驾驶室、车灯、离合器踏板、制动踏板、发动机舱等车辆内部和外部装置（图6-51）。

2）举升位置2（低位）。举升车辆到维修人员蹲姿操作方便的高度，在车辆前部由左至右，检查前悬架控制臂的球头销（图6-52）。

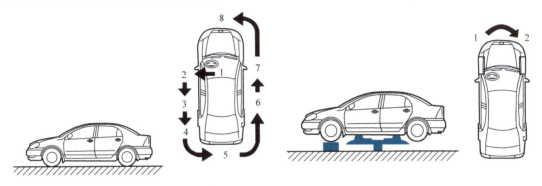

图6-51 举升位置1（地面）

1—驾驶员座位 2—驾驶员门 3—左后门 4—燃油箱盖 5—后部 6—右后门 7—右前门 8—前部

图6-52 举升位置2（低位）

1—左前方 2—右前方

3）举升位置3（高位）。这个高度由维修人员身高而定，放出机油，放油期间为提高工作效率，同时检查车辆底盘状况（图6-53）。

4）举升位置4（中位）。举升车辆到维修人员站姿操作方便的高度，检查车轮轴承、轮胎、盘式制动器或鼓式制动器的制动片厚度（图6-54）。

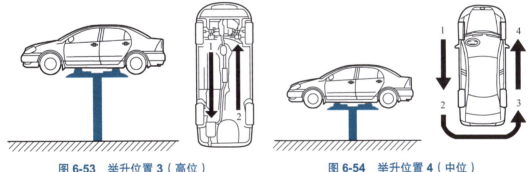

图6-53 举升位置3（高位）

1—前部 2—后部

图6-54 举升位置4（中位）

1—左前轮 2—左后轮 3—右后轮 4—右前轮

5）举升位置5（低位）。进行后轮制动片间隙自动调整，检查制动器是否拖滞，如需要更换制动液，安装制动液更换工具（图6-55）。

6）举升位置6（中位）。更换制动液，更换制动片或制动蹄片（图6-56）。

7）举升位置7（地面）。紧固车轮螺栓，检查各种油、液面及是否泄漏，检查发动机舱各部件，加注机油起动发动机，检查发动机运转情况，使用尾气分析仪测量尾气，检查空调效果等（图6-57）。

8）举升位置8（高位）。从车辆下方向上目视，复查更换过的部件是否渗漏油、液（图6-58）。

 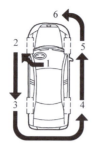

图 6-55 举升位置 5（低位）

1—驾驶员座椅 2—左前轮 3—左后轮 4—右后轮 5—右前轮
6—发动机舱

 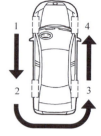

图 6-56 举升位置 6（中位）

1—左前轮 2—左后轮 3—右后轮 4—右前轮

图 6-57 举升位置 7（地面）

1—发动机舱 2—检查空调效果

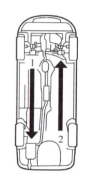

图 6-58 举升位置 8（高位）

1—前部 2—后部

9）举升位置 9（地面）。取掉车身防护，由驾驶员车门逆时针围绕车辆一周，用干净毛巾擦拭用手接触过的各个部位，然后转入道路试车工序（图 6-59）。

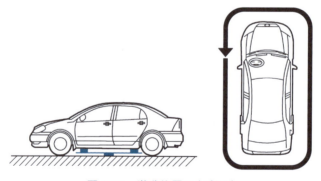

图 6-59 举升位置 9（地面）